Niet mijn familie

Anja van Biene

Lorenzo D'Arsiè: Omslagontwerp en vormgeving
Johan Haverdings: Eindcorrectie en achterflaptekst
Fiorenzo D'Arsiè: vormgeving binnenwerk

J.A.B. van Biene
ISBN 978-0-9954802-0-9

The Amsterdam Press – Cambridge – UK

Enkele namen zijn veranderd om de privacy
van sommige betrokken personen te beschermen.

Anja van Biene

Niet mijn familie

Autobiografisch

The Amsterdam Press

Cambridge – UK

2016

Bedankt

Er zou weinig van mij overblijven
als ik alles terug moest geven
wat ik aan anderen te danken heb.

Johannes Wolfgang Goethe

Mijn dank gaat uit naar iedereen die heeft geholpen om dit boek te verwezenlijken. Ten eerste naar mijn geliefde echtgenoot Fiorenzo D'Arsiè, want zonder zijn geduld, support en het vertrouwen was dit boek er niet geweest. Vervolgens naar Johan Haverdings voor de eindcorrectie en het verzorgen van de achterflaptekst, mijn zoon Lorenzo D'Arsiè voor het ontwerpen en het maken van het boekomslag, Christel Nelemans voor de boektitel, de proeflezers: Henja Groenen, Kirsti Hadderingh, Diana Kooistra, Dana Martens, Christel Nelemans, Elles van Opdorp en Yrsa voor hun gulle en waardevolle bijdrage in tijd, expertise en passie.

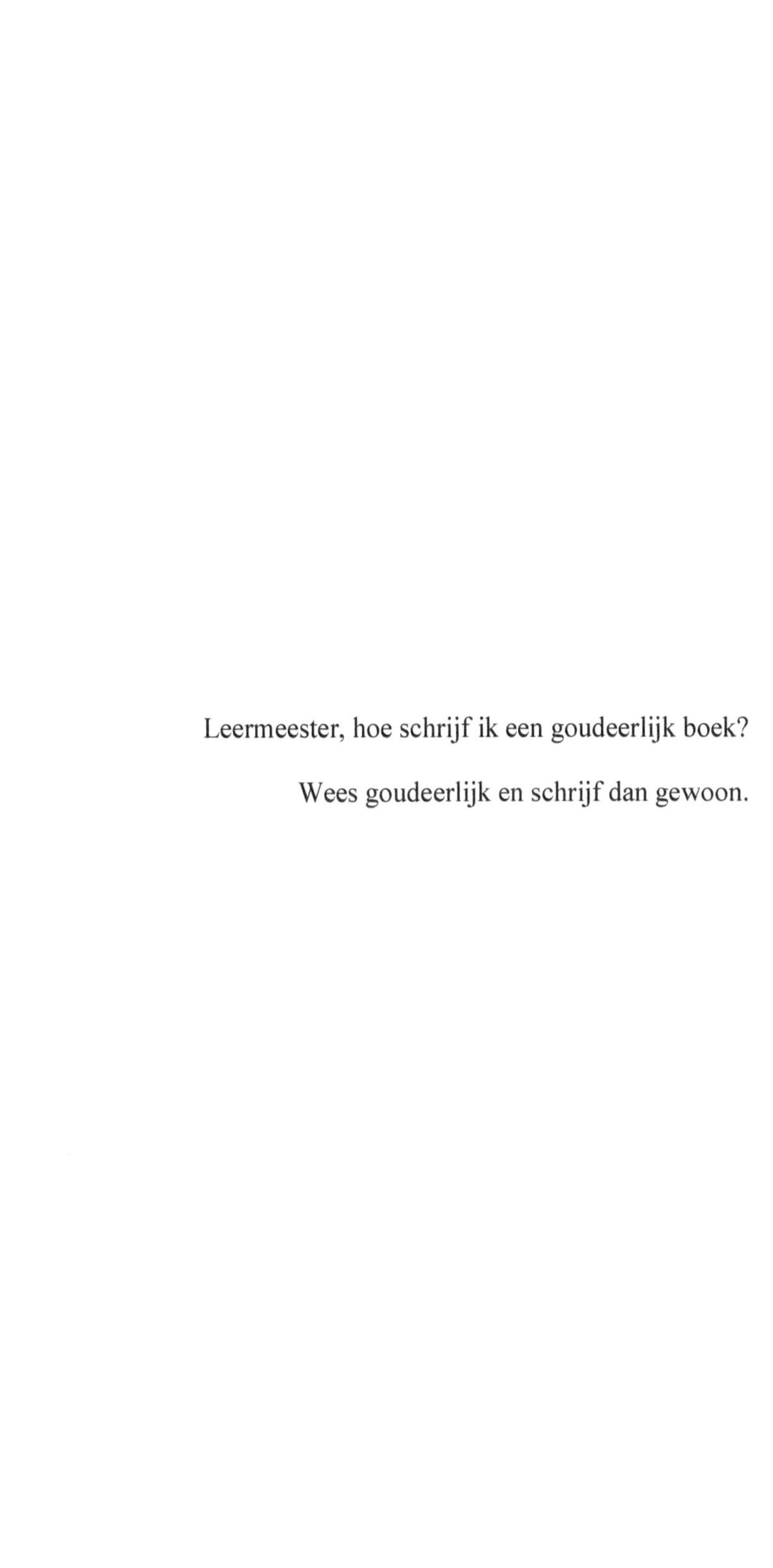

Leermeester, hoe schrijf ik een goudeerlijk boek?

Wees goudeerlijk en schrijf dan gewoon.

Onze vorken zakken langzaam terug in de heerlijke risotto. Verbaasd kijken we onze dochter aan, terwijl haar woorden ons als muziek in de oren klinken. Dit hadden we niet verwacht!
'Stefano en ik gaan samenwonen.'
Ik kijk verrast naar mijn man en zie hoe ook zijn ogen glimmen.
'Kom op, we gaan niet janken hè? Ik verdwijn niet, we zullen elkaar heus geregeld zien.'
Het lukt me niet om mijn tranen te bedwingen. En omdat ik me schaam voor mijn werkelijke gevoelens, stamel ik snel improviserend: 'Je bent van onze drie kinderen de laatste die het huis verlaat Marta, en daarmee is het nest definitief leeg. Dit is niet gering. Hiermee breekt ook voor ons een nieuwe fase aan.'
Ze slaat een arm om mijn schouders en zegt dat het allemaal zal wennen. Tijdens de maaltijd vertelt ze dat ze een huurhuis gevonden hebben. Vanavond zullen ze het contract tekenen.

Vreemd dat Marta ons tot nu toe overal buiten heeft gehouden en ons niet eens om advies heeft gevraagd. Het overvalt ons en de gemengde gevoelens die dit onverwachte nieuws met zich meebrengt, kunnen we niet meteen thuisbrengen.
'Het huren is tijdelijk, we gaan rustig uitkijken naar een rustieke koopwoning, die we daarna stukje bij beetje gaan opknappen.'
We vinden het een goed onderbouwd verhaal. Stefano is zevenentwintig en hij is inderdaad handig in klussen.

Na het eten staat Marta op om naar de afspraak met de verhuurders te gaan. We wensen haar succes en zien hoe ze vrolijk de deur achter zich dichttrekt, alsof ze daadwerkelijk het nest verlaat.

Ik kijk uit het raam. Terwijl mijn blik over de schitterende met druivenplanten begroeide heuvels glijdt, besef ik dat ze nog maar tweeëntwintig jaar is. En exact even lang wonen we nu in Italië. Wat is alles snel gegaan!

Daar zitten we, mijn man en ik, tegenover elkaar. Zwijgend kijken we elkaar aan. Ik zie dat er van zijn zwarte bos krullen niet veel over is, al is hij er niet minder charmant om met zijn witte haar. Zijn prachtige, diepbruine ogen zijn omringd door de eerste en vrij recente rimpels. Zijn mooie, ondeugende glimlach is nog altijd betoverend. Prompt voel ik me warm vanbinnen. Hoe lang is het geleden dat we elkaar zo innig in de ogen keken en dat ik vlinders voelde in mijn buik?

Fiorenzo is geboren in Nederland uit Italiaanse ouders. Tot zijn zesde woonde hij in Nederland bij zijn ouders en oudere broer. Daarna groeide hij tot zijn veertiende op in Italië. Hij woonde daar bij tante Rina, de oudste zus van zijn moeder. Vervolgens keerde hij terug naar Nederland, waar hij bleef tot ons gezamenlijke en definitieve vertrek naar Italië. De gemengde cultuur en zijn Italiaanse wortels vormden een verrassende combinatie die me vanaf het begin fascineerde.

Plotseling staat Fiorenzo op en loopt zonder een woord te zeggen naar de computer. Voordat ik wat kan uitbrengen, hoor ik de eerste tonen van het carnavalsnummer: '*Wij vieren feest*'. Het is juli, hoe komt hij erop! We schieten in de lach en al snel lopen we zingend uit volle borst in polonaise door de keuken en woonkamer.
'*weg met de malaise, het is nu tijd voor de polonaise-*'.
We dansen het nummer uit in een geweldige feeststemming. Het is een gezonde reactie. Niettemin krijgen we gelijktijdig een gevoel van schaamte.

Het lege nest syndroom zou nu moeten intreden: een deprimerend gevoel van leegte en een ongezellige dosis verdriet. Bij ons daarentegen is het een 'lege nest feestsyndroom': een energiek gevoel met een vrolijke stemming en een drang tot zingen.

We hoeven ons er niet voor te schamen. Het mag, na al die tijd dat we met liefde en plezier onze energie hebben gestopt in ons gezin. We hebben alles gegeven wat we konden: morele steun, stimulans, liefde, aandacht, kansen, warmte, bescherming, respect, gezelligheid, inspiratie enzovoort.

We trouwden en waren jong en idealistisch. En dat we meteen kinderen wilden, wisten we zeker. Daarmee dachten we flexibeler te zijn en dichter bij onze kinderen te staan. Het zou eenvoudiger zijn voor zowel ons als de kinderen om een minder grote leeftijdskloof te hebben. We zouden ervoor zorgen dat alle basisbehoeften als vaste ingrediënten aanwezig zouden zijn en we besloten om samen ons uiterste best te doen om op alle fronten een goed voorbeeld te zijn voor onze kinderen.

Alles was zo mooi, we waren trots op ons prachtige gezin dat zich voltooide met de komst van het derde kind toen we amper zesentwintig jaar waren. Meteen vanaf onze eerste dreumes hebben we het belang van de kinderen vooropgesteld. Alle behoeften die een kind kan hebben, waren vanaf dat moment primair. Dat kon stevig botsen met onze eigen behoeften. Dat wisten we, al waren we ons daarvan niet ieder moment bewust. Later werd deze visie vaste regel en vroegen we ons helemaal niet meer af of we privacy, ruimte en vrije tijd tekortkwamen.

We hadden onze eigen rechten weggepoetst. Eerst, geheel onschuldig, pakten de kinderen een vinger en later, vrij bewust, pakten ze de hele hand. We hadden dat zelf toegestaan door onze grenzen steeds te blijven verleggen en door ons altijd te verplaatsen in hen.

Er bestaat een onbegrijpelijke tweedeling binnen ons gezin: enerzijds twee dochters die ons volledig in beslag nemen, anderzijds een zoon die bescheiden, respectvol en dankbaar is en zo min mogelijk druk op ons wil leggen. Waarom is dat? De opvoeding is toch voor alle drie dezelfde geweest.

Ouders hebben met hun opvoeding behoorlijke invloed op de ontwikkeling van hun kinderen, maar ieder kind wordt geboren met een eigen karakter. Vanaf hun geboorte hebben ze al hun eigen wil, eigen moraal, een eigen dosis egoïsme en liefde. Het bloed kruipt waar het niet gaan kan stelt het spreekwoord, en dat geldt ook voor kwaad bloed. Kinderen bezitten vanaf het prille begin input van ouders, grootouders en overgrootouders. Die kan goed of kwaad bloed bevatten. Wat daar voor mix uit komt, is en blijft een mysterie. Daar moet je het mee doen.

Aan de hand van de basis van een karakter, waar iemand mee geboren wordt, vormt de persoon zich verder. Een gebeurtenis kan daarom op de ene persoon een totaal verschillende uitwerking hebben dan op de andere. Dat ligt aan je opvattingen, je manier van beleven, je leeftijd, je moraal, je liefde, je altruïsme, je persoonlijke kracht, je vechtlust en je algehele kijk. Mensen om je heen zijn belangrijk om de atmosfeer te creëren die je nodig hebt om goed te kunnen functioneren en jezelf te kunnen ontwikkelen. Echter, we moeten als het erop aankomt uiteindelijk alles zelf doen.

We zijn regelmatig aangewezen op ons eigen 'ik' en dan wordt van belang wie die 'basis-ik' is. Ben ik te vertrouwen? Ben ik zuiver en transparant? Hoe liefdevol, krachtig en vechtlustig ben ik? Wanneer een karakter vanaf de geboorte een oneerlijke inslag heeft, krijg je die er nooit meer uit en dat kan conflicten gaan veroorzaken door het groeiende contrast tussen ouder en kind.

Te vaak wordt er bij de ouders gezocht naar schuld zodra er iets misgaat tijdens de opvoeding. We vragen ons meteen van alles af. Heb ik dat wel goed gedaan? Moest ik misschien dit? Had ik beter dat? In ons hart weten we dat 'beter' niet kon en dat we onszelf pijn doen door opnieuw ons kind te behoeden voor het dragen van eigen verantwoordelijkheid.

Dikwijls gaan we er vanuit dat kinderen tijdens het groeiproces vanzelf meer verantwoordelijkheid zullen gaan dragen. Dat werkt zo niet, we moeten naarmate de kinderen groeien hun die verantwoording bijbrengen. Alleen zo zal deze beetje bij beetje toenemen en eigen worden.

Het is belachelijk om alle fouten voortdurend bij onszelf te zoeken. Ondanks alles, indien we eerlijk zijn, weten we dat we daar verkeerd aan doen. Natuurlijk maken ouders fouten. Niemand is immers perfect. Zolang de fouten niet gebaseerd zijn op ernstige ethische overtredingen, moeten ouders en kinderen samen verder kunnen gaan.

Nu Marta als laatste van onze kinderen aangekondigd heeft te gaan samenwonen, valt er ineens een stuk verantwoordelijkheid van ons af. Een berg aan directe zorgen verdwijnt hierdoor meteen. Hiermee zijn we verlost van vaste tijden, allerlei schema's en verplichtingen. We krijgen een stuk privacy terug. Mogen we hierover niet vrolijk zijn? Mogen we niet dansen en zingen?

We zingen, zonder te beseffen dat er in ons onderbewustzijn iets zit dat deze reactie blijkbaar activeert. Onwetend dat beide dochters ons schaamteloos in de maling nemen. Zonder argwaan genieten we van onze herwonnen vrijheid, zonder de schaduw te zien van de merkwaardige manier waarop alles de laatste tijd is gegaan. We laten toe dat het geluksgevoel overheerst. Het leven is meedogenloos. Meestal op het moment dat je denkt te kunnen zingen van geluk, krijg je een mes tussen je ribben. We hadden daar al eens ervaring mee gehad, toch zijn we opnieuw verblind door het onverwachte levensgeluk dat ons als een Judas kust en we zien daardoor de dreigende bui niet hangen.

Wanneer het laatste kind het nest uitvliegt, verandert er van alles. Waar je voorheen grotendeels druk was met het uitvoeren van allerlei bezigheden die te maken hadden met het gezin, komt nu onverwacht een zee van vrije tijd. Plotseling kan de wasmachine morgen worden aangezet, want zelf heb ik niet die lievelingstrui weer nodig of mijn favoriete broek, zoals dat doorgaans met kinderen gaat. Ineens kunnen we om een uur eten in plaats van vijf voor half een, want niemand moet dit of dat. Nu kunnen we onze muziek aanzetten en uitzetten wanneer wij dat willen en een programma kiezen om naar te kijken dat ons interesseert. De lijst van nieuwe vrijheden kan oneindig worden aangevuld.

Omdat er verplichtingen wegvallen, komt er tijd voor jezelf, een zee van tijd! Dat voelt eigenaardig, in het begin. Voor ons is het niet moeilijk om eraan te wennen. Het gooit ineens deuren open die we voorheen moesten sluiten omdat er geen tijd of geld genoeg voor was. Eerst was er het gezin, de kinderen kwamen voorop. We wilden zielsgraag kinderen, en daar moest voor worden gezorgd. Wij zelf zouden later weer aan de beurt komen. Dat was hoe we erover dachten. Soms voegden we er bedenkelijk aan toe: als we geluk hebben.

Er groeide een bewustzijn in ons dat de maatschappij een verandering doormaakte. Het betrof een klein, maar toch beduidend puntje, dat we tevoren anders hadden ingeschat. Als jonge ouders dachten we: als de kinderen het huis uit gaan, zijn wij nog op een mooie leeftijd om actief te kunnen genieten.

We stonden zelf jong op eigen benen en dachten dat indien we onze kinderen een goede en complete opvoeding zouden geven, dit automatisch ook voor hen zou gelden. We vonden dat onze kinderen na hun studie, zo rond hun vijfentwintigste zelfstandig moesten kunnen leven. Maar wat zagen we nu om ons heen?

In Italië werd het langzaam maar zeker een gewone zaak dat kinderen nog op hun dertigste of ouder aan de rokken van moeder hangen! Lekker thuis wonen als in een luxe hotel, met wekelijks een schoon bed, het wasgoed telkens gewassen en gestreken, een vijf sterrenkeuken van waaruit op uur en tijd de feestmalen worden opgediend en de badkamer ter beschikking met een knip van de vingers. Er zijn zelfs ouders die in weer en wind iedere ochtend de auto van hun kind buiten de garage rijden, voordat het naar studie of werk vertrekt! Moeders die bij de deur staan te wachten op hun zoon die chronisch aan de late kant is voor zijn werk, met een kopje espresso in haar handen dat ze roert totdat de dertigplusser het haastig en lopend leegdrinkt! De maatschappij veranderde.

Onze oorspronkelijke strategie kon hierdoor behoorlijk anders gaan uitpakken. Bepaalde idealen die we tijdelijk voor ons gezin opzij hadden gezet, zouden voorlopig geen schijn van kans krijgen. Ze moesten waarschijnlijk op de lange baan worden geschoven, met het gevaar dat de behoefte om deze droomwensen te verwezenlijken vroegtijdig zou zijn weggeëbd. Laten we er niet aan denken hoe het zou zijn als we pas tegen ons zeventigste onze vrijheid hadden teruggekregen. Zouden we ons nog gedreven voelen om cursussen te gaan volgen voor pottenbakken, beeldhouwen en schilderen met olieverf? Ik zie ons geen lokaal meer inrichten met draaischijven, droogkasten en ovens. Ik betwijfel of er nog zo'n bloeiende behoefte zou zijn om te gaan reizen, als backpackers door Cuba, Cambodja of Tibet. En ik betwijfel of we nog warm zouden draaien voor de pelgrimstocht van twaalfhonderd kilometer: de achtentachtig tempels van Japan. Ik vraag me überhaupt af of we dan nog op papier hadden willen zetten wat we allemaal zo van harte willen delen met de mensheid. Zouden we nog willen bijdragen aan het spreiden en het beschikbaar stellen van zoveel mogelijk informatie omtrent ervaringen, denkwijzen en beschouwingen? Niet dat iemand uitgeblust is op zijn zeventigste, integendeel, maar het lijkt me eenvoudig aan de late kant om al deze dromen waar te kunnen maken en op poten te zetten. Dit is eerlijk en realistisch gezien.

Hoeveel tijd hebben we naast ons gezin besteed aan werken? Werken aan projecten van een ander. Gedreven door de maatschappij tot vermeerdering van consumeren. Prima, we kregen loon en we waren verzekerd. Was het allemaal zo nodig om de lat steeds hoger en hoger te leggen? Vastraken in een systeem waar je haast niet meer uit komt? Pas nu beseffen we dat onze tijd meer waard was. We roepen steeds: later dit en later dat. Voor velen komt dat later nooit. Wat is de bedoeling van ons leven? Daar ben ik nog niet uit.

Nu zijn onze kinderen de deur uit en alle drie zelfstandig. Dat is iets om als ouders trots op te zijn. Onze taak is volbracht, we zijn klaar met opvoeden. Fiorenzo en ik zijn ieder achtenveertig jaar oud en we beseffen dat deze situatie is als een lot uit de loterij. Dankbaar voor onze gezondheid hopen we dat we die mogen behouden. Dat is nu het belangrijkste. We hebben volop gedeelde interesses, we zijn graag in elkaars gezelschap en we hebben het idee dat we daardoor kunnen starten met de nieuwe fase: wij! Dat is boffen. Dat is een droom die werkelijkheid wordt. Dat is geweldig! We mogen de polonaise dansen en daarmee maken we het niet te bont.

Een van de eerste effecten van ons lege nest is dat we elkaar weer zien. Niet dat we elkaar uit het oog waren verloren, daartegen hadden we voldoende gevochten. Maar het is nu zo dat er niet meer een of ander kind onze volledige aandacht opeist. Al die verhalen over werk, studie, auto, collega's, vrienden, feesten en de kapper. De twijfels over kleding, make-up of buikkriebels want 'we zijn weer eens verliefd'! Ondanks dat het aanhoren van dit alles dikwijls reuzengezellig was, werd hiermee ook een behoorlijke inbreuk op onze privacy gedaan. Dit omdat bij alles wat je probeerde te doen er voortdurend een van de drie kinderen tussendoor fietste. Ik kreeg niet eens rust tijdens de korte momenten dat ik de deur sloot van de badkamer om plaats te nemen op het toilet! Er was altijd iemand die me uitgerekend dán iets moest vragen.

Het is grappig, Fiorenzo en ik zien elkaar weer! We maken afspraakjes, we gaan naar de stad, naar een bar, we pikken een restaurantje, we duiken een boekenwinkel binnen, we gaan wandelen of fietsen. De toekomst is onderwerp van onze gesprekken. We praten over wat we willen gaan doen en hoe we het willen gaan doen. Het is interessant te ontdekken welke behoeften we hebben en te zien welke daarvan overeenkomen. Gesprekken over voeding, beweging en onze leeftijd staan centraal. We zoeken naar aanpassingen die beter bij deze nieuwe fase passen. Het is de bedoeling cursussen te gaan volgen en bepaalde studies terug op te pakken. We bruisen, zijn actief en stralen de hele dag door. Heerlijk, dit lege nest!

Zelfs ons menu verandert. We zoeken nu recepten voor twee. Er is meer oog voor de presentatie en het bij kleinere porties houden. We zijn twee ongelooflijke lekkerbekken en willen minder eten omdat het gezonder is op onze leeftijd. Alles onder één voorwaarde: eten moet een feestje blijven. En dat beloven we elkaar.

We schieten in de lach zodra we op ons activiteitenlijstje bijschrijven dat we ooit een gezamenlijke receptenblog willen openen. Een blog waarin we zullen delen wat onze culinaire bevindingen zijn, inclusief filmpjes die we dan plaatsen op YouTube, tot vermaak van de medemens! Vooralsnog is het eenvoudig voorpret, al weet je het met ons nooit. We zijn er gek genoeg voor.

O God, alles lijkt te mooi om waar te zijn en ik vraag me af wie er steeds op zo'n moment roet in het eten komt gooien!

'Dit jaar is het prima geregeld'.
Ik kijk Fiorenzo vragend aan en ga in de tussentijd door met de afwas. Hij pakt handig een busseltje bestek om af te drogen.
'Aanstaande maandag, de laatste dag van het jaar, hoef ik niet te werken!'
Ik vlieg hem spontaan om zijn nek en slaak een gilletje van plezier terwijl het sop van mijn handen rond zijn oren vliegt.

Dit jaar hebben we niemand uitgenodigd en op de verschillende uitnodigingen zijn we niet ingegaan. Het liefst willen we samen zijn na alles wat er is gebeurd sinds Marta uit huis is gegaan. We zitten er te vol van en we zijn op dit moment al genoeg de gossip voor vrienden en familie. Rust is wat we nodig hebben, dus dit jaar vieren we het beslist met zijn tweeën.

De laatste dagen gedraagt Fiorenzo zich vreemd. Hij lijkt wel op een jong bokje in de lente. Hij kan zich precies zo gedragen wanneer hij net vakantie heeft. Hij is opgelaten, bevrijd, euforisch, relaxed en in voor van alles. Hij knuffelt, zingt en kookt, gaat mee shoppen en droogt zelfs af op eigen initiatief. Menige vrouw vindt dit benijdenswaardig, maar geloof me, ik word van deze onverwachte switch ongelooflijk nerveus!

Na dagen van plagen, onduidelijkheden, grappen, mysterie en euforie van zijn kant verdrink ik zowat in mijn nieuwsgierigheid.
Op oudejaarsavond drijft hij de spanning op. En als Fiorenzo verklapt dat hij een bijzondere verrassing heeft voor middernacht, weet ik dat ik werkelijk van alles kan verwachten. Daar ken ik hem goed genoeg voor. Mijn handen trillen wanneer ik de prosecco in de feestelijke kristallen glazen schenk.

Toch is hij een schat, alleen al om dit zo te verzinnen. Want of dit nou allemaal toneelspel is of echt, we hebben er al dagen een geweldige afleiding mee. We spreken ondertussen geen woord over de ellende die ons recent overkomen is en we lachen over wat ik gis en waar hij vervolgens een zeer grappig of uiterst geheimzinnig antwoord op geeft. Ik voel hoe fijn het is om wat druk van de ketel te kunnen halen. Maar langzamerhand wordt het nu wel tijd voor een ontknoping.

Normaal gesproken zorg ik op oudejaarsavond voor iedereen. Nu zijn we met ons tweeën. Dat is nieuw. Ik houd van bepaalde tradities en daarom maak ik altijd voor oudejaarsavond een koude visschotel. Zo hoef ik niet de hele avond in de keuken te staan. Ik bak wel zelf brood, soepstengels en appelbollen en na middernacht zet ik buiten op ons terras de frituurpan aan om oliebollen en appelbeignets te bakken. Een super Hollands avondje vinden we dat, wat stevig tegen de Italiaanse gewoonten indruist. Dat rommelen met twee culturen en daardoor bewust alles volkomen anders kunnen doen dan de meesten om ons heen, vinden we magnifiek.

Indien we in Nederland zouden wonen, hadden we vast de Italiaanse tradities doorgevoerd. Met een aanpassing, omdat we zelf al dertien jaar geen vlees meer eten. De Italianen in de regio Veneto vieren over het algemeen oud en nieuw onder het genot van een gevulde varkenspoot, gemixt gegrild vlees en een soort vette gebraden gehakt. Vlees speelt de hoofdrol en dat wordt aangevuld met groenten van de grill en uit de oven, salades, polenta, gegrilde aardappelen en brood. Linzen voor een krachtig en gezond nieuw jaar en witte druiven voor een financieel deugdelijk jaar. Vervolgens passeren mandarijnen, pinda's, pistache- , wal- en hazelnoten, samen met gedroogde vijgen en dadels de revue. Nog wat later kan men de panforte, panettone en ijstaart verwachten. Het eten sluit men af met een espresso die de boel laat zakken, wat een geestig

fabeltje is. Net als het excuus om daarna nog een borreltje te nemen, omdat het uitstekend zou zijn voor de vertering en om ten
slotte goed te kunnen slapen. Bijna altijd zijn het zelfgestookte li-
keuren. Voor wie dat niet gewend is, brandt dit voor je gevoel je
slokdarm weg. Als je er aan gewend bent, vind je het een delica-
tesse. Onder de ouderen wordt het zelfs gezien als een gezond-
heidsdrankje, een elixer. Volgens oom Ceno is het onmogelijk
griep te krijgen als je elke dag een zelfgestookt borreltje drinkt.

Al het voedsel wordt rijkelijk begeleid door originele prosecco,
de intussen beroemde bubbelwijn uit onze streek. Deze traditie
moet je bezien in een Italiaans decor. Zo'n feest wordt gevierd in
een speciale feestruimte: de taverne. De meeste gezinnen hebben
zo'n ruimte ingericht voor allerlei gelegenheden. Zo'n taverne is
meestal royaal genoeg om er een vier meter lange houten tafel in
te zetten, met houten banken of stoelen aan beide zijden. De muren
van de taverne zijn gedeeltelijk met hout afgewerkt en er zijn relatief kleine ramen. Kunstlicht is een sfeerelement dat alles op een
daadwerkelijke taverne laat lijken.

Dit jaar, omdat we met ons tweeën zijn, maken we geen gebruik
van de taverne en we vieren het daarom in onze knusse woonkamer.

Onze oudejaarsavond vliegt voorbij en als we eenmaal buiten op
ons terras staan met ieder een glas prosecco, trekt Fiorenzo me
dicht tegen zich aan. Mijn blik glijdt over de donkere contouren
van de heuvels en in de verte zie ik de verlichting fonkelen van de
stad. Ik kijk hem aan en zie dat hij bloedserieus geworden is, al is
de twinkeling in zijn ogen nog sterk aanwezig.
'Wat is een van jouw dromen, Anja?'
Ondanks de frisse buitenlucht voel ik een warme gloed op mijn
wangen komen. Mijn hersenen werken op volle toeren als ik mijn
blik verplaats en over zijn schouder richting sterrenhemel staar om
mijn onbescheiden wensenlijst in gedachten snel na te lopen. Ik

kijk Fiorenzo vragend aan. Ik weet werkelijk niet aan welke droom ik nu zou moeten denken.

'Een paar maanden geleden, tijdens het avondeten, heb je het er nog serieus en op een uitdagende manier over gehad. Je vroeg me ontslag te nemen. Je wilde samen met mij een jaar of mogelijk anderhalf jaar gaan wonen en werken in het buitenland. We houden van avontuur, zei je. Je had zin in een spannende uitdaging en wilde een duik in het onbekende. Je zei: de kinderen zijn alle drie het huis uit en zelfstandig, wat let ons! Ik heb geantwoord met een vermakelijke grijns, daar was het bij gebleven.'

Onmiddellijk komt die scène terug in beeld, en ja, het is waar, dat had ik provocerend gevraagd. Lagen de kaarten niet anders? Er leken geen problemen te zijn en we voelden ons krachtiger dan ooit. Positief stonden we in het leven, het zou een avontuur zijn dat alles enkel meer glans kon geven.

Ik betwijfel of ik nu de vraag zou herhalen. We zijn in een andere situatie terecht gekomen. Is de huidige situatie wel een goede basis om zoiets te gaan ondernemen? Mijn gedachten zijn druk bezig met het proberen te begrijpen wat er staat te gebeuren, maar ik krijg geen inzicht.

'We zijn bijna vijftig', gaat Fiorenzo rustig verder, 'en in deze tijd een goed betaalde vaste baan opzeggen is idioot. Toch leef ik maar één keer. Voldoening heb ik niet in mijn werk en ik moet er nogal wat kostbare uren aan besteden. Kortom lieverd, we hebben vanaf nu twee maanden om ons voor te bereiden op vertrek. Afgelopen vrijdag was namelijk mijn laatste werkdag, omdat ik mijn ontslag genomen had!'

De kracht stroomt uit mijn benen en ik tril.

'We gaan jouw droom, die ook mijn droom geworden is verwezenlijken An! Het zal een prima afleiding zijn die ons uitstekend zal bezighouden. Het is een mogelijke oplossing om samen ons bootje recht te houden, want geloof me schat, ze krijgen ons niet kapot!'

Hier had hij een punt: afleiding. Dat is de sleutel voor deze gecompliceerde toestand waar we zo onverwacht op brute wijze in zijn getrokken.

Doorgaans zijn we sterk, maar op dit moment voelt dat niet zo. Toch staan we hier nog altijd samen, rechtop en vastbesloten om alles een duw te gaan geven. Wat omvalt, dat valt maar om en wat rechtop blijft, dat blijft staan. Dat wordt vechten om in een korte tijd een bestaan in het buitenland mogelijk te maken. Dat gaat ons vast niet in de koude kleren zitten.

De laatste dagen is er een betere stemming omdat we amper denken aan onze problemen en we weten daarom dat afleiding verlichting brengt. Het zou ons kapot kunnen maken om vast te blijven zitten in het onrecht, de onmacht, het verdriet, de pijn en de woedeaanvallen. Weggaan is niet de oplossing, maar het zal ruimte geven. Ruimte die we nodig hebben om niet te stikken in onmacht en verdriet.

Ik heb bewondering voor Fiorenzo. Hoe heeft hij dit onder deze verwarrende en onmenselijke omstandigheden kunnen bedenken? In zijn eentje heeft hij de stap gezet en zijn ontslag ingediend. Jaren was hij een trouwe medewerker en op dit onverwachte ontslag had zijn baas niet gerekend. Al hadden ze op zijn werk wel begrepen dat er iets was gebeurd dat een enorme invloed had op Fiorenzo. Ze zagen dat hij veranderd was. Ze wilden hem niet laten gaan en boden hem een loonsverhoging. Ze begrepen hem niet. Zijn besluit stond vast.

Het is onduidelijk hoe lang we in elkaars armen op het terras hebben gestaan. Het vuurwerk is me volledig ontgaan! Ik huil vanwege het besef te boffen met zo'n man en uit dankbaarheid voor deze krachtige en positieve wending die ons leven hierdoor direct gekregen heeft. Ik huil ook van de zenuwen die zich van mij meester maken in deze heftige situatie.

We hadden zogezegd al een poos staan wankelen aan de rand van een zwart gat. Een enorme krater vlak voor onze voeten, die was ontstaan na een bom die barstte en die nu extra dimensie gekregen had door de verschillende pijnlijke handgranaten die met uiterste precisie in steeds dezelfde richting waren gemikt. De problematiek die op ons pad is gekomen is omvangrijk en gecompliceerd. We lopen er op vast. Het is een te harde klap, we kunnen daardoor niet gefocust raken.

Misschien heeft Fiorenzo gelijk en moeten we gaan. Bovendien hoeven we alleen maar voor onszelf te zorgen en zijn we vrij van verplichtingen. Afleiding is een goede zaak voor ons. Uit het probleem stappen is een manier van ruimte maken, enkel zo kunnen we er van een afstand op terugkijken. Nu zitten we vast in het drama en zijn we onnatuurlijk verweven met een benauwende situatie die pijnlijk en uitzichtloos is. Nee, het zal geen vluchten zijn, we snappen dat we de hele kwestie meenemen. Het is ondertussen deel van ons geworden, of we dat willen of niet.

Het verschil zal zijn dat nu het leven draait om de toestand zelf, terwijl wanneer we weggaan, alles zal draaien om de nieuwe situatie en het probleem vanzelf naar de achtergrond verdwijnt. Al is het maar een gedeelte van de dag en een gedeelte van de nacht, dat zou al voldoende ruimte geven om te kunnen werken aan het verwerken. En het voorkomt dat we verder zullen wegglijden.

Het vechten voor een plek in een nieuwe omgeving is positief. Het zal niet eenvoudig zijn en er is een reëel risico dat we de nieuwe situatie niet aankunnen. Wat dan? Kunnen we ons drama wel met een bepaalde regelmaat naar de achtergrond drukken? Lukt het ons om geconcentreerd te werken? Wat ingeval we niet socialiseren, omdat we gebukt gaan onder onze problemen? Hier in Italië zijn we om die reden stukje bij beetje geïsoleerd geraakt.

Allerlei angsten en twijfels dringen zich op. Mijn hoofd tolt door duizenden gedachten die elkaar afwisselen. Alles wordt pas overduidelijk op het moment dat ik voor de spiegel mijn behuilde gezicht ontdoe van de make-up. Ik kijk mezelf aan, terwijl ik een rationele monoloog houd.

'Als we niet gaan, wat is dan het resultaat?'

'We zullen ons steeds verder isoleren. Dan zullen we gebukt gaan onder verdriet, pijn en onmacht, afgewisseld door woede, tot we er een ziekte aan over zullen houden. Er bestaat de mogelijkheid om in een depressie te glijden met alle gevolgen van dien.'

'Biedt thuis blijven uitkomst?'

'Nee.'

'Wat hebben we te verliezen?'

'We hebben niets te verliezen. We gaan!'

De frituurpan gaat aan. Ook dit jaar worden er oliebollen en appelbeignets gebakken! Niet zozeer omdat we honger hebben, maar om de traditie hoog te houden. We weten nu nog niet waar we volgend jaar zullen zijn en wat we doen. Laten we genieten van dit moment. Het is altijd de moeite waard om tradities hoog te houden, ook al zijn we maar met ons tweetjes.

Fiorenzo snijdt de appels en ik maak het beslag. Al snel glijdt het eerste beslag van de lepel en spoedig dansen de eerste zes oliebollen in het vet. We bakken ze rondom lekker gaar en ondertussen zingen we spontaan het lied van Wim Kan: '*moeder zijn de oliebollen klaar, het is vanavond immers oudejaar*'. Het is waar, soms maken de hersenen een interessante reis door het geheugen om iets op te duikelen.

Er is geen enkele reden om ons goed te voelen of om blij te zijn, laat staan opgelucht of gelukkig. We snappen er niets van en zoeken naar de oorzaak van die fijne stemming. Na een poosje komen we op het antwoord dat ons overtuigt: hoop!

Er is hoop voor de toekomst. Het is zo ongelooflijk waar, hoop doet leven. Glunderend bekennen we elkaar dat dit één van de mooiste jaarwisselingen is geworden die we tot op heden gevierd hebben. Vermoedelijk omdat we geen verwachtingen hadden en omdat er een enorme verrassing in de lucht hing die ons nieuwe inspiratie gegeven heeft.

Deze moeilijke situatie heeft ons nog dichter bij elkaar gebracht. We kunnen en mogen elkaar vertrouwen en we kunnen op elkaar bouwen. Samen kunnen we de wereld aan. Angela, een persoon die haar naam eer aandoet, zei eens: 'Er zullen mensen zijn die proberen om jullie kapot te maken, iets wat ten slotte niet zal lukken.' Daarom moeten we blijven vertrouwen. Het gaat ze niet lukken! We gaan niet kapot! Laten we vechten voor een nieuwe toekomst.

We zijn het weer helemaal met elkaars aanvullingen eens, ook over het vleugje vanille dat Fio toevoegt aan mijn versgemalen poedersuiker waar we de oliebollen mee bestrooien.

Stralend kijken we naar onze productielijn en we zien hoe deze zorgt voor een oogstrelende overproductie.

'Komen er nog mensen uit de stad?'

We moeten erom lachen. Het is gewoon zo, we hebben weer eens overdreven. Dit is voldoende voor een elftal! Er is al een schaal klaar met vierenveertig oliebollen en we zijn net over de helft van het beslag. Het is in de tussentijd al half drie geworden. Straks gaan we naar tante Rina en tante Elsa om hun gelukkig Nieuwjaar te wensen. We zullen ieder een schaal oliebollen, rozijnenbollen en appelbeignets geven. Het zijn grote families, met doorlopend visite, wat wil zeggen dat er maar weinig bollen bij de kippen terecht zullen komen. In ieder geval zijn we opgewekt bezig en we hebben zoveel adrenaline in ons lijf dat we met onze nieuwe vooruitzichten toch niet zouden slapen.

Continue praten we met elkaar over alles wat te maken heeft met ons vertrek en we besluiten dat vanaf nu dit voorrang zal krijgen op al het andere. Door dat te doen, kunnen we weer leven en normaal ademen, het idee is juist. Toch hebben we beiden last van wisselende stemmingen, en ik ongetwijfeld het meest. Dit tijdelijk vertrek zal grote veranderingen teweegbrengen die de rest van ons leven zullen beïnvloeden. Het hoeft niet negatief te zijn, het vertrek kan net zo goed een positieve uitwerking krijgen. Elke verandering is moeilijk.

'Maar Fio, we weten maar al te goed dat wanneer een trein verandert van spoor, deze een andere bestemming gaat krijgen. Willen we dat?'

'Laten we zeggen, de bestemming mag zo blijven, we nemen er enkel een mooiere weg naartoe. Een langere, die ons de kans geeft langer en intenser te kunnen genieten.'

'Het is precies zoals je het wilt zien en hoe je het belicht, begrijp ik.'

'Laten we niet bang zijn voor het onbekende. Zoals je weet, niemand eet ons immers op! Laten we dat nooit vergeten. Zolang dat niet gebeurt, is er hoop voor jou, voor mij en onze toekomst.'

Eenmaal klaar met bakken en opruimen, stappen we terug naar binnen, waar nog een halve fles prosecco staat. We zijn niet gewend te drinken. Een enkel glas op een feest of als we thuis visite krijgen. Nu hebben we anderhalve fles leeggedronken en staat de resterende halve fles uitdagend te lonken. Nooit eerder hebben we ons laten gaan. Voortdurend keurig onze plaats weten en het voorbeeld zijn voor onze kinderen. De pot op met zijn allen! Ten minste alleen vandaag, in de toekomst zullen we het heus niet op een drinken gaan zetten.

'We zouden morgen risotto kunnen maken met de resterende prosecco'.

'Nou An, we kunnen hem ook lekker rustig naar binnen fietsen terwijl we ons opwarmen bij de kachel voordat we in bed rollen', Zijn rustige, volwassen, weloverwogen toon doet me stralen. Hij is zo zeker van zichzelf, zo evenwichtig en overtuigend, maar af en toe toch ook zo kwetsbaar, verkrampt van pijn en eenzaamheid.

We knuffelen elkaar, omdat we het nodig hebben te voelen dat er iemand is op de wereld die van ons kan houden. Dat lucht op, al is het voor even. Dat wordt herhalen, herhalen en herhalen. We bedenken dat we elkaar meerdere keren per dag een 'abbraccio forte', een stevige omhelzing zullen gaan geven. Het zal ons kracht en steun geven. Het zal staan voor onze liefde, geborgenheid, saamhorigheid en veiligheid. Iets dat we nodig hebben en zo kunnen bewerkstelligen. We geven elkaar opnieuw een 'abbraccio forte' en inderdaad, hoe magisch het mag klinken, het werkt! Aan het einde van de fles prosecco lachen we ons in een stuip om onze lef en ons idee om de koffers te pakken en te vertrekken. Alleen al hierom kan het wat ons betreft niet meer stuk. Op een explosieve manier zijn we 2013 begonnen, een jaar dat nu al belooft geen sleur te worden.

'An, slaap je?'

Ik heb geen puf om te antwoorden. Het had een eeuwigheid geduurd voordat ik in slaap was gevallen. Mijn hersenen waren op hol geslagen met fantasieën over potentiële landen waar we naar toe kunnen gaan. Vandaag gaan we er uitgebreid over debatteren, tot we er uit zullen zijn.

Ik voel hoe de hand van Fiorenzo langzaam en onschuldig over mijn heup naar mijn billen glijdt. Hij geeft me speelse kneepjes die het doorslapen onmogelijk maken. Binnen korte tijd brandt in de keuken de gietijzeren houtkachel en zet Fiorenzo er de fluitketel op voor het theewater. Het is bijna half vier in de ochtend als we tegenover elkaar aan tafel zitten met een pen, kladblok en de wereldkaart.

'Twee maanden voorbereiding is weinig en het is nu eerst zaak dat we gaan beslissen waar we naartoe gaan.'

Meteen ben ik terug in de realiteit en de gedachtestroom die me gisteravond op brute wijze uit mijn slaap had gehouden, komt weer in alle hevigheid terug. Ik ratel als een kip zonder kop en gooi er alle gedachten uit zonder ze in een logische volgorde te plaatsen. Vrij snel roept Fio me tot de orde, alsof we in een officiële vergadering zitten, waardoor ik besef dat ik gedreven door een adrenalinestoot nogal op hol geslagen ben.

Ik ga naar de badkamer en gooi wat koud water in mijn gezicht. Om op te frissen poets ik mijn tanden en voel me pas bijkomen wanneer ik terug bij de kachel zit met een voortreffelijke beker bosbessenthee tussen mijn handen geklemd. Het duurt niet lang voor we het eens worden over het feit dat we beter een land kunnen kiezen waarvan we de taal spreken. We gaan niet definitief, we denken aan een tijdbestek van een jaar, hooguit anderhalf jaar. Ons huis in Italië houden we aan, en we zullen soms teruggaan voor een controle. Daarom is het verstandig dat we binnen Europa blijven, en omdat we dat jammer vinden, fantaseren we alvast over een andere mogelijkheid in de toekomst. Ongelooflijk, zo hebben we de ene droom nog niet uitgevoerd, of we zijn al in de wolken met een volgende! We blijven nu liever met de voetjes op de grond en houden het daarom op Europa.

Nederland is een prachtig land. We kennen het goed omdat we er vele jaren hebben gewoond, gestudeerd en gewerkt. Het is daarom dat we beslissen er nu niet naartoe te gaan. Het zou geen uitdaging zijn. Vastbesloten halen we een streep door deze optie. Dat wordt geen pindakaas, hagelslag en stroopwafels. De ontbijtkoek, appelstroop en de borrelnootjes kunnen we eveneens vergeten en blijven we de appelbollen, Limburgse vlaaien en krentenbollen gewoon zelf bakken. Ik had het fenomenaal gevonden om na ruim tweeëntwintig jaar weer voor een jaartje naar Nederland terug te gaan. We weten dat het niet hetzelfde Nederland is als dat we achterlieten. We waren ons daar al van bewust vóór ons vertrek destijds uit Nederland. Niet zoals de ouders en voorouders van Fiorenzo, die voor de Tweede Wereldoorlog van Italië naar Nederland vertrokken om er een ijssalon te openen. Ze gingen naar Nederland uit noodzaak voor werk dat er vlak voor de oorlog in Italië niet was.

Ze vertrokken met pijn in het hart, onwetend wat een landsverandering inhield. Ze hadden geen idee wat de verschillen tussen de beide landen waren, naast taal en munteenheid. Ze prentten zichzelf in dat het tijdelijk zou zijn. Na een aantal jaren zouden ze terugkeren naar hun geliefde Italië. Ze werkten keihard, dag in, dag uit en stopten zo met leven.

Terugkeren was niet mogelijk. De Tweede Wereldoorlog brak uit, de grenzen tussen de landen sloten. Vlak na de oorlog had het geen zin om terug te gaan, omdat Italië nog geen uitkomst kon bieden. Later belandden ze in de economische-boem. Het ijs scheppen werd goud scheppen, wie wilde dat loslaten?

Ze verlengden en verlengden hun verblijf en na vele jaren kwamen ze voor hun oude dag eindelijk terug naar hun vaderland Italië, zonder zich daar opnieuw thuis te voelen. Ze hadden geen idee van wat er ondertussen in Italië veranderd was. Italië was gemoderniseerd en versoepeld. Ze begrepen niets van de mentaliteitsverandering, de politiek en het onderwijs. Ze waren Italianen gebleven van veertig jaar geleden. Met hun verworven rijkdom wilden ze het liefst terug naar Italië, maar ze ontdekten daar niet meer te passen. Ze waren hun vaderland ontgroeid, veertig jaar was onoverbrugbaar. In Nederland hadden ze hard gewerkt en tussen hun eigen muren geleefd in 'klein Italië', een onveranderd Italië waar de tijd had stilgestaan. Ze waren niet geïntegreerd in Nederland, maar hadden ook de Italiaanse groei niet meegemaakt. Voor de meeste geëmigreerde Italianen is de conclusie hard en triest: ze passen nergens meer, noch in Nederland, noch in Italië.

Dit hadden we van dichtbij aangezien, we wisten van het stille verdriet. En daarvan hadden wij geleerd. Het is essentieel wanneer je van land verandert, dat je jezelf aanpast, de taal leert en socialiseert. Je moet deel gaan uitmaken van de nieuwe maatschappij waarvoor je gekozen hebt. Naast wonen en werken zal je eruit moeten halen wat erin zit. Genieten van het verblijf en beseffen dat je nooit meer terug zult vinden wat je in je vaderland hebt achtergelaten.

Daarom zou het voor ons na al die jaren interessant kunnen zijn om gewoon weer eens een jaar of anderhalf te gaan wonen en werken in Nederland. We zouden een beeld krijgen van wat Nederland, na al die jaren, geworden is. Dat klinkt aantrekkelijk en al willen we nu een volledig nieuwe ervaring, ik sluit niet uit dat we dit ooit alsnog zullen gaan doen.

De afgelopen tweeëntwintig jaar hebben we met plezier in Italië gewoond. Nu hebben we besloten om weg te gaan en alles en iedereen achter te laten. Daarom haal ik met een trillende hand een tijdelijke streep door ons huidige en meest favoriete woonland. Bang om los te laten.

'Jeetje An, bijna drieëntwintig jaar geleden verhuisden we met ons clubje hierheen!'

'Ja, weet je nog hoe bewust we daarmee bezig waren en hoe serieus we alles wikten en wogen?'

'Het was ook een hele verantwoording en een grote beslissing.'

'Inderdaad Fio, tenslotte besloten we ook over de toekomst van onze kinderen.'

'Weet je nog, tijdens de reis, dat we steeds moesten stoppen omdat Marta borstvoeding moest krijgen?'

'Ah, zeker wel, dat klopt, ze was net twee maanden en kreeg nog vijf keer per dag de borst. Wat waren we gek!'

'Het is toch allemaal goed gegaan? Ik vind dat we trots mogen zijn.'

'Ja, je hebt gelijk, en ik voel me ook trots als ik aan alles terugdenk.'

Tijdens onze verkeringstijd had Fiorenzo al eens laten vallen dat hij ooit zou terugkeren naar Italië, net zoals zijn ouders, broer, ooms en tantes dat van plan waren. Ik was stil, maar kon mezelf niet druk maken over dergelijk idee. Het had iets verleidelijks. Italië! Wie wil niet de zon, de heuvels en de allure?

Kort na ons trouwen kregen we onze drie kinderen en om de een of andere reden kwam weer ter sprake dat Fiorenzo ooit terug naar Italië zou willen. De film zag ik finaal anders. Ooit, wat houdt dat in? Over tien jaar, of twintig jaar misschien? Ja, kom op zeg! Tien jaar, dat wil zeggen vertrekken met drie tieners. Dat wordt een rel! Ze zullen hun vrienden hebben, op clubs zitten en hun leventje leiden. Hoe kun je ze overtuigen alles achter te laten om mee te gaan?

Dat zou een regelrechte egoïstische zet zijn. Over twintig jaar? Ze gaan van lieverlee hun studies afronden, werken, trouwen en kinderen krijgen. Ik zou dat prachtclubje achterlaten inclusief eventuele kleinkinderen, om met mijn man naar Italië te gaan? Italië, waar ik geen enkele binding mee zou hebben? Naar een land gaan waarvan ik de taal niet zou beheersen? Ik zou er niet eens vrienden en vriendinnen hebben!

'Dat kun je vierkant op je buik schrijven', hoor ik mezelf nog zeggen.

'Of we gaan nu, of we gaan nooit', was destijds mijn stelling.

Ik wist dat het de enige keuze was. Onze kinderen waren op dat moment alle drie onder de vier jaar en wij amper zesentwintig. De kinderen zouden weinig lijden van het maken van een nieuwe start. Ze zouden het Italiaans gemakkelijk oppakken en ik zou een soort avond-mavo volgen om zo snel en zo breed mogelijk de Italiaanse taal te leren. We waren alle vijf jong, veerkrachtig en gedreven.

Er volgde een reeks gesprekken, overdenkingen en verificaties tot we met volle overtuiging achter ons besluit stonden. We vertrokken naar Italië! Dat bewust alles wikken en wegen was een goede basis en we hebben nooit spijt gehad van die beslissing. Ik wist dat ik moest vechten voor mijn bestaan in dit nieuwe vaderland. Zomaar even teruggaan naar Nederland, dat was er niet bij! Ook niet wanneer het tegen zou gaan zitten. Bovendien wisten we dat na een onderbreking van een jaar of langer we er nooit meer zouden terugvinden wat we zouden gaan loslaten. Gelukkig hebben we eveneens wortels in Italië, het grootste gedeelte van de familie van Fiorenzo woont immers daar. Dit vond ik een prominent pluspunt bij het nemen van ons besluit. In de praktijk is gebleken hoe waardevol familie is bij het kunnen inburgeren. Het was een drastische beslissing, eerlijk overwogen, ook al is het natuurlijk onmogelijk alles tevoren te overzien. Bij ons is het voorspoedig gegaan.

Nu is het minder radicaal, we gaan tijdelijk en zonder kinderen. Nu weten we al dat we terugkomen. Juist daarom heb ik pijn in mijn hart. Dat weggaan lijkt enig, opwindend, avontuurlijk, een goede afleiding en alles wat je wilt, maar straks komen we terug en dát kan tegenvallen. Wat we hadden, vinden we er nooit meer. Bovendien, willen we straks nog wel terugvinden wat we gaan achterlaten? We zullen zelf veranderen, nieuwe systemen zien en meemaken die beter kunnen zijn. De mentaliteit van de mensen, de levensstijl, de mogelijkheden voor onze passies, het zal anders zijn en het is de vraag: wat vinden we beter? Dat onzekere schept onrust, ongemak en twijfel. Er volgen lange en open gesprekken die we voeren over de pro's en de contra's en uiteindelijk komen we tot de conclusie dat we in feite alles al zijn kwijtgeraakt wat we hadden! Daarbij denken we vooral aan ons gezin, werk, een doel voor ogen en ons plezier. Na deze verbijsterende ontdekking hullen we ons in stilzwijgen.

'Het is de waarheid, we hebben niets te verliezen alleen te winnen', zegt Fiorenzo ineens onwankelbaar.

'We gaan!'

We gaan verder met zoeken naar een bestemming en kijken nu naar Duitsland. Weer een prachtig land, we doorkruisten het ooit van noord naar zuid en van oost naar west. Vooral aan de steden Würzburg en Berlijn verloren we onze harten. Die steden zouden een optie kunnen zijn. We houden het warm tot we al pratende erachter komen dat we beiden de behoefte hebben aan zee en duinen. Het wordt een vereiste. Er gaat resoluut een streep door Duitsland. De streek in Noord Duitsland, waar dit land grenst aan de zee, trekt ons niet.

'Frankrijk! Geweldig, vooral het zuiden! Hoe vaak was ik er niet op vakantie? Bandol, Nice en Marseille met hun geweldige stranden, baaien en klimaat. Ik zou het wel een paar jaar houden in Marseille, hoor Fio!'

'Jammer dat jouw Frans niet verder reikt dan du pain, du vin et du Boursin!'

Grinnikend haalt hij zelfverzekerd een streep door Frankrijk.

Lichtelijk verontwaardigd slik ik deze tegenvaller en prik dapper mijn pen op Londen. De twinkeling in de ogen van Fio bevestigt dat deze keuze in de smaak valt.

'En de zee?'

'Willen we niet te veel? Spelbreker!'

'Kom op, An, niet nu gaan ontkennen wat we eerder zo roerend met elkaar eens waren. De zee en de duinen hebben we nodig, die zitten in het basispakket. We gebruiken deze droom namelijk ook voor een verwerkingsproces dat we moeten doormaken om de berg toestanden te kunnen verteren, niet?'

Hij heeft gelijk, het moet een grote time-out worden, waarin wij op zoek zullen gaan naar de nieuwe dimensie die we aan ons leven zullen geven. Ik knik bevestigend en laat mijn pen afglijden naar de stad Bournemouth.

In een mum van tijd zitten we achter de computer te googelen. We kijken naar prachtige promotiefilmpjes over Bournemouth en worden op slag verliefd bij het zien van zee, kliffen en palmen. Jazeker, palmen! Het klimaat moet daarom voortreffelijk zijn. Enthousiast fantaseren we over deze stad. We zitten op de bank onder een warme plaid en het is rond een uur of tien in de ochtend wanneer we tegen elkaar in slaap vallen.

De dagen die volgen worden gevuld met allerlei zoektochten op internet. Alles wat te maken heeft met werk, wonen en andere belangrijke weetjes wordt opgezocht. Werk zou met onze kennis van vier talen geen punt zijn volgens een medewerker van een uitzendbureau. Hij heeft ons vriendelijk uitgelegd dat de Britten niet gewend zijn een andere taal te leren. Daar hebben we niet bij stilgestaan. Het zou fantastisch zijn een kantoorbaan te vinden, al zijn Fiorenzo en ik het erover eens dat we alles aan zullen pakken wat er op ons pad komt. Niet meteen eisen stellen, we moeten gewoon ergens beginnen. Ervaring opdoen is ervaring op willen doen, punt uit.

We zijn eruit. Het wordt Bournemouth, en ingeval we daar geen werk vinden, zullen we ons verplaatsen tot we werk naar onze zin vinden. Aansluitend zoeken we passende woonruimte. Tot die tijd zullen we een bedrag afspreken bij een bed and breakfast. Indien we een huis gaan huren, denken we aan een compacte moderne studio. Dit is een lijn die we nu hebben uitgestippeld en die vanzelfsprekend gaandeweg kan veranderen. We zijn er al achter dat daar de lonen gemiddeld hoger liggen dan hier, al is dat in verhouding met de kosten voor levensonderhoud, die er evenzeer hoger liggen.

'Het pond is sterker dan de euro Anneke, dus zo gauw we daar geld verdienen, wordt het voor ons goedkoop om naar Italië op 'vakantie' te gaan!'

'Hmm, interessant ja en over een jaar zal ons Engels verrijkt zijn en zullen we meer weten over hun gewoonten en cultuur. Wat vind je daarvan?'

'Briljant! Maar het klimaat wordt inboeten voor ons. De overdadige zonuurtjes die we zo gewend zijn, zullen we zwaar gaan missen.'

'Ach, let maar eens op, het oerdegelijke Hollandse in ons zal tegen die tijd de kop wel opsteken om ons er doorheen te helpen. We laten ons toch niet kisten door regen en wind?'

'Dat is beloofd!'

'Gelukkig is een jaar te overzien.'

'Zeg dat wel.'

Fiorenzo is in zijn sas wanneer hij leest over het aanbod van de diverse keramiekcursussen die daar gegeven worden. We zullen ook gaan sporten en socialiseren om onze kopzorgen niet de kans te geven ons te nekken.

Onze zoon Lorenzo, die voor zijn doctoraat in Cambridge woont, is qua kilometers wel een stuk dichterbij, maar in reistijd een stuk verder weg. Waar we vanuit Italië met vliegtuig en touringcar tweeënhalf uur onderweg zijn, zullen we nu ongeveer vier uur moeten reizen. We kunnen eenvoudig niet alles hebben.

'Genoeg gedroomd, help eens mee zoeken naar een bed and breakfast of hotel voor de eerste week, dan kunnen we een offerte aanvragen.'

'Yes, I am coming!'

Fiorenzo denkt dat een week boeken als aanloop voldoende is. We zien hoe de situatie is en waar we uiteindelijk het handigst kunnen verblijven. Eventueel zijn we snel verplaatst naar een ander hotel met een betere ligging of naar een hotel dat beter bij onze behoeften past.

Het is een kustplaats en daarom bezaaid met hotels en bed and breakfasts. We hoeven ons niet druk te maken over een onderdak. Na een poosje internetten vinden we een hotel dat tussen het centrum en de zee ligt. Het lijkt ons een prima instap. We boeken voor een week en betalen vooruit.

Vermoeid en met rode wangen van opwinding zitten we aan de vijfde beker thee, al wordt het stilletjes aan tijd om wat te gaan eten. Alles heeft op ons een groot effect. Het lijkt erop dat we na de jaarwisseling in een stroomversnelling zijn geraakt. Fiorenzo die na zijn ontslag hele dagen thuis is, dat zorgt voor een behoorlijke verandering. Hij is degene die kracht zet achter de stappen die we moeten zetten om alles werkelijkheid te maken.

Er is hierdoor weinig tijd voor negatieve gedachten. Natuurlijk hebben we nog steeds pijn in onze harten, maar het is niet meer onze focus. Het is een wetenswaardig mechanisme dat we ontdekken. Het verdriet, de problemen en de pijn worden minder wanneer je het ineens druk krijgt met andere prioriteiten. Die nemen al je tijd en aandacht in beslag en ook al is het steeds kortstondig, het geeft rust om op adem te komen. Je kunt loskomen van het negatieve en zelfs positieve prikkels ervaren.

Hier zou iedereen die moeilijkheden heeft of intens verdriet kent eens mee moeten experimenteren. Nooit zou het in me opgekomen zijn een drastische beslissing te nemen om mijn focus te kunnen verleggen en om uit een probleem te kunnen stappen. Er is ook niemand die duidelijk tegen je zegt dat dit een mogelijkheid is om te kunnen overleven. Het is een geniale vorm om gebeurtenissen te verwerken en je kunt op deze manier helen en aansterken.

Gedreven door wanhoop zijn we ons er niet van bewust dat dit ons zal leiden naar een definitieve overwinning. Als we het over het lot hebben en ons afvragen wat ons drijft, ontdekken we het nog niet echt. We gissen, maar kunnen niet onder woorden brengen wat het precies is. Wel zijn we er zeker van dat het wonderlijke proces de sleutel is tot persoonlijke groei en innerlijke rust. Alles wordt omgebogen in kracht, positieve kracht. Iets dat je niet kunt zien of dromen voordat je zoiets radicaals doet.

Dit doet me denken aan Lisa Rankin, ze zei in haar lezing *The shocking truth about your health*: 'When your life falls apart, or you grow, or you grow a cancer.'

Daar zit een kern van waarheid in. Regelmatig had ik me gebogen over de situatie van mensen om me heen die plotseling kanker kregen. Oom Toni verloor zijn dochter wanneer ze tweeëndertig jaar was. Ze was moeder van twee kleine kinderen. Nooit heeft hij het kunnen accepteren of verwerken. Het onrecht, de onmacht, de woede en de pijn woedden rond in zijn hoofd en lijf. Jaren later werd hij ziek en stierf aan kanker. Of mijn vriendin Marisa. Ze was getrouwd met een man die ontrouw was. Samen hadden ze geen kinderen kunnen krijgen en ze hadden destijds een kind geadopteerd uit Brazilië. De nekslag voor haar was het ontdekken dat haar man een kind had verwekt bij een andere vrouw. Een kind dat hij besloot met de nieuwe vriendin te gaan opvoeden. Ook zij leed onder het onrecht, de onmacht, de woede en de pijn. Wat beiden gemeen hadden was dat ze er in bleven vastzitten en slachtoffers van het verdriet waren geworden. Ze hebben geen mogelijkheid gezien om te aanvaarden, om de brokstukken op te pakken en om met het leven verder te gaan. Gevangen in de wirwar van onrecht en onmacht gingen ze kapot.

Fiorenzo en ik hebben het vaker op deze manier belicht en blijkbaar zit deze informatie in ons onderbewustzijn opgeslagen. Diep vanbinnen weten we dat we moeten accepteren en dus moeten vechten om verder te kunnen.

We moeten onze focus verschuiven naar andere mensen op de wereld, die wel onze liefde en onze positieve kracht willen ontvangen. Dat is te leren. Het enorme gat dat geslagen is dient opgevuld te worden met nieuwe elementen die ook kunnen staan voor datgene wat ze van ons afgenomen hebben. Wat ze van ons afgenomen hebben? Het plezier in het leven, de glans, het vertrouwen in de medemens en ons zelfvertrouwen. En dat heeft een negatief effect op onze mentale gezondheid, ons sociale leven, onze liefde voor mensen en dieren, onze creativiteit en, om er niet omheen te draaien, ook op onze seksualiteit. We kregen door deze disbalans last van lichamelijke klachten. De banale klachten nemen we serieus, ze zouden een voorbode kunnen zijn van de voedingsbodem voor een ernstige ziekte. Ik wil niet beweren dat alle vormen van kanker starten met gevoelens van onrecht, onmacht, woede en verdriet. Ik denk enkel dat dit voor bepaalde mensen wel degelijk gevaarlijke factoren zijn, omdat er een belangrijke verbinding bestaat tussen het lichaam en de geest.

'Ja, ik weet het, vijfentwintig kilo per persoon is de afspraak!'
Twee weken voor ons vertrek maakte ik een checklist. Een intelligente oplossing die helpt niets te vergeten. Heerlijk, wanneer je gewoon alles kunt opsommen wat je wilt meenemen. Geen limieten in gewicht, omvang of andere restricties. Spontaan noteren wat mee moet. Een interessant woord: moet.

Naarmate de tijd verstrijkt en de vertrekdatum nadert, wordt duidelijk dat het begrip 'moeten' de aanleiding vormt voor een berg ellende. 'Moet' wordt de basis van vervelende discussies tussen Fiorenzo en mij. De checklist waar ik zo trots op was omdat ik werkelijk aan alles had gedacht, wordt onmiddellijk in het geding gebracht. Ik kom erachter wat vijfentwintig kilo bagage per persoon precies inhoudt.

In eerste instantie lijkt dat een redelijke berg spullen. Nu ik ontdek dat er truien zijn van bijna een kilo en broeken van vierhonderd gram, krijg ik het benauwd. Mijn haren staan rechtop op mijn hoofd wanneer ik het boek van Terzani weeg en boven een kilo en twee ons uitkom!
Dit gaat helemaal mis. Ik moet grondig en radicaal mijn checklist herzien. Boeken kunnen niet mee, tenzij in de e-reader. Ik verschiet van kleur wanneer ik mijn bijouterie weeg en drie kilo en zevenhonderdvierentwintig gram aflees. Langzaam maar zeker krijg ik door dat het een hel wordt om me te houden aan de strikte grens van vijfentwintig kilo.
'Weet je wat? Je zoekt het maar uit, ik ga niet meer mee!'
'Kom op An, doe niet zo kinderachtig.'
'Kinderachtig? Zoek iemand anders die onder deze voorwaarden met je meegaat, jij met je mooie ideeën!'

Gefrustreerd klap ik de deur achter me dicht en ga buiten op de schommel zitten. Het duurt minuten voor ik bedaar. Als het eenmaal zover is, ga ik terug naar binnen en vraag ik hem of we het aantal kilo's niet kunnen opschroeven door er meer voor te betalen. 'Alles kan, we moeten alleen ergens een limiet stellen. Vergeet niet dat we eerst een weekje naar Nederland gaan, van daaruit naar Lorenzo in Cambridge en pas daarna naar Bournemouth. In Bournemouth zitten we in een hotel alvorens we definitief woonruimte zullen vinden. Je moet er rekening mee houden dat wat we meenemen, we continu achter ons aan moeten slepen. Je weet nog beter dan ik An, dat wanneer je spullen uit de koffers haalt, het inpakken vervolgens een drama wordt. Het lijkt of ineens niets meer past, alsof de spullen zijn vermeerderd of toegenomen zijn in omvang!' Dit is inderdaad een raadselachtige aangelegenheid. Hij heeft gelijk.

Het kost me drie dagen om het te accepteren. Ik ga inzien dat achter mijn onredelijke reactie de angst van het alles loslaten zit. En niet zozeer mijn bijouterie of boeken, maar ons honk, ons land en onze dochters. Deze eerlijkheid tegenover mezelf maakt het een stuk eenvoudiger om serieus te gaan inpakken. Vooral nadat ik opnieuw had erkend dat ons vertrek de beste beslissing is.

Uiteindelijk ga ik rustig zitten met in mijn ene hand de uitgeprinte checklist en in mijn andere een rode stift waarmee ik drastisch tekeer zal gaan. Gewoon niet treuzelen bij het doornemen van de lijst en bij alles me kort en krachtig de vraag stellen: heb ik dit écht nodig? Verbluffend resultaat! Schrikbarend, al dat rood op de lijst. Eerst teruglezen of dit wel kan kloppen. Voorheen dacht ik dat alles wat op de checklist stond essentieel was en nu kan de helft ineens geschrapt worden? Dat is frappant!

Er is vanzelf een prioriteitenlijst ontstaan. Een lijst die bovenaan de allerbelangrijkste spullen toont en naarmate de lijst vordert in belang afneemt. Dit maakt alles flexibel. Het geeft me de mogelijkheid te tornen aan de laatste items. Stel dat er nog wat gewicht bij de koffers kan, of dat er ondanks alles nog iets thuisgelaten moet worden.

Het gebeuren neemt serieuze vormen aan en tijdens de voorbereiding ga je beseffen wat vertrekken werkelijk inhoudt. Je moet afscheid nemen van zaken die normaal gesproken deel uitmaken van je dagelijkse leven. Akelig om stil te staan bij wat dat is: achterlaten. Het zorgt ervoor dat ik last krijg van kriebels in mijn buik. Het is vergelijkbaar met het gevoel in je buik wanneer je in de wachtkamer van de tandarts zit. Nerveus word ik ervan.

Een kop koffie zal me goed doen. Even afstand nemen van de emotionele kant van dit vertrekken. Ik staar uit het raam, terwijl de koffie omhoog begint te pruttelen. Dat heerlijke geluid dat mijn Italiaanse Moka Express maakt zodra het water kookt, trekt mijn aandacht. Denkbeeldig zie ik hoe met kracht het water door de koffie wordt geduwd en de koffie bovenlangs het pijpje naar beneden sputtert om opgevangen te worden in het schenkgedeelte. Ik kan het nooit laten om de deksel open te zetten. Ten eerste omdat het openzetten van de deksel tijdens het omhoogkomen van de koffie een beter resultaat geeft, omdat de condens niet van de deksel in de koffie kan terugvallen. Ten tweede omdat ik het zo gezellig vind om de koffie te zien pruttelen en alvast kan genieten van het sterke koffiearoma. Op zulke momenten toont mijn gezicht een ontspannen glimlach.

De laatste week is behoorlijk beladen, alles wordt naar een climax gedreven. Het afscheid van tante Ninetta en van tante Rina heeft een zee van telefoontjes veroorzaakt van neven en nichten die het vervelend vinden dat we gaan. Ze zijn bezorgd, omdat ze weten wat onze omstandigheden zijn. Ze zeiden ons dat we niet moeten vergeten dat er mensen zijn die van ons houden, enorm van ons houden. Dat raakt ons.

Absurd dat enerzijds familie en vrienden ons steunen en anderzijds ouders, broers en dochters ons niet willen en ons continu onderuit proberen te halen zonder een duidelijke reden. Daarvan word je eenzaam, het breekt je. Het is niet onze keuze, het is onrechtvaardig, het doet pijn, je gaat geloven dat je niets waard bent en dat niemand je nog wil. Zo'n lieve uitspraak doet je in tranen uitbarsten.

Tante Elsa maakte me blij door te zeggen dat ze ons begrijpt.
'Het is goed dat jullie gaan, het is vast niet voor altijd, verwissel de lucht maar eens, het zal jullie goed doen. Natuurlijk zal ik jullie gaan missen!'
We houden elkaar minutenlang vast, terwijl er tranen vloeien.

We zijn prima voorbereid op onze afreis. Toch duurt het lang voordat we zo ver zijn dat we de deur achter ons sluiten. Ruim voordat de wekker ging waren we al wakker geworden. Het is glashelder dat we het loslaten van het oude en vertrouwde moeilijk vinden.

We zijn klaar voor vertrek, de koffers staan al buiten. Voordat we het huis definitief afsluiten, lopen we terug naar binnen. In het hart van het huis, de living, staan we stil en zonder dat we iets hadden afgesproken, geven we elkaar een 'abbraccio forte'. We wensen onszelf geluk en kracht toe. Ik voel een druppel op mijn hoofd vallen en besef dat ik niet de enige ben van wie het emmertje is overgelopen. We blijven een poosje staan huilen en bekennen elkaar dat we allebei last hebben van vrees, verdriet en pijn.

De taxi draait het erf op. Het moment is daar. We pakken bemoedigend elkaars hand en we gaan. We rijden door de prachtige heuvels naar de stad beneden. De hemel is strakblauw en het zijn mijn tranen die er een mistige janboel van maken.

Als we aankomen bij het treinstation van Conegliano, pakken we de trein naar Treviso, waar we met een taxi naar het vliegveld zullen gaan. De trein zet zich in beweging terwijl onze ogen zich vullen met tranen. Tergend langzaam glijdt de trein Conegliano uit.

We proberen vast te houden wat we zien. Alles klontert bijeen. We weten niet wat ons te wachten staat en dat geeft een beklemmend gevoel. Op zo'n moment is elkaar aankijken voldoende om te bevestigen dat we het aankunnen.

We gaan er zondermeer wat van maken. We gooien ons in het spel en zullen ons opnieuw gaan bewijzen. De afleiding zal als zalf op onze wonden zijn. Ondanks deze overtuiging moet ik tijdens de reis huilen. Ik kan niet meer stoppen. Fiorenzo vindt dat vervelend voor me en ik krijg vanwege de emoties niet eens uitgelegd waarom ik zo reageer. Angst bekruipt me. In Italië hebben we mensen op wie we terugvallen kunnen, iets waar we de grootste moeite mee hebben. We zijn te beschadigd en vrezen voor nog meer pijn en teleurstelling.

We hebben rust nodig, stilte en afzondering, er is behoefte aan een retraite, omdat we dan kunnen starten met het ontleden, begrijpen en resetten. Daarbij speelt een duidelijke rol dat we bij voorbaat weten dat we dit nooit meer terug zullen vinden. Het vertrek uit dit land, ons woonhuis en uit onze werksfeer voor langer dan een jaar zal alles doen wankelen. Deze gedachten maken me intens verdrietig. De vrees om nooit meer mijn draai te kunnen vinden in het prachtige Italië heeft zich meester gemaakt van mij. Ik woonde er met alle plezier. Hoe zullen we straks de draad weer kunnen oppakken?

Het familiedrama zal als een rode draad door ons verdere leven lopen, maar hoe zullen we zijn nadat we alles voor een groot deel hebben verwerkt? Hoe zal het zijn als we na dit jaar in Engeland ook nog twee maanden naar Spanje zullen gaan voor onze pelgrimsvoettocht? En eenmaal terug uit Spanje, met ontruimde zielen, kunnen en willen we daarna verder gaan in de omgeving waar we ons hele leven met liefde hebben gewerkt aan ons tot nog toe grootste project: het gezin?

De pijn is snijdend bij de gedachte dat ik met dit vertrek definitief afscheid neem van onze twee dochters. Ze zullen ons niet meer kunnen bereiken gedurende al die tijd. Nu gaan Fiorenzo en ik zorgen voor onszelf. Alles is te ver gegaan, er zijn grenzen. In ons is iets geknakt. We gaan niet weg uit woede of haat, maar uit wanhoop en vanwege het onveilige, dreigende gevoel dat we onophoudelijk hebben. Bij het in veiligheid brengen van onszelf hoort het volledig buitensluiten van onze ouders, broers en beide dochters.

Het is onnatuurlijk en pijnlijk en precies het tegenovergestelde van wat altijd onze intenties en ideeën waren. Nooit had ik gedacht dat er zich een situatie voor zou kunnen doen die eist definitief afstand te nemen van onze eigen dochters, ouders en broers. Het blijkt mogelijk dat er geen andere keus overblijft door het immorele gedrag van anderen.

Ik moet niet op hol slaan. Het is beter om niet op de zaken vooruit te lopen. Soms kun je je gevoelens niet veranderen en zijn gedachten niet te stoppen. Ik besef hierdoor hoe bewust ik bezig ben met de rauwe feiten. Dat is op zich een goede zaak. De angst en de twijfel zijn als lelijke monsters. Hoe ruim ik die uit de weg?

Terwijl ik de derde zakdoek pak, brengt de taxichauffeur ons naar het vliegveld van Treviso. Met onze koffers lopen we naar de incheckbalie en leveren we zoals gereserveerd ieder een koffer in. Er is tijd over en daarom gaan we naar de bar en bestellen een cappuccino met een brioche, de typisch Italiaanse manier van ontbijten.

Straks in Engeland zullen we van alles en nog wat aantreffen, we verwachten eenvoudig niet een cappuccino zoals we die in Italië gewend zijn. Rustig genieten we van iedere slok, omdat we dit als onderdeel van het afscheid zien. Afscheid, al is het voor tijdelijk, is en blijft indrukwekkend en vol impact. De uitwerking daarvan kan zo sterk zijn dat het de rest van je leven blijft beïnvloeden. Willen we dat wel? Zijn we daarom zo emotioneel?

De moeder van Fiorenzo is pas gestorven, onze twee dochters en de broer van mijn man hebben immoreel gehandeld uit eigenbelang. We kunnen er geen kant mee op, het geeft ons een vertwijfeld gevoel. Een grote, ingewikkelde kwestie die we moeten gaan ontleden, bespreken en uitzoeken.

De waarheid moet op tafel komen, evenals het waarom, dat we vast niet vinden. We zijn teleurgesteld en verraden door eigen mensen, voor wie we altijd met liefde en plezier alles hebben gedaan. Hoe heeft dit zo kunnen lopen en wie heeft welke verantwoordelijkheid? Waarom zijn we bedrogen en waarom zijn onze oprechtheid en liefde geweigerd? Wat ging er boven dat?

Maak me niet wijs dat er enkel geld achter zit! Je ouders verloochenen voor geld zou de meest verdrietige reden zijn. Hopelijk vinden we een betere oorzaak. Al bestaat er geen beweegreden die dit soort misdragingen zou kunnen verantwoorden. Onze dochters zijn beiden volwassen, daarom kan ik niemand anders verantwoordelijk achten.

Het vertrouwen is beschadigd, we kunnen ze dat nooit meer teruggeven. Onvoorwaardelijk vertrouwen zoals we dat gewend waren te doen, is onmogelijk geworden. De pijn en het verdriet van een nieuwe, soortgelijke desillusie zouden we niet nog eens kunnen verdragen. Daartegen zullen we onszelf beschermen. Als iemand het vertrouwen schaadt, kun je dat prima vergelijken met een papier dat je verfrommelt. Je kunt het glad strijken zo vaak je wilt, maar het wordt nooit meer hetzelfde.

De gate is nog dicht, ik gebruik de tijd om aantekeningen te maken en Fiorenzo probeert zich te concentreren op zijn voorlopig laatste Italiaanse krantje. We hebben ieder voor zich de ruimte nodig om dit vertrek persoonlijk te kunnen verwerken. Normaal gesproken als er een negatieve gedachte in me opkomt, ben ik capabel om me daar snel bewust van te zijn. Meestal lukt het me om de situatie om te buigen naar positief. Daarom voel ik me nu niet prettig, ik blijk weg te zakken in dit drama. Dit vertrek is een dramatische situatie

waarvan we zelf gedacht en vooral gehoopt hebben dat het de oplossing zal zijn.

Nooit eerder heb ik zo'n twijfel gekend, zo'n onbestemd gevoel
gehad, verweven met wanhoop en eenzaamheid. Dit belooft niet
veel goeds, wat kan ik doen?

Hartverscheurend is het moment waarop het vliegtuig opstijgt.
De take off is op zich al een emotioneel moment, maar deze keer
is het ondraaglijk.

In mijn volle onmacht beleef ik hoe ik op gruwelijke wijze losgerukt word van mijn dochters. Ik voel hoe onomkeerbaar alles is.
Wil ik weggaan? Is dit werkelijk een van mijn dromen? Ja, toch
wel! Alleen, wanneer ik besloot dat dit een van mijn dromen was,
waren er geen onnatuurlijke situaties. Er was sprake van een vredig, schijnbaar goed functionerend gezin. Nu moeten we weg van
de aanhoudende dreiging, naar een veilige plek waar we kunnen
aansterken. Dat is een totaal andere drive dan we ooit hadden bedacht.

In Nederland worden we geweldig opgevangen door mijn neef en
zijn vrouw. Fijne gesprekken voeren we, waaruit erkenning blijkt.
Het tot rust komen en bevestiging krijgen nemen twijfels weg en
geven ons kracht. Het vertrek uit Nederland valt zwaar, het voelt
veilig bij hen en dat weer loslaten gaat moeizaam en veroorzaakt
onbehagen.

Het keerpunt van onze onzekerheid volgt vlak na de landing op
London Stansted. We pakken onze koffers van de band en lopen
naar buiten. Ik word aangesproken door een persoon die in de buurt
van allerlei verschillende touringcars de passagiers vriendelijk
helpt de juiste touringcar te vinden, en het valt me op omdat je
daarvan in Italië alleen maar kunt dromen. De meeste passagiers
gaan naar Londen, daarvoor staan er vier of vijf verschillende bussen klaar. Het is voor ons niet direct overzichtelijk en het idee dat
we de bus kunnen missen helpt niet de rust te bewaren. De hulp

die de hostess ons biedt is precies wat reizigers als wij goed kunnen
gebruiken.

Wij gaan eerst een kleine week naar Lorenzo in het prachtige
Cambridge. We zijn benieuwd hoe hij het daar maakt. Alles heeft
hij zelfstandig gedaan. Hij is ondertussen al aan zijn nieuwe omgeving gewend en hij heeft er zijn draai gevonden.

Door de goede organisatie zitten we spoedig in de juiste bus, die
ons in een anderhalf uur naar Cambridge zal rijden. Buiten het feit
dat ik niet meer wil huilen omdat ik niet met een jankgezichtje bij
Lorenzo wil aankomen, kan ik tot mijn verbazing eenvoudig geen
traan meer laten. Is het waar wat het spreekwoord 'uit het oog, uit
het hart' zegt? Ben ik nu al vergeten wat ik heb achtergelaten? Zijn
nu mijn gedachten al ingenomen door al het nieuwe dat op me afkomt?

Geconcentreerd luister ik naar de buschauffeur die ons verwel-
komt aan boord van zijn bus alsof het een vliegtuig is. Hij verzoekt
de veiligheidsriemen vast te maken en vervolgens ontspannen te
gaan zitten. Hij maakt opgewekt grappen die we niet begrijpen.
Het gaat te snel en we horen aan de lachsalvo's dat we echt iets
missen. Jammer, met genoegen zou ik mijn lachspieren laten werken, al was het alleen al om er vrolijker uit te zien.

We kijken door het raam naar buiten en al snel houden we van
ons voorlopig nieuwe thuisland. We moeten wennen aan dat links
rijden. Het veroorzaakt een prettige, buitenlandse stemming. Alles
wordt ineens afleiding. Het landschap is bekoorlijk en toevallig is
het een zonnige dag, wat alles nog charmanter maakt. We hebben
het druk met de duizenden indrukken die we opdoen. Al snel zitten
we vol vragen. Opgetogen raken we in gesprek.

Prachtig is het, wanneer we met de grote bus het stadje Cambridge
inrijden. Opgewonden als een kind op zijn eerste schoolreis geniet
ik van wat ik zie. Geweldig, wat woont onze zoon mooi! Mijn ogen

vullen zich met tranen van blijdschap, ik ben trots op Lorenzo, die hier nu woont en werkt. Het is de hoogste tijd elkaar weer te zien en vast te houden. Ik ben benieuwd naar zijn woning, zijn universiteit, het Jesus College.

Hij zal ons rondleiden, had hij ons gezegd, langs de rivier The Cam, de boothuizen, het roeien, de sportvelden, de verschillende colleges en het centrum. We zullen gaan lunchen op zijn college in zo'n Harry Potter-zaal. We zijn blij voor hem, omdat hij deze kansen heeft en fier omdat hij alles aan het waarmaken is. Hij heeft hard geknokt. De keuzes die hij heeft moeten maken zijn allemaal juist gebleken. We hebben goede gesprekken met hem kunnen voeren en af en toe voorzichtig onze mening geventileerd, maar hij wist wat hij wilde en hij zette zonder moeite stappen in de richting van zijn doel.

Nu zal hij er staan, om ons op te halen, bij de halte naast het park. Ik maak mijn veiligheidsriem alvast los, zodat ik half kan gaan staan. Cambridge is een levendige stad vol jongeren en vol fietsen. Langzaam rijden we langs het grote park. Ik zoek tussen de vele jongeren mijn manneke. En dan, ja, daar naast die fiets, daar staat hij! Mijn hart gaat sneller kloppen, ik wil al uit de bus voordat hij stopt en ik zou bijna de koffers vergeten. Moeder vergeet alles en iedereen!

We omhelzen elkaar en het voelt onvoorstelbaar goed. Het brengt rust en opnieuw krijgen we een gevoel van veiligheid.
'Welkom mamina en papino,' zegt hij, zoals hij ons dikwijls aanspreekt, 'het feest kan nu eindelijk beginnen!'
Voor de taxi uit begeleidt hij ons met de fiets, naar onze gereserveerde bed and breakfast. Het maakt me vrolijk en dankbaar. We zijn welkom en we zien aan zijn dolle manier van fietsen dat hij blij is dat we er zijn.
'Uw zoon is opgetogen dat jullie er zijn, dat is duidelijk te zien.'
De taxichauffeur glimlacht vermaakt, ineens is het simpel: je straalt!

We zetten thee op de kamer en druk kletsen we over en weer. Vol verwondering horen we aan hoe lekker hij al functioneert in dit ook voor hem volledig nieuwe land met zijn eigen cultuur. Hij vertelt over de vele verschillen tussen Italië en Engeland, vooral het eten is anders. Hij mist de Italiaanse keuken. Het uitgaansleven daarentegen is geweldig en dat moeten we beslist meemaken, daarom zullen we op z'n minst een avond gaan stappen. Hij verklapt ons ook alvast dat we het prachtige Fitzwilliam Museum zullen bezoeken.

Als we weggaan om naar de woning van Lorenzo te gaan kijken, lopen we in de hal de eigenaresse van de bed and breakfast tegen het lijf. We maken kennis en ontdekken dat ze Italiaanse wortels heeft. Al snel staan we bij haar in de keuken druk te kwebbelen. Ze vertelt in het kort haar verhaal en haar connectie met Italië. Ze weet de twee culturen prima te mixen en uit te buiten. Het is een prachtige Engelse bed and breakfast, in de Laura Ashley stijl en op de een of andere manier voel je tegelijkertijd dat er een verbondenheid is met Italië. Verwonderlijk zoals deze combinatie fascineert.

De dag vliegt voorbij en het is een uur 's nachts wanneer we in bed rollen. We houden elkaar vast. We zijn uitgeput door de vele bewegingen van ons gemoed, maar we voelen ons ondanks alles positief. Al snel vallen we in een vredige slaap, die pas verstoord wordt als de wekker om acht uur afgaat. Snel springen we uit de veren en gaan ons douchen en aankleden, want om negen uur komt Lorenzo en gaan we samen genieten van een Engels ontbijt.

Gelukkig hebben ze een vegetarische versie, anders overleef ik het niet! Het spijt me voor de Britten, maar uit bed springen en meteen beginnen met een glas sinaasappelsap, thee of koffie, cornflakes met yoghurt of melk, gebakken eieren met spek, gebakken saucijzen met tomaten, een schep bruine bonen in tomatensaus en geroosterd brood met boter, dat lijkt me een misdaad. Indien ik de dag zo zou moeten starten, zou ik geen voet meer voor de andere kunnen zetten. Later begrijp ik dat het niet meer het gebruikelijke ontbijt is van de Britten. Alleen tijdens sommige weekenden en op feestdagen of tijdens vakantie eet men nog zo. Ik voel me meteen voor het hele volk opgelucht.

We gaan aan de slag met het bezichtigen van de colleges. Vanzelfsprekend zullen we starten met dat van Lorenzo, het Jesus College, een van de eenendertig colleges die aangesloten zijn bij de Cambridge Universiteit.

Daarna gaan we vast koffie drinken met iets erbij, maar op het ogenblik willen we geen van drieën iets horen over een mogelijke lunch! Onderweg komen we wat jongeren tegen die Lorenzo kent.
'Hi Lorenzo, where are you going?'
'I am going to Jesus, and you guys?'
Fio en ik schieten in de lach om de komische woordspeling. Hij vertelt ons dat wanneer hij bijvoorbeeld naar een conference gaat en anderen vragen hem waar hij vandaan komt, hij serieus antwoordt: 'I am coming from Jesus'. En keer op keer zorgt dat voor de nodige hilariteit.

Alle begin is moeilijk. Na ons verblijf bij mijn neef en zijn vrouw in Nederland en vervolgens een fijne tijd met onze zoon in Cambridge, krijgen we nu geleidelijk aan een gezonde drang om verder te gaan. Deze vakantie heeft ons aan alle kanten goed gedaan en het geeft ons de kans om te kunnen schakelen van ons thuis in Italië naar ons nieuwe thuis in Engeland.

We denken terug aan onze aankomst in Nederland en aan hoe belast we waren wanneer mijn neef en zijn vrouw ons in Eindhoven hadden opgehaald. We waren compleet uit het veld geslagen, ontredderd en we gingen gebukt onder de situatie die ons tot wanhoop gedreven had. Wat ons naderhand van het verblijf bij hen is opgevallen, is dat we ons veilig gevoeld hebben. Er was bescherming die als een warme deken om onze schouders was gevallen. Het voelde goed aan dat we onze spieren konden ontspannen en op krachten konden komen. Het was een fundamentele week voor ons. Er zijn mensen die om ons geven, mensen die we mogen en vooral kunnen vertrouwen.

Het ontberen van liefde en vertrouwen, het is de diepe wond waar Fiorenzo en ik van moeten genezen. Wie kun je vertrouwen op de wereld, als dat niet je ouders, broers, en dochters zijn? Je gaat twijfelen aan jezelf! Deze intense week in Nederland was voor ons een essentiële eerste stap terug, richting vertrouwen en zelfvertrouwen. Zonder die twee kom je niet ver. De vriendschap van mijn neef en zijn vrouw, die op natuurlijke wijze aanwezig is, heeft op ons een bijzonder gunstig effect. Dat zie je meestal niet direct, maar het komt op een of ander moment overduidelijk in beeld, zoals nu tijdens onze terugblik. We zien wat ons ogenblikkelijk heeft gebracht tot handelen, wat ons steunde en wat ons kracht heeft gegeven.

Het vervelende is dat het kwaad als een bom ontploft op de meest stomme momenten en daarmee een enorme schade veroorzaakt. Het goede valt niet altijd meteen op. Dat sluipt je leven binnen en dwaalt langs vele mogelijkheden en omwegen door je bestaan. Het duurt een poos voordat je het ziet, voelt en beseft. Het positieve is meestal opgebouwd uit vele kleine bouwstenen die pas wat gaan voorstellen als het er genoeg zijn. Daarom zijn wij ons er niet vanaf het begin van bewust dat de positieve wending al begonnen is. Belangrijk is dat het start, omdat dit het moment is dat de spiraal niet langer neerwaarts gaat.

Een goede zaak dat positieve gebeurtenissen niet zo agressief zijn als negatieve, we zouden gek worden! En het is prima dat een negatieve ervaring wél als een bom inslaat. Zo heb je in ieder geval profijt van het eerste effect dat de explosie achterlaat: verdoving. Om de klap te kunnen absorberen heb je deze verdoving nodig.

Het ongeluk is daar, de klap is gevallen en het obstakel ligt voor je voeten. Nadat je langzaam uit de verdoving bent gekomen, kun je niet anders dan de nieuwe realiteit aanschouwen. Het is aan ons de kunst dit obstakel te verteren en te verwerken en om er voor te zorgen er met zo min mogelijk kleerscheuren vanaf te komen. Het drama moet ombuigen van negatief naar positief. Er moet geleerd worden om kracht te putten uit het gebeuren. De bedoeling is dat we ervan groeien als persoon.

We moeten nu eenmaal verder met dit leven. Het alternatief is zelfdoding. Iets dat we diep in ons hart niet willen, omdat het leven dat niet met ons voor kan hebben. Die subtiele lijn tussen verder leven en zelfdoding is gevaarlijk dun. Soms lijkt zelfmoord een directe oplossing voor alles. Het is beangstigend dat deze gedachte regelmatig en met een bepaalde overtuiging voorbij komt. Het lot is voorbestemd, er gebeurt niets zonder reden. Dit zien we niet altijd direct. Wanneer we terugblikken, zien we pas de logische volgorde van alles. Het is essentieel dat de stukken in elkaar vallen, alleen zo wordt aanvaarden minder onmogelijk.

Wij mensen hebben een gebrek aan geduld. Er is een probleem en we willen acuut de oplossing. En dat is meestal niet zo vanzelfsprekend, er is niet altijd direct een passende uitweg. Op ieder potje past een dekseltje, riep ik zelf altijd tegen iedereen, ervan overtuigd dat er voor ieder probleem een oplossing is. Op dit moment geloof ik dat niet meer. Fio zegt dat het geloof daarin terugkomt, ik heb volgens hem geen geduld.

Normaal gesproken kun je vanuit Cambridge naar Bournemouth met een rechtstreekse treinverbinding. Als we boeken op internet komen we erachter dat juist die treinen allemaal volgeboekt zijn. Daarom moeten we een trein nemen met een overstap in het centrum van Londen. Een overstap van het centrum van Londen naar een treinstation aan de andere kant van de stad. Dat houdt in dat we ons met de metro moeten verplaatsen, en met onze vijftig kilo bagage, moeten we een overstap maken van de ene metro op een andere! Tussen de aankomst van de ene trein en het vertrek van de andere zitten exact vijfenvijftig minuten. We kunnen ons geen fouten veroorloven. Een stoer begin vind ik het. Ik geef geen kik en doe net of het de gewoonste zaak van de wereld is tegenover onze zoon, die vrolijk en kwiek het een en ander probeert te regelen voor ons. Ondertussen sterf ik duizend doden.

Lorenzo brengt ons naar het treinstation. We houden elkaar stevig vast bij het afscheid. Mijn oor tegen zijn borstkas, ik hoor zijn hartslag en probeer dat rustige ritmische geluid vast te houden. Tijdens de treinreis naar Londen zijn we stil. We denken terug aan alles wat we met Lorenzo hebben gedaan, gezien en besproken. Als we in Londen aankomen, gaat de trein niet verder. Al zouden we willen, we kunnen niet de fout ingaan.

Zodra we uitstappen worden we overdonderd door een voor ons onoverzichtelijk, chaotisch scenario. Mensen rennen overal en bovendien is onze stopwatch denkbeeldig ingedrukt. Met minder dan vijfenvijftig minuten beschikbaar en geen bonus, wordt het vragen, rennen, vragen en rennen. Vervolgens duiken we met onze vijftig kilo bagage het juiste gat in, de trappen af naar beneden. Daar rennen we door de smalle oneindige gang van de ondergrondse, tot we zowel links als rechts een bordje zien met de naam van de halte waar we moeten overstappen. We kijken elkaar vragend aan, terwijl op dat moment een metro stopt. De deuren slaan open en wij glippen op goed geluk met de vele andere passagiers naar binnen. De deuren slaan dicht en vervolgens zet het ding een beangstigende snelheid in. Ik tuur tussen de mensen door op een reisverloopstrip, terwijl de metro al stopt en er een mechanische stem zegt hoe de plaats heet. Ik besef dat we volkomen de andere kant opgaan dan wat de bedoeling is! Deuren slaan weer dicht en de metro vliegt verder voordat we kunnen reageren.

In de sprinthouding staan we klaar. Bij de eerstvolgende stop kunnen we er als eerste uit! Het moet komisch zijn om ons zo te zien, met ieder aan elke hand een koffer en de spanning op onze gezichten als die van een topsporter vlak voor het leveren van zijn prestatie. De spanning vermindert pas wanneer we na enkele minuten opnieuw in de metro zitten van het tegenoverliggende perron. Deze gaat wél de goede kant op. Het is voor ons onlogisch, omdat de Britten precies andersom redeneren dan wij gewend zijn te doen. Net als bij het lopen op de stoep en op de openbare trappen. En zoals het rijden in het verkeer.

Als we na ruim drieënvijftig minuten uitgeput maar trots en dik tevreden overstappen op de juiste trein, klinkt kort daarna het fluitje en slaan de deuren vlak achter ons dicht. Ik slaak een diepe zucht en pink van emotie en spanning een paar tranen weg. Fiorenzo kust me op mijn hoofd terwijl hij me tegen zich aantrekt. We kijken stil door het raam en bewonderen de aantrekkelijke natuur en de heuvels van Engeland.

De rijdende bar komt langs en we bestellen een kop koffie. Ik vind hem fantastisch smaken en voel me bijkomen. Weer dwarrelt er een traan over mijn wang, een trotse traan deze keer. Doe ons dat maar eens na, denk ik. En ferm druk ik de resterende angst voor het onbekende weg. Het is een avontuur dat groter lijkt dan het is, omdat we lijden aan gebrek aan zelfvertrouwen.

Fiorenzo en ik hebben altijd genoten van een gezonde dosis zelfverzekerdheid. We konden daardoor het leven aan, we wisten wat onze limieten waren, we kenden onze krachten en wisten dat we daarop konden rekenen. Nu niet. Ons zelfvertrouwen is kapot gemaakt. We moeten vechten voor zelfs kleine dingen, met de angst in ons lijf. Bang het niet te kunnen en om het fout te doen. Er is angst iemand te kunnen vertrouwen en om in paniek te raken. Vrees die we voorheen niet kenden. Nu beheerst het ons en ons leven. Wat hebben we fout gedaan? Waar is het misgegaan en waarom? Vragen die we beter niet kunnen stellen. Het antwoord krijgen we niet. Bovendien, zouden we een antwoord vinden, leidt het tot niets. Wat hebben we daaraan? Het is eenmaal gebeurd en nu ligt ons heden aan gruzelementen.

Zodra we aankomen op het station van Bournemouth beseffen we dat we niet hebben voorbereid zoals de bedoeling was. We hebben een hotel geboekt voor een week, maar waar staat het precies? Wanneer we uit het treinstation komen, kunnen we ons niet oriënteren. We weten niet waar het centrum ligt, waar de zee en waar het hotel. Laat staan dat we ons een idee kunnen vormen over de onderlinge afstanden. We zijn het snel eens. We zoeken de bevestigingsmail op met de naam van het hotel en het adres. Een taxi rijdt ons spoedig naar het juiste hotel waar we een heerlijke kamer met fraai uitzicht hebben.

Bij de receptie krijgen we een plattegrond van de stad en in plaats van te rusten, gaan we de stad in om een eerste indruk te krijgen en om de omgeving te verkennen. Nooit eerder waren we hier en dat maakt ons nieuwsgierig.

Waar komt die fijne sensatie vandaan die we krijgen als we vanaf ons hotel de stad inlopen? Komt het door het heuvelachtige dat ons aan Italië doet denken, of door de vriendelijke en behulpzame mensen om ons heen? Misschien komt het door het prachtige weer. Het is ons een raadsel.

We zien Caffè Nero, een van de vele koffieshopketens die Engeland kent en we gaan er naar binnen. Wellicht valt onze keuze hierop, omdat het een Italiaanse naam is. De mens is en blijft chauvinist als het erop aankomt. We bestellen een grote beker thee met een muffin. Meteen raak ik in gesprek met de twee meiden achter de bar.

Agnes en Kate leggen me uit dat Bournemouth een geweldige stad is en binnen korte tijd kom ik aan de eerste belangrijke weetjes. We vragen hoe ver het lopen is naar het strand en we tintelen van plezier als we horen dat we er al bijna zijn. De dames leggen ons vriendelijk uit dat halverwege het voetgangersdomein een plein is dat twee prachtige parken verdeelt. Als we vervolgens door het eerste park lopen, waar de grote luchtballon is, zullen we bij het strand uitkomen.

En inderdaad, wanneer we dwars door het prachtige park vol eekhoorns, grote palmen, oude bomen en bloemperken lopen, zien we boven alles uit de indrukwekkende luchtballon die net naar boven gaat, maar wel vast blijft zitten aan een dikke stalen kabel. Aansluitend zien we de wintertuinen en komen we langs het theater. Ten slotte komen we uit bij de pier van Bournemouth, met links en rechts prachtige witte stranden. De palmen wuiven ons welkom. De indrukwekkende oceaan met in de verte The Isle of Wight vormt een adembenemend panorama!

Als we op de romantische pier lopen, zijn we stil en overdonderd door al het moois. Onze verwachtingen zijn overtroffen. De promotiefilmpjes die we herhaaldelijk hebben bekeken halen het niet bij de werkelijkheid waarin we staan. We zijn duizelig en onze handen en voeten tintelen. De ademhaling versnelt, net als het kloppen van onze harten. Een licht en zweverig gevoel maakt zich meester van ons, alsof we dronken zijn. Alle spanning, stress en het negatieve van de laatste maanden dringen zich op en vormen een te groot contrast met wat we nu zien, denken en voelen. Vol ongeloof en onder de indruk bewegen we ons voort, totdat we bij het eind van de pier zijn aangekomen. Omringd door een vriendelijk golvende en machtige oceaan barsten we in tranen uit. De spanning moet eruit. Tot dusver hebben we niet voldoende kunnen uithuilen om alles wat ons is overkomen. Alles hebben we opgekropt en ingeslikt, niet wetende wat we er anders mee moesten. Het wordt ons ineens allemaal te veel. Er is niemand die ons stoort en zonder ons in te houden of te schamen, kunnen we naar hartelust huilen.

Huilen is goed, het lucht op, het is een onderdeel van verwerken. We voelen ons opnieuw veilig. Wat is dat precies, je overal veilig voelen behalve thuis? Hier is het de oceaan, de immense, golvende waterpartij die ons sust, kalmeert en wiegt. De meeuwen, die van alles krijsen wat we nog moeten leren ontcijferen. Het incognito zijn, niemand oordeelt, veroordeelt, niemand weet van ons en onze trubbels. Dat alles geeft rust, vrijheid en kracht.

Het duurt uren voor we weer grond onder de voeten voelen en beseffen wat we hier doen. We raken niet uitgekeken, dus hier gaan we voorlopig wonen en werken. In één woord: geweldig! Tijdens een 'abbraccio forte' beloven we elkaar te gaan vechten voor onze rechten, erkenning en aanvaarding. En dat we niet kapot zullen gaan aan het onrecht, we zullen veel en vaak over alles praten. We gaan een uitweg vinden, opdat we door kunnen gaan met ons leven. Dag en nacht zullen we er voor elkaar zijn. Samen hervinden we evenwicht. We zullen elkaar niet uit het oog verliezen. Alles onder ons motto: samen sterk. Zoals we voorheen altijd de kar samen getrokken hebben. We hebben zoveel meegemaakt en overwonnen, dit moet ons nog een keer gaan lukken!

Energiek en vol met intrigerende ideeën over de toekomst staan we te popelen om eraan te beginnen. Het is een kwestie van vast-pakken en werken aan onze persoonlijke groei. Opgeven doen we onze dromen nooit. We willen niet kapotgaan! Dat kan het leven niet met ons voor hebben gehad.

We denken terug aan de prachtige dagen die we in Cambridge met Lorenzo gehad hebben. Hij geeft ons voldoening en beweegt zich moeiteloos in zijn wereld. Exact wat we alle drie onze kinderen gegund hadden. We zijn trots op hem en blij dat alles goed gaat. Ook al herhaalt hij regelmatig dat hij alles te danken heeft aan de geweldige opvoeding die wij hem gaven, beseffen we hoe hard hij zelf werkt en welke offers hij daarvoor moet brengen. Ze zeggen niet voor niets: 'het komt je niet aanwaaien', en daarvan is hij nu zelf het voorbeeld.

Ons bezoek aan hem heeft ons goed gedaan, daar zijn we het over eens. Het is ons duidelijk dat Lorenzo de moeite dik waard is om voor te blijven vechten. Onze zoon zou het niet verdienen dat wij hand in hand voor een trein springen. Wat heeft hij misdaan om slachtoffer te zijn van dit onrecht? Hij heeft dezelfde klap gekregen als wij. We schamen ons voor de zelfmoordgedachten die we re-gelmatig hebben. We beseffen ineens dat wanneer we uit het leven zouden stappen, het afschuwelijk egoïstisch zou zijn. Een ogen-schijnlijk gemakkelijke weg. We zouden onmiddellijk overal vanaf zijn. De wanhoop kan de mens gevaarlijk ver opdrijven.

Plotseling begrijpen we wat de gevolgen daarvan voor Lorenzo zouden zijn. We houden zielsveel van hem! Nooit meer zullen we onze duivelse gedachten toestaan, beloofd! Er is genoeg om voor te knokken: voor onze zoon en voor onszelf. Zoals we houden van Lorenzo, moeten we opnieuw van onszelf gaan houden. We zijn niet waardeloos, we zijn waardevol! Er zit goeds bij de vleet in ons en we hebben plenty liefde te geven. We vinden wel mensen die onze liefde en warmte willen ontvangen en op wie we ons kunnen focussen. Dat hoeft niet dat handjevol mensen van onze naaste familie te zijn. Vooral niet wanneer ze door hun immoreel gedrag onze liefde niet waard zijn.

Voelen we het goed als we laat in de donkere nacht richting ons hotel teruglopen? Zijn er lichtpuntjes in de verte? Proeven we nieuwe hoop en zien we nu al nieuwe wegen om in te slaan? We zullen maar niet te snel juichen, laat het positieve eerst maar eens gebeuren. Er blijft vrees en het is steeds die angst die zijn dikke kop alsmaar intimiderend blijft opsteken.

Bekaf en hongerig liggen we dicht tegen elkaar aan, in het koude hotelbed. Door al de indrukken die we hebben opgedaan, de emoties, onze gesprekken, het bewonderen en verkennen, is het eten erbij ingeschoten. Plagerig gaan we bij elkaar op zoek naar vetrolletjes en met subtiele kneepjes geven we elkaar te kennen dat we zullen overleven. De meeste gemoedsbewegingen kunnen we niet thuisbrengen. Toch hebben we het idee op de juiste weg te zijn. Het duurt lang voordat we in slaap sukkelen. Om de beurt komen we nog met dit of met dat. We zitten er vol van en pas wanneer we voldoende hebben geuit, houden we stil. Ik zou niet kunnen zeggen wie van ons het eerst insliep.

Tijdens het ontbijt, nemen we enthousiast de planning door.
'Eens kijken An, want we moeten aan de slag willen we woonruimte en werk vinden. Waar had jij die makelaars en uitzendbureaus opgeschreven?'
'Ah eh, wacht even. Hier heb ik ze, ik heb er ook bijgezet waar ze zitten, zie je dat?'
'Geweldig! Hier gaan we mee aan de slag.'
'Hé schat, ik stel voor dat we ook onze curricula nog een laatste keer checken, zodat ze perfect zullen zijn.'
'Dat is een goed idee. Dat kunnen we straks wel bij Caffè Nero doen.'

'Had je ooit gedacht Fio, dat we op onze leeftijd nog van baan zou-
den veranderen?'
'Nee, eerlijk gezegd niet. Bovendien ook nog in het buitenland.
Het is idioot!'
'Hmm, ik vind het tegelijk wel wat hebben. Later blikken we terug
en dan beseffen we pas hoe fantastisch dit allemaal is.'
'Zal best An, maar op dit moment lijkt het absurd. Kom, laat ons
beginnen, actie!'

Zodra een mens in een andere omgeving komt, past hij zijn eisen aan. Dit kan soms door omstandigheden behoorlijk ver gaan. Je kunt keuzes maken die je nooit gemaakt zou hebben wanneer je in je eigen omgeving was gebleven. Dat is interessant. Ik heb me meermaals afgevraagd waarom dit zo is. Ik denk dat het komt door het milieu waarin we gewend zijn te leven. We maken deel uit van een samenleving waarin we gezamenlijk met vrienden, familie, buren, bekenden en andere medemensen ons leven leiden. Onbewust houden we elkaar in de gaten. We gedragen ons op een manier die van ons wordt verwacht, omdat het zo schijnt te horen. Hoe vaak hebben we gedacht bij een beslissing: dat kunnen we niet maken. Vreemd, want voor wie kunnen we dat niet maken? Juist, dan komen we uit bij familie, vrienden en de verdere samenleving waarin we op dat moment verweven zitten. Wanneer je uitbreekt, weggaat naar een ander land, deel gaat uitmaken van een andere gemeenschap, valt dat plotseling helemaal weg. Zelfs al maak je snel weer deel uit van een nieuwe maatschappij, het zal niet zijn als voorheen. De nieuwe samenleving kent jou en jouw achtergrond niet. Er zijn daarom geen oordelen over wat je doet. Dat losbreken heeft ons bewuster gemaakt. Alsof er voorheen schijnwerpers op ons gericht waren. Nu richten wij deze schijnwerpers op al het nieuwe om ons heen.

Hoe belangrijk is een woning voor de mens? Een huis heeft meerdere betekenissen. En een woonruimte geeft uitgebreide informatie over de bewoners zelf. Dat kan al zijn door het type huis dat iemand kiest. Of het nu gaat over een huur- of koopwoning, een flat, rijtjeshuis of bungalow, de gekozen kleuren van het schilderwerk of de inrichting, alles staat in verband met het karakter van de bewoners. Hoe het huis erbij staat, de omvang ervan, wel of geen tuin, een huis dat luxe en comfort uitstraalt of daarentegen juist minimalistisch is, het geeft allemaal informatie.

Een huis geeft ons geborgenheid, privacy, gezelligheid en ruimte voor persoonlijke spullen. Het is de plaats waar we tot rust komen, onszelf veilig voelen, onze smaak door kunnen voeren in kleuren en meubilair. Binnen onze muren kleden we ons zoals we dat willen, eten we wat we willen en wanneer. Voor ons is het een plaats waar we het gezellig maken, waar altijd een brandende kaars op tafel staat tijdens de lunch en het avondeten. Er zijn verse bloemen, zelfgebakken taart en prettige muziek aanwezig. Met plezier nodigen we mensen uit, organiseren feestjes, houden kookwedstrijden en hobbyavonden. Wat dat betreft heeft de Nederlander het woord 'gezellig' prima bedacht, omdat het belangrijk en noodzakelijk is in een mensenleven. Ik erger me eraan dat er voor dit woord geen Italiaanse vertaling is.

Voor ons is het drieëntwintig jaar geleden dat we voor de laatste keer een woonruimte kozen. Een jong gezin met drie kleine kinderen. Wij wilden voor ieder kind een eigen slaapkamer. De kamers hoefden niet groot te zijn, als de kinderen maar hun eigen ruimte konden hebben. Ook stelden we prijs op een extra badkamer, een grote tuin en een omgeving omringd door groen. Dat was ons prima gelukt.

Er is ondertussen aardig wat veranderd voor Fiorenzo en mij. Onze kinderen zijn alle drie de deur uit en het huis wordt nu inderdaad een stuk minder benut. Bij het idee dat het tijd wordt om van woning te veranderen voel ik me onbehaaglijk. We kijken naar wat we willen aanpassen nu we met ons tweeën zijn en zien in dat het huidige woonhuis niet meer voldoet aan de eisen die passen bij onze plannen. Daar komt bij dat nu ons hele verleden op een akelige manier overschaduwd wordt door wat ons overkwam. Het huis en de plek waar we volop mooie momenten hebben gekend met ons prachtige gezin, roepen pijn op.

In al die jaren dat ik er woonde is het nooit in me opgekomen te verhuizen. Ik droomde er juist van daar voorgoed te blijven wonen. We voedden daar tussen de druivenvelden onze kinderen op. Ook die hadden er een prachtige tijd, ze speelden met onze bokjes in ons eigen bos, waar ze hutten bouwden en gingen picknicken. Het zou tof zijn geweest dat later hun kinderen tijdens een logeerpartij hetzelfde zouden kunnen beleven. Wie zou ooit gedacht hebben dat al dat vredige en plezierige in mij kapot zou worden gemaakt? Daar waar we al die tijd met plezier woonden hangt nu enkel dikke zwarte rook, als resultaat van de ontploffing. Vinden we daar ooit terug wat het eens voor ons betekend had? Of moeten we er overheen, eenvoudig verder, de bocht om? Kunnen we ooit alles loslaten? Het gaat over de helft van ons leven, een prachtig stuk leven, voorgoed geruïneerd.

Een van de eerste dagen in Bournemouth, tussen afspraken door die we met makelaars en uitzendbureaus hebben, gaan we voor een pauze naar Caffè Nero. Het is fijn dat we er gebruik kunnen maken van het internet, iets wat vrijwel overal mogelijk is in Engeland. De uitzendbureaus willen ons niet inschrijven. Ze eisen dat je minimaal één werkervaring in Engeland hebt, zodat je in het bezit bent van het National Insurance Number. Dat is een verplicht identiteitsnummer dat gebruikt wordt voor belastingen en de pensioenregeling. De enige manier om aan dit nummer te komen is via een baan. Zodra je werk hebt, kun je een afspraak maken in Portsmouth, waar ze eerst een gesprek met je voeren alvorens ze beslissen je het nummer te geven, omdat je waarschijnlijk het minimale aan Engels moet kunnen spreken en verstaan. Deze situatie, dat je pas ingeschreven wordt nadat je minimaal een baan hebt gehad, is volstrekt onlogisch.

We ploffen neer op de lederen bank bij het raam en bestellen onze koffie. Er zijn overheerlijke citroen muffins en ik bestel ze erbij. Fiorenzo hapt in de muffin, sluit zijn ogen en waant zich in de zevende hemel. Ik glimlach terwijl ik denk: de liefde van de man gaat door de maag. Ik haal de IPad uit mijn tas en tik onverschillig in het venster van Google: Dutch/Italian speaking jobs Bournemouth. Er komen wat sites en ik tik er een aan. Bingo, ze vragen meerdere medewerkers met Nederlands of Italiaans als moedertaal en die uitstekend de Engelse taal beheersen in woord en geschrift. Ik lees het volledige profiel en al voldoe ik niet helemaal aan de gestelde eisen, ik voel me toch geroepen te reageren. Ik zie een e-mailadres waarop je kunt antwoorden. Dat is ongebruikelijk, meestal moet je je inschrijven bij het betreffende uitzendbureau door online een lange vragenlijst in te vullen. Een onuitstaanbaar en tijdrovend systeem. Ik zoek tevreden mijn curriculum, voeg dit bij mijn e-mail die ik vlug en nogal onzorgvuldig als begeleidend briefje type. Normaalgesproken ben ik zo niet en het frustreert me als ik na het versturen het korte briefje nog eens doorlees en verschillende taalfouten ontdek!

'Dit slaat nergens op, ik erger me wezenloos aan die taalfouten. Waar is mijn motto gebleven?'

'Welk motto?'

Fiorenzo neemt net het laatste hapje van zijn goddelijke muffin.

'Wat we doen, doen we goed! En nu maak ik maar liefst drie taalfouten in een sollicitatie!'

'Ach, dat is heus allemaal niet zo erg, er zal toch niemand op reageren.'

Ontdaan kijk ik hem aan.

'Dat zullen we zien!'

Het zijn momenten als deze waarop ik me serieus afvraag: is het toeval of bestaan er engelen? Er zijn amper vijf minuten verstreken tussen het versturen van mijn e-mail en het rammelen van mijn mobiele telefoon. Ik kijk verstijfd naar het ding en zie een Engels nummer. Er gaat een schok door me heen en ik neem op met een ietwat onzeker: 'Good afternoon, Anja speaking'. Aan de andere kant antwoordt de vrolijke en vriendelijke stem van Charlotte, die rechttoe to the point reageert op de e-mail die ik zojuist gestuurd heb. Het rood stijgt naar mijn wangen en mijn hart trommelt tegen mijn borstkas alsof het een uitgang zoekt om direct mee te kunnen luisteren aan de telefoon. Het lukt me om niet te struikelen over woorden en niet te denken aan de blunders in de zojuist verstuurde e-mail. Ergens, god weet waar vandaan, komt er een zelfverze-kerdheid in me op die me door het gesprek leidt. Het lukt me zelfs te vragen of ook mijn man kan solliciteren op deze vacature.

We zijn beiden uitgenodigd om de volgende dag om tien uur op haar kantoor in Poole te komen voor een intakegesprek. Ze advi-seert ons te komen in keurige kleding, business formal atire is de dresscode die het bedrijf hanteert. Dit omdat, als het intakegesprek deugdelijk gaat, we rechttoe deel kunnen nemen aan de eerste sol-licitatieronde die gehouden wordt. Als het telefoongesprek is be-eindigd, kijk ik richting Fiorenzo zonder hem te zien, ik ben gek van opwinding!

Ik probeer mijn gedachten te ordenen en lees mijn gekrabbelde aantekeningen terug. Poole, waar is dat en kunnen we daar komen met een bus of trein? Hoe ver is het weg, en hoe lang doen we erover om er te komen? We moeten om tien uur bij haar zijn. Al googelend komen we erachter dat het veertig minuten reizen is. Gekleed gaan in business formal atire, wat houdt dat in? Google legt het ons haarfijn uit. Toevallig hebben we beiden een pak in de koffer zitten en ik schoenen met hakken. Fio draagt al jaren geen stropdas meer, die zullen we daarom snel gaan kopen. Uit het hec-tische telefoongesprek met Charlotte heb ik niet eens opgemaakt waar het bedrijf zich bevindt.

'Als ik logisch denk, zit het bedrijf in Poole, omdat daar het uit-zendbureau zit dat zich inzet om mensen te werven. Wat denk jij

Firenz?'

'Dat zou goed kunnen, ja.'

'Als dat zo is, moeten we dan wel woonruimte zoeken in Bournemouth? Wat een toestand, we vallen werkelijk van het een in het ander, heb ik het idee.'

'We moeten ons niet druk maken voor het zover is, we laten alles gewoon gebeuren. We lossen het stap voor stap op. Het lot leidt ons naar waar we heen moeten. Het is niet anders.'

'Grappig ja, het lot! Ik ben tot nu toe niet zo verrukt over het levenslot! Ik vraag me af, wie zijn wij en waarom zijn we hier?'

'Ja lieverd, daar heb ik nu zo vlug geen antwoord op.'

Die nacht kunnen we de slaap niet vatten. Wat is er veel gebeurd op een dag. Mijn gedachten tollen rond als een houten tol die door een leren veter steeds verder opgezweept wordt. Om beurten houden we elkaar uit de slaap. Pas wanneer we aan het einde van ons Latijn zijn, wordt het stil en liggen we ieder voor zich verzonken in gedachten.

'We hebben in ieder geval geen moment gedacht aan onze andere realiteit.'

Ik kijk richting Fiorenzo en denk na.

'Ja, dat klopt, ik snap wat je bedoelt.'

Opnieuw is het stil. We kunnen plotseling onze gedachten niet meer afhouden van al het andere. We moeten denken aan ons gezin dat uit elkaar ligt, aan onze dochters die we missen, aan onze zoon die ongetwijfeld eveneens lijdt onder alles wat er zich afgespeeld heeft. Ons gemoed schiet vol en we moeten ervan huilen tot we oververmoeid en dicht tegen elkaar in slaap vallen. Deze golven van verdriet keren regelmatig terug. Soms krijgen we het idee dat de afstand tussen de ene en de andere golf steeds groter wordt. We zitten als het ware in een rouwproces. Niet alleen door de dood van de moeder van Fiorenzo, maar ook door de plotselinge breuk met onze dochters. Dat radicaal verliezen van personen van wie we houden wekt, afschuwelijk genoeg, rouwgevoelens op.

De dag breekt aan en we voelen ons allesbehalve gebroken, wat normaal zou zijn na zo'n korte nacht. We zijn vroeg genoeg opgestaan, maar toch moeten we opschieten om op tijd te zijn. Aan de overkant van ons hotel kunnen we de bus pakken die ons naar het treinstation brengt, dat hadden we al uitgevogeld. De bus komt iedere tien minuten. De trein van half negen is voor ons een prima optie, omdat we dan om tien voor half tien op het perron van Poole kunnen uitstappen. Het uitzendbureau is op loopafstand van het station.

Charlotte doet open en we worden hartelijk ontvangen. Het intakegesprek verloopt fantastisch en ze zegt dat we beiden prima kandidaten zijn voor de functie. We zijn uitstekend gekleed, wat volgens haar voor de eerste indruk van belang is. Charlotte geeft ons nog wat bruikbare tips en een globaal overzicht van wat ons te wachten staat tijdens de sollicitatieprocedure. Dat is behoorlijk wat en ze legt ons uit dat dit komt omdat het betreffende bedrijf een prestigebedrijf is dat hoge eisen stelt aan het personeel. Hierdoor laten we ons niet afschrikken, we zijn er klaar voor! Voor mezelf heb ik al besloten: die baan is voor mij! Het schijnt een dynamisch bedrijf te zijn waar iedereen een baan hoopt te krijgen, en dat zal niet voor niets zijn. Als we met de bus terug in het centrum van Bournemouth aankomen, stappen we uit en moeten we ongeveer driehonderd meter lopen om bij het kantoor te komen. Voor de bedrijfspresentatie en voor de eerste test zijn we aan de late kant.
'Rennen! Anders komen we te laat, An!'
'Hé grapjas, ruilen we van schoenen?'
'Nee, hoeft niet, ik kan prima rennen met deze.'
Ik wil mezelf niet laten kennen, dus ren ik zwikkend op mijn hoge hakken achter hem aan.

Beneden in de hal moeten we nog een paar minuten wachten. Dat is perfect om bij te komen van het rennen en om me te fatsoeneren. Dan worden we naar de zaal gebracht waar Tom de presentatie van het bedrijf start voor ons en tweeëntwintig andere gegadigden. Al snel moet ik glimlachen om Tom, vanwege de Amerikaanse stijl die van hem afdruipt. Ik herken in zijn manier van praten de stijl van de betere business trainingsboeken en ik merk trefwoorden op die ik regelmatig hoor in de leerzame Ted Talks. Ik kijk om me heen. Mijn man, ik en nog een gegadigde zijn tegen de vijftig. De rest zweeft ergens tussen de vijfentwintig en vijfendertig. Dat kan in ons voordeel zijn, denk ik meteen. Onze leeftijd en algemene ervaring kunnen gewicht in de schaal leggen voor de business talks die gevoerd moeten worden met ceo's, de dikke deuren van allerlei grote bedrijven, vliegtuigmaatschappijen, ziekenhuizen en gemeenten. Aandachtig en vol enthousiasme luister ik en probeer oogcontact te krijgen met Tom. Twee keer grijp ik mijn kans om antwoord te geven op een vraag van hem. Het is me gelukt! Ik heb het idee op te vallen tussen de anderen. Tijdens de presentatie zitten achterin drie mensen ijverig aantekeningen te maken. Af en toe voel ik me wat bekeken door hen. Het blijken geen kandidaten te zijn, maar mensen die al bij het bedrijf horen en ons gedrag observeren. We worden door Tom rondgeleid door het bedrijf en eindigen in een ander lokaal, waar we een rollenspel gaan doen. We krijgen wat fake-informatie en we moeten daarmee een telefoongesprek voorbereiden dat moet voldoen aan bepaalde eisen. Dit gaan we doen in het Engels. Zodra we de test hebben gedaan, kunnen we naar huis. Aan degenen die de test correct doorstaan hebben, wordt gevraagd om diezelfde middag nog een motivatie e-mail te schrijven om het bedrijf ervan te overtuigen juist jou aan te nemen. Fio, ik en een tiental anderen kunnen hiermee aan de slag.

De rest van de dag zijn we druk bezig met het zoeken naar woonruimte, iets wat niet helemaal naar onze zin gaat. Er is onvoldoende tijd om rustig rond te kijken. Het hotel is geboekt voor een week, met de gedachte dat we zouden bijboeken wanneer het nodig zou zijn. Dat Pasen voor de deur staat hebben we over het hoofd gezien. Bovendien zitten we in een badplaats aan zee! Dit geeft ons geen mogelijkheid tot verlengen, het hotel is voor de paasvakantie volgeboekt. Er is geen discussie mogelijk, al smeken we. Vol is vol, punt uit.

'Daar begint de trammelant, Firenz, dat wordt of binnen een paar dagen woonruimte vinden, of we staan op straat!'

'Nou, een betere stok achter de deur moet je me maar eens brengen.'

'Nu we in een sollicitatieprocedure zitten en nu we zo dicht bij ons doel zijn, wil ik niet op hangende pootjes terug naar Italië!'

'Duidelijk. Dat wordt onze eisen bijstellen. Het is nu take it or leave it geworden.'

We zijn beiden onrustig, er komt te veel op ons af, er heerst spanning. De woning is van groot belang, de sollicitatieprocedure is intensief en de baan zo aantrekkelijk dat we deze kans niet willen verspelen. Naast dat alles spelen regels en voorschriften een rol. Het ene trekt aan het andere omdat alles aan elkaar hangt. Het is een chaos waarin wij driftig orde op zaken willen stellen, goed wetend dat men ijzer niet met handen kan breken. We besluiten vroeg naar bed te gaan, morgen is het een zware en vooral beslissende dag.

Verschillende makelaars geven nul op het rekest. De stelregel 'geen werk, geen woning' nekt ons voortdurend. Hebben we alles onderschat? Hadden we ons beter moeten voorbereiden? Dachten we werkelijk dat we met de vingers hoefden te knippen en het zou gebeuren? Waar zijn we aan begonnen! Waanbeelden van televisieprogramma's zoals 'Ik vertrek' passeren ongevraagd de revue. Hoe vaak hadden we niet gedacht het allemaal beter te weten dan de mensen in dit soort uitzendingen, die we soms bekijken via Uitzending Gemist? Wij hadden al eens eerder zo'n stap gezet met ons jonge gezin. Daardoor hadden we toch voldoende ervaring en inzicht? Waren we in onze eigen arrogantie getrapt? De twijfel stijgt, wat te wijten is aan ons gebrek aan zelfvertrouwen.

'Ik ben niet van plan om het op te geven. We vechten door!'

'Zo mag ik het horen, Anneke, dat past bij ons karakter.'

Na uitvoerig zoeken biedt een makelaar ons de optie om acht maanden huur vooruit te betalen en daarbovenop nog drie maanden borg. Op deze manier willen we ons niet vastleggen, het gaat alle redelijkheid te buiten.

Ontmoedigd lopen we verder en uiten onze ergernis over het gedrag van de gemiddelde makelaar. We komen uit op een conclusie die we ooit trokken: je kunt maar beter niets te maken hebben met makelaars, bankiers, verzekeringsagenten en advocaten. Het zijn mensen die ons nooit gecharmeerd hebben. Maar de maatschappij is zo ingericht dat wij brave burgers niet meer om ze heen kunnen. Daarom, op naar de volgende! Nadat we opnieuw verschillende makelaars hebben bezocht, waar we steeds hetzelfde verhaal te horen krijgen - geen werk, geen huis - worden we opstandig. Wat is dit voor onzinnige stelling? We kunnen een bankgarantie geven, we zouden jarenlang huur kunnen betalen zonder een inkomen te hebben en dat willen ze niet! Pas als we een baan hebben, komen we in aanmerking voor een huurcontract. Maar welke zekerheid biedt dit de makelaar als we daarna onze baan zouden verliezen? In ieder geval komen we op deze manier niet verder.

Dit avontuur zijn we begonnen met de bedoeling afleiding te vinden voor onze problemen. Toch vallen we steeds terug in de mistige situatie die ons in zijn greep houdt. Onze emmer kan deze stortvloed niet bergen en dit alles kan ons fataal worden. We zijn sceptisch over het effect dat we verwachten van de afleiding. De bom is nu eenmaal gebarsten en het gat is geslagen. De balans is verloren en de wonden zijn onherstelbaar. De pijn is ondraaglijk en een oplossing onmogelijk. De onmacht bijt als zoutzuur. Wat of wie kan ons hiervan afleiden? Het drama heeft zich geworteld in lijf, hart en ziel. Het noodlot is een stuk van onszelf geworden, het is zelfs verweven met de lucht die we inademen. Het is een omvangrijke beproeving die onverwacht hard is aangekomen. Het blijft drukken op ons en waarschijnlijk zal het dat voor de rest van ons leven blijven doen. We zien geen mogelijkheid ooit nog te kunnen lachen, liefhebben of te vertrouwen. Wat we waren en waar we voor stonden is kapot geslagen, onherstelbaar vergruisd.

We weten niet precies wat het is dat ons dat duwtje in de rug geeft en ons aan de oren trekt om onze hoofden boven water te houden. Ergens komt een input vandaan die ons voedt met kracht, geloof, hoop en trots. Het openbaart zich, als een lichtpuntje ter grootte van een speldenkop. Het is ver weg, maar duidelijk zichtbaar door het contrast met de zwarte omgeving. Het trekt ons aan, we willen erheen, al lijkt het ontoegankelijk en ver. Vanaf het moment dat Fiorenzo zijn ontslag had genomen in Italië, waren we in de ban geraakt van een stukje mysterie dat steeds in tegenstrijd is met ons gevoel. Het is een wisselwerking tussen hoop en wanhoop. Naarmate het mysterie vorm krijgt, lijkt het alsmaar te gisten. De wisselwerking blijft, omdat we regelmatig terug worden gezogen in het verdriet. De pijn en het onwezenlijke van wat ons is overkomen houden onverbiddelijk aan.

Nu we in Engeland zijn, op zoek naar een huis en een baan met alle complicaties van dien, worden we meegetrokken in een stroomversnelling. We moeten continu bijsturen, inventief optreden, oplossingen zoeken, doorzetten, de volgende zet bestuderen. Dit zuigt alle aandacht en energie op die we hebben. We rollen van de ene dag in de andere en ieder uur kan de hele situatie veranderen. Hierdoor voelen we ons als herfstbladeren in een wervelstorm. Het heeft alles weg van een avontuur.

's Morgens bellen we om de beurt naar het bedrijf waar we gesolliciteerd hebben en we krijgen bevestigd dat ze onze e-mails ontvangen hebben en dat we rond half elf gebeld zullen worden door een manager. Hij zal met ons een telefonisch sollicitatiegesprek voeren van een kwartier tot twintig minuten, opnieuw in het Engels. Dat zal zijn over een uur! Bereid je maar voor als je zin hebt, denk ik in paniek. Dat wordt door de spanning en de korte tijd die ons ter beschikking staat een onmogelijke zaak.
'Rustig blijven, we hebben genoeg in onze mars om dit te overleven.'
'Niemand eet ons op, dat is waar, maar toch ben ik zenuwachtig, ik wil het goed doen!'
Ik verstijf van de nervositeit en ik kan niet op woorden komen zodra ik iets in het Engels wil zeggen. Ik word overrompeld door mijn rammelende mobiel. Ik pak hem op met trillende hand en juist op het moment dat ik denk mijn stem te verliezen, word ik de rust zelve. Lionel, de manager aan de andere kant van de lijn, heeft een gemoedelijke stem die mij meteen op mijn gemak stelt. Het gesprek verloopt soepel en het lukt me om tijdens het gesprek de manager in de lach te laten schieten, want ik ben ik en kan niet anders doen dan mezelf zijn. Dat 'be yourself' is blijkbaar belangrijk voor het bedrijf en daarom ga ik door naar de volgende ronde. Gelukkig is ook Fiorenzo door, zo kunnen we morgen samen naar de volgende test.

De spanning omtrent woonruimte bereikt de top in de late middag. We voelen voor het eerst iets dat lijkt op compassie bij een Portugese makelaar, die zelfs wat woorden Italiaans spreekt.
'We zijn bezig met een sollicitatie, en we denken een goede kans te maken, maar zelfs wanneer dit op niets uitloopt, hebben we nog genoeg middelen om de huur op te kunnen brengen.'
De Portugees maakt een wegwuifgebaar.

'Het komt vaker voor dat mensen met een baan de huurovereenkomst niet nakomen dan mensen zonder vast werk. Non c'è nessun problema. Als jullie de huur niet op tijd betalen, gooi ik jullie er gewoon uit.'

Dat lijkt ons een redelijke benadering. Eindelijk iemand die zich niet houdt aan vaste regels en op een logische manier mensen een eerlijke kans geeft. Hij rijdt met ons naar een woonstudio net buiten het centrum.

Zijn manier van rijden is werkelijk om gek van te worden. Ten eerste omdat hij crost onder het mom van tijd is geld. Ten tweede crost die gek links, iets wat wij en vooral onze hersenen nog niet gewend zijn en wat ons de sensatie geeft een dodenrit te maken. We hebben geen oriëntatiegevoel. Blijkbaar bevinden we ons net buiten het centrum, maar aan welke kant van het centrum en hoe groot is de loopafstand? Zijn er goede busverbindingen naar de stad? Want als alles doorgaat, krijgen we een baan in het centrum.

We stappen uit voor een Victoriaans gebouw en als we naar binnen gaan, is het de muffe stank van drank, rook en eten die meteen onze alarmbellen doet rinkelen. De studio is een uitgeleefd, vervuild en verlaten peace and love-hol en het lijkt alsof we ergens op het Isle of Wight van de jaren zestig zijn aangespoeld. Een blik tussen Fio en mij is voldoende. Dit voor geen goud! Het idee van een studio is op zich charmant. De kamer heeft grote ramen met uitzicht op het park, een ruime keuken en woonkamer met een open zoldertje waar je met een trapje naartoe kunt. Daar ligt het matras om op te slapen, met uitzicht op de keuken en woonkamer. Een romantisch idee, zo'n slaapzoldertje, wat ik tof gevonden had wanneer alles in een acceptabele staat geweest zou zijn. Maar we hebben het snel gezien en staan binnen de kortste keren weer buiten.

Het volgende adres betreft een miniappartement, opnieuw net buiten het centrum. Het appartement bevindt zich op de vijfde verdieping. Er is geen lift, wat op zich goed is voor mijn nog altijd stevige billen. Maar wat we er aantreffen is onaanvaardbaar. Er ligt vloerbedekking in de keuken en erger nog, ook in de badkamer waar zich nota bene het toilet bevindt! Het hele hok stinkt. Een hond zou weglopen en hetzelfde doen wij. Ineens komt mijn trots naar boven, de maat is vol!

'Basta! Nu moet je eens goed naar me luisteren, beste Manuel. We zijn niet de jongsten meer en in Italië zijn we een prachtig huis gewend. We houden van mooie spullen en we weten die goed te onderhouden. Bekijk ons eens serieus! Heb je nou werkelijk niet iets dat beter bij ons past?'

De makelaar kijkt ons onderzoekend aan.

'Als laatste optie heb ik nog een minikamer in een shared house. Dat huis is in mijn directe bezit en daar zet ik niet zomaar iedereen in.'

Dit was tot nu toe geen overweging voor ons. We zochten namelijk een een- of twee kamerappartement of een studio.

De optie van een gedeelde woning is voor ons nieuw en afschrikwekkend. We zijn gewend aan privacy. Met wie hadden we ooit de keuken hoeven delen? Wat houdt het in, rekening houden met anderen en andere gewoonten, leef- en slaapritmes? Het lijkt ons op het eerste gezicht meer passen bij studenten en jonge twintigers. Maar we weten dat de alternatieven niet voor het oprapen liggen en dat de tijd dringt. Over enkele dagen staan we op straat of we verleggen hier en daar een grens.

Als we binnenkomen, zijn er schilders bezig met het schilderen van de kamers. Er hangt een gemengde lucht van nieuwe meubels en verse muurverf, wat ons meteen goed stemt. Het is een opgeknapt huis in Victoriaanse stijl. De lange hal heeft een nieuwe laminaatvloer en een opvallend grote spiegel tegen de wand. Binnen is het gezellig chaotisch. Er zijn al bewoners die proberen hun kast te vullen met hun eigen spullen. Als eerste maken we kennis met Jeffrey, een robuuste Schot van onze leeftijd. Hij is hier voor zijn werk. Later zien we Joe en zijn vriendin, een stel van net boven de dertig. Naast onze kamer zou een gescheiden vrouw intrekken met haar dochter van elf jaar en boven is het verhuurd aan een stuk of wat serieuze studenten, een koppel uit Engeland, twee vriendinnen uit Italië en een jongen uit Spanje. Onze kamer is de laatste voor de keuken op de begane grond. Er staat een nieuw bed met het plastic nog om de matras, een televisie hangt aan de muur, er staat een kleine kledingkast, een tafel met een stoel en er is centrale verwarming. De kamer is minder dan zeven vierkante meter en is in ieder geval sfeervol door de lichtinval van een groot raam achter de tafel. Het bed is een kingsize, volgens Manuel. Hij kan het goed verkopen, want bij het meten van de matras komen we met de afmetingen van twee meter lengte bij honderdtwintig cm breedte niet verder dan een twijfelaar! Onze badkamer bevindt zich op de hal, onder de trap. Een gloednieuw toilet, een inloopdouche en een losse wastafel, wel te delen met de persoon die gebruikmaakt van de eenpersoonskamer op de bovenverdieping. Alle andere kamers hebben een eigen badkamer. Helaas zijn die allemaal al verhuurd. We kijken elkaar aan, beseffend dat deze kamer voor één persoon bedoeld is. Het is hoofdzakelijk voor slapen, douchen en eten, verder zullen we toch vooral buitenshuis zijn. Wat we tot nu toe gezien hebben aan mogelijkheden was verschrikkelijk. Dit huis is in ieder geval nieuw. De keuken is prima uitgerust: een wasmachine, twee grote koelkasten en diepvriezers, acht gaspitten om op te koken en een extra brede oven. De rekensom is eenvoudig: of dit is het, of we gaan naar huis. Zonder treuzelen of enige twijfel roepen we tegelijkertijd: 'Ja!'

We laten de papieren in orde maken op kantoor, betalen aan en zullen de volgende dag de sleutels krijgen. In de tussentijd zal onze kamer geverfd zijn en klaar om te betrekken.

We lopen rustig en glunderend het makelaarskantoor uit tot we uit het zicht zijn, en vliegen elkaar om de hals. Het is ons gelukt! Het wordt een levendige en bewogen 'abbraccio forte', een op dit moment gepaste variant. We zijn door het dolle heen, spoedig kunnen we gaan verhuizen van hotel naar woning!

Dat is net op het nippertje goed afgelopen. Hierdoor groeit ons vertrouwen in de medemens weer een klein beetje. Eerst maar eens een lekker kopje koffie drinken met een punt Dorset apple pie erbij. We pakken pen en papier en maken een lijstje van benodigdheden: een tweepersoons donzen dekbed, twee overtrekken, twee kussens, een matrasbeschermer, hand-, thee- en vaatdoeken, schoonmaakmiddelen, serviesgoed, bestek en zo verder.

Het samenstellen van een tijdelijke, nieuwe uitzet is fantastisch, net als het idee om samen te gaan winkelen, kiezen en beslissen. De maten van de matras had ik opgeschreven en nu mijn oog erop valt, schiet ik in de lach.
'Zeg Firenz, thuis hebben we een matras van twee bij twee meter en nu is de breedte iets meer dan de helft. Hoe gaan we dit doen, denk je?'
'Jij, plakkip! We gebruiken daarvan amper negentig centimeter, we draaien nog synchroon om, wat zeur je nou? We zullen er niets van merken!'
Ik knik, al betwijfel ik het, maar ik ben stilletjes blij met de positieve inval van mijn man. Ik staar over mijn dampende koffie door het grote raam naar buiten. Eerst zie ik de stroom van winkelende mensen, daarna wordt het wazig. Van de spanning rollen er weer tranen, al beweert Fiorenzo dat het komt door de hormoonschommelingen die horen bij de overgang. Het kan me niet schelen, ik voel me trots, sterk, jong, krachtig en vol goede moed. Kon dat altijd maar zo zijn! Nu gaan we focussen op morgen, de dag van verschillende testen die we voor de sollicitatie moeten doorlopen. Laten we hopen dat we worden aangenomen, zodat we beiden aan de slag kunnen!

Voordat de wekker gaat worden we wakker. Het is de verjaardag van Fiorenzo! Alvorens we naar het kantoor gaan voor onze volgende sollicitatietest, zullen we ontbijten bij de pub The Mary Shelley.

De tekst op het bord bij de ingang meldt dat de pub is genoemd naar de schrijfster van het boek Frankenstein. Ze ligt begraven in Bournemouth. Dat is geestig genoeg om er wat grappen over te maken. Binnen kunnen we gebruik maken van het internet en zo bekijken we de ingekomen e-mails.

De advocaat van mijn zwager heeft een e-mail gestuurd met als bijlage een nieuw testamentair document van mijn schoonmoeder, die vijf maanden geleden is overleden. De inhoud van dit raadselachtige document is precies wat alleen de broer van mijn man goed uitkomt. Het maakt een door moeder met de hand geschreven testament, ooit officieel gedeponeerd bij een notaris, ongeldig. In dat officiële testament, dat nu ingetrokken zou kunnen worden, had moeder de waarde van een fikse onroerend goed schenking, ooit gedaan aan de dertien jaar oudere broer van Fiorenzo, terug laten vallen in de erfenis, om het verschil dat ontstaan was tussen de broers te kunnen rechttrekken. Iets wat de broer van Fiorenzo blijkbaar weigert te accepteren. Deze schenking ontving mijn zwager op zijn eenentwintigste verjaardag, terwijl Fiorenzo nog acht jaar moest worden.

Waar komt dit papier met de wijziging na al die tijd zo plotseling vandaan? Waarom staat daar enkel geschreven dat het betreffende testament niet meer geldig is? Waarom staat daar geen nieuwe wilsbeschikking op? Het volgende testamentaire document door moeder geschreven volgt pas ruim een jaar na deze dubieuze revocatie. Het slaat ons uit het veld. Het is raadselachtig en het kan niet kloppen. Fiorenzo kan het niet loslaten, en daardoor wordt het concentreren op de volgende test voor de sollicitatie moeilijk. De wond wordt weer opengereten.

De laatste zes weken voor de dood van zijn moeder was Fiorenzo met gebroken ribben thuis, nadat hij een raadselachtig ongeval had gekregen. Vooral in die periode heeft zijn broer Ugo blijkbaar precies gedaan wat hij wilde. Bij het overlijden van moeder waren het goud en alle waardevolle spullen al uit het huis gehaald, evenals alle bankpapieren en de boekhouding. Er was bijna geen persoonlijk bonnetje of schrijfsel van moeder meer te vinden in haar woning. Zelfs haar handtas, met daarin haar mobieltje, adresboekje en portemonnee, was plotseling verdwenen. Twee dagen voor moeders dood had de broer van Fio hun moeder een papier laten ondertekenen. Ze was onder behandeling met morfine en door de arts onbekwaam bevonden om papieren te ondertekenen. Twee dagen na haar dood kregen wij met opzet dit papier onder ogen. Opzettelijk, omdat het het laatste gedeelte van het familiekapitaal betrof. Eerst zou het geld na het sterven van moeder voor de helft naar de ene zoon gaan en de andere helft naar de andere. Nu had Ugo hun moeder in haar onwetendheid laten tekenen dat het geld enkel en alleen naar hem zou gaan. Nota bene niet eens meer in geval van haar dood, maar per direct, dus nog bij leven. Het verhaal is omvangrijk, omdat er op brute wijze gespeeld is met de wilsbeschikking van moeder. De broer van Fiorenzo heeft op een schofterige manier zichzelf alles toegeëigend en heeft daarmee respectloos gehandeld tegen de wil van moeder. Met dit alles heeft hij ook mijn man onrecht gedaan. Niet alleen financieel, maar vooral moreel.

We proberen ons eroverheen te zetten en gaan toch naar het kantoor. Daar ondergaan we een intensieve training, die we moeten gebruiken voor een nieuw rollenspel. Deze keer in de Nederlandse en Italiaanse taal. Later die middag zullen we telefonisch te horen krijgen of we doorgaan naar de volgende test.

Fiorenzo voelt zich na afloop van de test niet goed. Het is niet gelopen zoals het had moeten gaan. Ik zelf heb het idee er uitstekend doorgerold te zijn, wat ik nu voor mezelf houd. Om de verjaardag van Fiorenzo niet in duigen te laten vallen stel ik voor naar die gezellige tearoom te gaan.

'Kom op Fio, we trakteren onszelf op een heerlijke thee en een feestelijk gebakje.'

Ik hoef mijn manneke niet aan te sporen en zo zitten we al snel in het zonnetje achter het raam met een pot thee en ieder een gigantische punt taart. Lang zal hij leven in de gloria, dit pakken ze ons in ieder geval niet af!

Het lukt ons niet om over iets anders te praten dan de e-mail van de advocaat. Het klopt niet, we geloven de inhoud niet. We pluizen het helemaal uit. Het staat ons niet aan dat de kopie onduidelijk is, we vragen ons af waarom er uitgerekend voor dit document een beschadigde scan gebruikt is die voorheen bij andere documenten nooit is gebruikt. Ze willen iets verbergen of wegmoffelen, dat is duidelijk. Fiorenzo besluit een betere kopie op te vragen om de echtheid te kunnen laten controleren door een handschriftdeskundige. Hij wil zien of het hier gaat over een collage of een vervalsing, omdat we andere mogelijkheden uitsluiten. Nu we dit eenmaal in dit daglicht plaatsen, lukt het ons beter te relativeren.

We genieten van de taart en van het zonnetje. De rust wordt snel verstoord door de telefoon die rammelt. Het is de mobiel van Fio. We veren beiden op uit de stoel.

'De sollicitatieprocedure!'

We zien de naam en de foto van Lorenzo oplichten.

'Ciao Lorenzo!'

'Ciao Pa! Van harte gefeliciteerd met je verjaardag en zorg wel dat je hem viert hè!'

'Ha ha, jazeker, dankjewel jongen, ik zit op het moment in de zon aan het gebak.'

'Dat hoor ik graag. Zeg pa, vinden jij en ma het gezellig dat ik volgend weekend naar jullie kom? Ik krijg het geregeld en heb er behoefte aan jullie te zien.'

'Natuurlijk zijn we daar blij mee, dat is een mooi cadeau Lorenzo! Mamma zal hiermee in de wolken zijn. Maar Lorenz, is het goed dat we vanavond terugbellen, we verwachten ieder moment een telefoontje, het gaat over die sollicitatie, weet je wel.'

'Ok, dan kun je beter je lijn vrijhouden, ja. Het is goed pa, succes ermee en tot vanavond'

'Bedankt voor het bellen, tot vanavond Lorenzo. Ciao'

Fiorenzo heeft zijn mobiel nog in de hand wanneer hij opnieuw afgaat. Dit keer is het wél het kantoor! Hij neemt op en zijn stem klinkt opgewekt in zijn antwoorden, verder kan ik het niet volgen. Juist op het moment dat ik naar hem toe wil buigen om iets te kunnen horen, rinkelt mijn mobiel. Mijn handen trillen en het bloed stijgt naar mijn hoofd als ik zie dat het telefoontje ook van kantoor komt. Ik neem op en snel is duidelijk dat het resultaat van de laatste test uitstekend is en dat ik over een uur verwacht word voor een psychologische test. Deze test zal drie kwartier duren, legt ze me uit en als ik daar naar tevredenheid doorheen rol, heb ik aan het einde van de dag een afspraak met de directeur en een manager. Als dat voortreffelijk gaat, kom ik in aanmerking voor de baan.

De situatie is zinderend en blij vlieg ik Fio om de nek, ervan overtuigd dat het telefoontje bij hem dezelfde inhoud had. Hij laat me juichen en bij het uitblijven van zijn reactie begrijp ik dat er iets niet klopt.

'Wat heb je?'

'Het sollicitatieavontuur houdt op voor mij.'

Die klap komt aan. Het is een domper op de feestpret, het is nog wel zijn verjaardag! Ik had het hem zo gegund. Vanaf het begin heb ik er rekening mee gehouden om als eerste af te vallen. Fiorenzo heeft immers meer kantoorervaring dan ik. We zijn teleurgesteld, zonder te zien dat het lot ons leidt.

'Laten we hopen dat het jou lukt om die baan te pakken, dan ben jij alvast onder de pannen.'
'Ja, ik doe mijn best, het zou een goede start zijn.'
'Weet je An, misschien moet het gewoon zo gaan. Er is zoals je weet een intensieve briefwisseling op gang gekomen tussen de advocaat van mijn broer en mij. Je weet dat ik zelf de brieven wil schrijven en dat vergt tijd en concentratie. Iets dat in combinatie met een baan niet eenvoudig is.'
'Ja, je hebt gelijk Fio, misschien loopt het daarom zo, de dingen gebeuren meestal niet zomaar.'
Ik ben blij dat Fio zelf de brieven wil blijven schrijven, een advocaat die meerdere cases behandelt van verschillende klanten heeft nooit het complete overzicht, waardoor hij ongetwijfeld fouten maakt. Fiorenzo vindt dat hij geen verdediger nodig heeft, omdat hij niets heeft misdaan en niets te verbergen heeft. Waarom zou hij zichzelf op kosten jagen door een advocaat in te schakelen die alleen extra ergernis en woede te weeg kan brengen? Hij heeft geen advocaat nodig en opkomen voor zichzelf is voor nu de beste tijdsinvulling.
'En dan erbij, je hebt altijd advocaat willen worden. Het is dat ze je die kans niet gaven. Nu kun je je hart ophalen.'
'Nou ja, mijn hart ophalen is wat overdreven gezegd, vind je niet? Maar dat ik ermee in mijn element ben is voor een groot gedeelte waar. Het is alleen jammer dat het mezelf aangaat, dat maakt het zwaar.'

Ik moet me over drie kwartier melden op kantoor voor de psychologische test. Om eerlijk te zijn haat ik zoiets. Het gaat te ver, dat willen blootleggen van de persoonlijkheid van een kandidaat. Kijken of die persoon de juiste eigenschappen heeft om hem of haar te kunnen uitbuiten in de betreffende functie. Wie is diegene die de vragen opstelt en met welke criteria wordt dat gedaan? Wat is het dat ze willen horen en wie oordeelt over de antwoorden? Bovendien ben ik moe. Het is zo'n ongelooflijke tour de force geworden. Hoeveel tests moet iemand doorstaan voor een baan, goed wetend dat er daarna toch gebruik gemaakt wordt van de wettelijke twee maanden proeftijd?

Door een momentopname en een radicale beslissing laten ze dikwijls mensen gaan die waarschijnlijk wat hadden kunnen betekenen voor hun bedrijf. Wordt alles niet te theoretisch? Ik zie de bui hangen, omdat ik altijd eigenwijs mezelf wil zijn en blijven. Ik denk dat ik daardoor niet door die stomme psychologische test zal komen. Ik zou daarentegen na moeten denken over mijn antwoorden en precies zeggen wat zij zouden willen horen. Alles zeggen wat een positief gevolg zou kunnen hebben voor mijn toekomstige functie.

'Maak je toch niet zo druk, joh! Zie het toch als een spel. Je hebt niets te verliezen hoor An!'

'Je hebt gelijk, Fio, maar toch maak ik me druk. Ik wil die baan en het zal me lukken!'

Na de test ga ik naar Caffè Nero waar Fiorenzo op me wacht. Daar krijg ik spoedig een telefoontje met het nieuws dat de test prima verlopen is en dat de directeur en een manager mij over veertig minuten verwachten voor het laatste gesprek. Fiorenzo en ik zijn verwonderd en blij met dit goede nieuws.

'Nu mag ik het niet meer verknallen. Eenmaal zover gekomen, moet ik die baan zien te pakken. Wat denk je Fio, gaat het me lukken?'

'Ik weet zeker dat het je lukt, je bent zo vastbesloten.'

Wat een maf effect heeft deze poppenkast op mij. Het is een opvoeren van spanning naar een torenhoge toestand.

Op het moment dat ik bijna knap van de zenuwen, zie ik het ineens: het is een test. De hele sollicitatieprocedure is een test! Er waren gaandeweg kandidaten afgewezen en verschillende kandidaten zijn uit zichzelf gestopt omdat ze de druk niet aankonden. Straks moet je zelfstandig een hoge werkdruk aankunnen met verantwoording en deadlines. Als je door deze stressvolle dagen heen danst, is het voor hen een bewijs dat je stressbestendig bent. Natuurlijk, ik snap het! Door deze visie word ik meteen rustig, een glimlach komt terug op mijn gezicht en ik voel me klaar voor de allerlaatste ronde.

Een dame loopt voor me uit naar het kantoor van de algemeendirecteur. Ik zou me nerveus moeten voelen, maar voel me alles behalve dat. Ik stap het kantoor binnen en de dame stelt me voor aan de directeur en aan de manager. Vervolgens neem ik plaats tegenover hen.

'Ben je nerveus, Anja? En vond je de afgelopen dagen stressvol?'

'Nee, ik ben rustig en ik heb me de afgelopen dagen uitstekend vermaakt. Het is een uitdaging voor mij sinds het moment dat ik tijdens de presentatie van het bedrijf had besloten deze baan te willen.'

De directeur is duidelijk niet voorbereid op dit antwoord, maar is wel gecharmeerd. Hij kijkt zijdelings naar de manager, die aantekeningen maakt. Het gesprek verloopt steeds soepeler en ik voel me op mijn gemak.

'Wat voor carrière zie je voor jezelf binnen ons bedrijf en wat is jouw te bereiken doel binnen twee jaar?'

'Mijn doel is om u uit die stoel te werken'

Mijn reactie is snel en spontaan en daarmee schieten we alle drie in de lach.

Hiermee is het gedaan, ik krijg de baan! Nu is het enkel wat formaliteiten uitwerken en het loon bespreken. In korte tijd zijn we eruit en ik kan volgende week starten. Ik ben aangenomen en hoef niet eens vier dagen op antwoord te wachten. Ik voel me geweldig!

Fiorenzo heeft een restaurantje gereserveerd voor een etentje.

'Jeetje, besef je het Anja, je hebt een baan, een kantoorbaan in Engeland! We hebben drie aangelegenheden te vieren: mijn verjaardag, jouw baan en de verhuizing van hotel naar woning. Een verjaardag die ik niet snel zal vergeten.'

'We hebben inderdaad genoeg om op te proosten. Het was hectisch, maar nu kunnen we rustig gaan genieten, jarige job!'

Trots op mezelf en uitgelaten van blijdschap huppel ik voor Fiorenzo uit. Ik kan het niet geloven, volgende week zit ik op kantoor!

Door de bittere situatie waarin we ons bevinden, is het telkens zoeken naar de juiste woorden die weergeven wat de impact van de gebeurtenissen uit het verleden op ons is. Doordat we volledig uit ons evenwicht geslagen zijn, voelen we ons instabiel en we vechten vol onmacht met de radeloosheid. Teleurgesteld, boos en vooral eenzaam staan we in deze strijd. In ons Italië was het onveilig. Jezelf veilig voelen is niet altijd vanzelfsprekend, maar wel van het grootste belang. Het is moeilijk te leven in een omgeving waar je je bedreigd en onbeschermd voelt. Zelfs de wet geeft ons niet direct bescherming waar we als benadeelde burgers recht op hebben en duwt ons in een bureaucratische, papieren molen die meer draait om geld dan om recht. Een hopeloze situatie.

Ons geluk is dat we de ingeving kregen onze koffers te pakken en te vertrekken. Op zich een absurd plan, want wie vertrekt er nou wanneer hij niet meer functioneert? Om je koffers te pakken en je huis met al je spullen achter te laten is als een onoverzichtelijke sprong in de diepte. Alles laat je achter, behalve het probleem. Dat glipt schofterig tussen de sokken en de onderbroeken de koffer in, om bij aankomst er weer even schofterig als eerste uit te springen om zich opnieuw aan ons vast te kleven. Radicaal uit de situatie stappen, dat was het in feite. Natuurlijk is daarmee het geval niet opgelost, dat snappen we heus wel. We zouden de ellende in een andere dimensie zien en beleven. Het zou in ieder geval niet het enige zijn waar we dag en nacht mee bezig zouden zijn. Het grootste deel van onze concentratie moesten we gaan gebruiken voor werk, communicatie en het verkennen van de nieuwe omgeving. Door tijdgebrek zouden we het probleem zelfs in stukken moeten hakken. Steeds zouden we een stukje van de kwestie onder handen nemen en daar aan werken. Tijdens een strandwandeling, de uurtjes in de sportschool of gewoon tussen de dagelijkse drukte door. Zo zou het moeten werken, zo hadden we het bedacht. Een beproeving die ons volledig absorbeert zou op deze manier naar de achtergrond worden gedrukt, alsof het niet meer het allerbelangrijkste is. We staan er nu verder vanaf en we hebben niet meer het idee rechttoe een oplossing te eisen. Op deze manier worden we geforceerd de situatie te aanvaarden, iets wat echter niet een, twee, drie gebeurt.

Deze radicale verandering van woonomgeving heeft een wonderbaarlijk effect en zal ons direct bescherming bieden omdat wij niet snel te bereiken zijn. We hebben ons hiermee meteen afgeschermd voor mogelijk vers kwaad en onrecht. Het stuur hebben we op deze manier weer in eigen handen en we beslissen zelf waar we vanaf nu naartoe gaan. Dat voelt goed. De kwestie is en blijft gecompliceerd en het bij voorbaat weten dat er geen oplossingen zijn, maakt het niet gemakkelijker. Het maakt niets uit wat er verder gebeurt, of wat de uitkomsten worden, we hebben op voorhand verloren! Niets in het leven, helemaal niets mag ouders, broers en dochters als tol eisen! Dat is onaanvaardbaar, want wat zou het kunnen zijn dat de morele waarde zou kunnen overschrijden?

Toch is dit nu eenmaal de stand van zaken en we moeten leren accepteren dat dit alles is gebeurd en onveranderd blijft. Gedane zaken nemen geen keer. Er worden geen alternatieven geboden, dit moeten we onder ogen zien, willen we verder kunnen met ons leven.

Dergelijk aanvaarden, in een vorm van erkennen, is een proces. Het is een lange, bijna onmogelijke tocht. De kunst is eruit te komen. Het gebeuren, met zijn definitieve gevolgen, erkennen en accepteren. Realiseren wat zich heeft afgespeeld en zien hoe nu de kaarten liggen om er het beste van te maken. Er moet een systeem bedacht worden dat het drama, het negatieve ombuigt naar een positieve bodem voor een nieuw begin. Ons leven zal nooit meer zijn wat het was, zal nooit worden wat we hadden verwacht, dat is besloten door anderen. We zitten met de brokstukken, en al lijmen we ze, het is en blijft kapot. Onze focus verleggen, andere waarden gaan verwezenlijken, bewust dankbaar zijn voor wat we wél hebben. Tellen wat over is en niet tellen wat we missen. We zijn dit onszelf verplicht. Van al wat er in ons leven voorvalt, behoren we te leren en we moeten ons waar mogelijk steeds verbeteren. Nu willen we ons gaan concentreren op een andere invulling die we zullen gaan geven aan dit enorme gat dat is geslagen. De krater is groot, daarom zijn er mogelijkheden te over om de leegte op te vullen. We moeten aan de slag, voordat we erin vallen! Dit is het leven, we moeten verder. Lieverkoekjes worden er immers niet gebakken, voor niemand.

De vrijheid van het schrijven is geweldig. Gewoon met tikkende vingers aanhollen achter mijn denkbeelden. Gedachten zijn heerlijk ingeval je ze doende laat. Mijn vingers houden, al is het met moeite, mijn gedachten bij met het typen van wat zich op interessante wijze samenklontert in mijn hoofd. Veel gedachten zijn belangwekkend of merkwaardig genoeg om te delen. Duizenden mensen met de meest gevarieerde ervaringen houden alles voor zichzelf. Er zijn volop raakvlakken die hunkeren naar openheid, eerlijkheid en overzicht. Er zijn complete verwerkingsprocessen, bewustwordingen, een ongelimiteerde verscheidenheid aan problematieken, wetenswaardige beschouwingen die allemaal verborgen blijven. Het zou beter gedeeld kunnen worden met de rest van de wereld. Het kan anderen helpen of begeleiden, het kan alles vereenvoudigen. De ander kan de zaken in een alternatief perspectief leren zetten, het kan taboedoorbrekend zijn, misschien zelfs schrijnende situaties voorkomen. Het frappante is dat uiteindelijk alles wat ik schrijf aaneen geschakeld zit. Ik denk dat alles op de wereld uiteindelijk met elkaar verbonden is en dat alles op elkaar invloed heeft. Informatie delen en spreiden is van groot belang voor de mensheid.

Zo lang de mens bestaat, zijn we bekend met de twee sterke tegenpolen: vreugde en verdriet. Alle mensen worden immers met beide emoties geconfronteerd. Ik sta op de klif en kijk aan de ene kant op de stad en aan de andere kant over de oceaan. Hoeveel mensen hebben hier niet gestaan, met hun vreugde of met hun verdriet? We hebben allemaal wel iets van het een en iets van het ander in de koffer van het leven. We kunnen de wereld rondreizen, maar onze koffer slepen we mee. Het zijn de vreugde en het verdriet die belevenissen inkleuren en beïnvloeden. Dat fascineert me. In hoeverre kunnen we dit zelf beïnvloeden?

Met deze gedachte blijf ik een poosje dromerig voor me uit kijken, tot mijn aandacht getrokken wordt door de verlichting van de stad. Ik probeer me voor te stellen hoe het vroeger was, voordat er wegen en treinrails aanwezig waren. Mijmerend zie ik voor me hoe de mensen richting land voeren en hoe anders het zicht op Bournemouth moet zijn geweest. Ik zie voor me hoe de boten aanlegden aan de pier om zo de passagiers aan land te laten gaan. De mannen in driedelig pak, met hoge hoed en wandelstok. De vrouwen in romantische lange jurken en met het van oude films bekende parasolletje tegen de zon. Ondenkbaar dat er, voordat de pier gebouwd werd, geen leven was in deze streek en dat de stad niet eens bestond.

Hoelang is de schoonheid van de omgeving genegeerd, als Bournemouth vanaf het begin van achttienhonderd bestaat? Deze stad was ongetwijfeld vanaf het eerste moment een inspirerende en adembenemende plaats. En ondanks dat er ondertussen van alles aangepast en veranderd is, is dat zo gebleven.

Vanaf de eerste keer dat Fiorenzo en ik de stad inliepen, zijn we onder de indruk van de aantrekkingskracht en allure. Ik vergeet nooit hoe we met open monden naar het natuurschoon keken en naar de kilometers lange kustlijn. We waren betoverd door de bomen, de parken, de kliffen. Mijn hart is gaan bruisen in deze stad. Aanhoudend voel ik me geïnspireerd. Wat een voorrecht om nu hier te staan met mijn IPad, om vast te leggen wat ik zie. En wat ben ik dankbaar nú te leven. De oceaan is machtig, vol kracht, levendigheid, passie en verhaal. Het is niet voor niets dat vele artiesten, schrijvers en dichters vroeger massaal naar deze inspiratiebron trokken. De Victoriaanse stijl, die duidelijk terug te vinden is in vele huizen en gebouwen, geeft de stad een eigen sfeer.

We lopen langs een theater waarvan we enthousiast een programmaboekje meenemen. Al lopend kijken we het in en we kiezen beiden iets uit het programma. We gaan voor The Mousetrap van Agatha Christie en voor een avondje Alan Carr, een komiek. Dwars door de wintertuinen lopen we richting het park waar ik met genoegen kijk naar de gigantische luchtballon, de beroemde 'Bournemouth Eye'. Het doet me denken aan Londen, omdat ook die stad als attractie voor zijn toeristen een 'eye' heeft. Vanwege het succes daarvan bedacht Bournemouth een variant op deze geldmachine. Londen heeft een reuzenrad dat een spectaculair uitzicht geeft op Londen en de Thames. Bournemouth heeft een luchtballon die hoog genoeg opstijgt, vast aan een stalen kabel, om een verbluffend uitzicht te geven over de stad zelf, de kustlijn en omgeving.

Naast de attractie staat een groot reclamebord dat er gister nog niet stond. We lezen het programma van de eerste lenteactiviteiten. Tevreden lopen we verder, blij dat we deze gezellige en levendige stad als nieuwe woonplaats gekozen hebben.

Geregeld ontdekken we met plezier verfrissende tendensen en voor ons onbekende gewoonten. In Italië zouden we nooit zoiets doen.

Daar doet men zoiets eenvoudigweg niet. Hier doen ze het massaal. Tussen het winkelen door, of tijdens de lunchpauze van het kantoor, heerlijk jezelf languit neervlijen op het grasveld van de stadsparken. Zodra de zon tussen de wolken tevoorschijn piept, zie je het gras niet meer door de mensen die daar picknicken of gewoon even dutten. Mensen van het kantoor in pak nemen ongestoord in kleermakerszit plaats op het gazon. Ze trekken hun schoenen en sokken uit zoals in de films en drinken koffie uit een kartonnen beker van Starbucks. Automatisch passen we ons aan en binnen korte tijd vinden we het cool. We hebben de kans om Bournemouth een jaar te beleven door er te wonen en te werken tussen de lokale bevolking. We zijn erkentelijk voor alles wat de stad ons te bieden heeft en we zijn in onze sas omdat we ons er buitengewoon goed voelen. Het is voor ons een stad geworden met een diepe betekenis. In de toekomst zullen we er regelmatig terugkeren, al is het maar voor een simpele onderbreking, op zoek naar dat bevrijdende gevoel dat we er nu hebben.

Het is weekend, we zoeken naar een goede plek waar we een hapje kunnen eten. Bournemouth staat bekend om zijn uitgaansleven, dat te vergelijken is met het Brabantse carnaval, maar dan ieder weekend. Het is lachwekkend te zien hoe de mensen het weekend doorbrengen. Groepen jongeren, compleet verkleed in pakken van de meest uiteenlopende personages trekken van kroeg naar kroeg en zuipen als ketters. Daarbij maakt het niet uit of ze vrouw of man zijn, jong of oud. Spijtig dat deze stad hiermee zijn drankprobleem blootlegt. Velen worden erdoor geteisterd. Er bestaan televisieprogramma's die het uitgaansleven tonen, met het doel om de jongeren bewustzijn bij te brengen. Ze zien in nuchtere staat terug wat de drank met hen doet. Ze hebben daar geen benul van. Dit geeft hun per direct een schaamtegevoel. Het feit dat ze zich na een avond uit amper iets kunnen herinneren en dat ze soms verbluft kijken naar beelden die van hen gemaakt zijn, wijst ze erop dat het drinken niet meer leuk is. De televisiecamera filmt alles en toont dat later aan de betrokkenen, wat zorgt voor een schokeffect. Aan dit drankprobleem zit ook gekoppeld dat er een omvangrijke groep jonge moeders bestaat die niet eens weten wie de vaders van hun kinderen zijn. De meeste jongeren zoeken een uitweg uit deze vernietigende toestand. Dat ze gevoelig gemaakt worden voor deze problematiek is een uiterst goede zaak. Het is geweldig dat deze gefilmde jongelui in aanmerking komen voor gratis professionele hulp. Het zal jaren duren voordat er daadwerkelijk verbetering merkbaar zal zijn, omdat meestal ook hun ouders kampen met een drankprobleem, en dat compliceert de zaak. Het belangrijkste is dat er een keerpunt is bereikt.

Engeland staat bij de Italiaan niet hoog op de ranglijst wat lekker eten aangaat. Toevallig vinden we een kleine romantische pub, waar we heerlijk kunnen eten. Na afloop wandelen we voldaan de stad uit en het is een verademing dat iedere stap ons verder van lawaai en chaos brengt. We gaan door het park, wat ik eng vind in het donker. Een onbehaaglijk gevoel overmant me en ik knijp in de zij van mijn man. Ik versnel mijn pas naarmate ik mijn angst voel groeien.
'Doe gewoon rustig An, er zal heus niets gebeuren, er zijn nota bene overal camera's.'
'Dat wil niets zeggen, ik hoorde op mijn werk dat er vorige maand iemand vermoord is in het park. Dan heb je niets aan die opnamen, dood is dood.'
'Ja, daar heb je een punt. Toch moet je er vertrouwen in hebben dat er niets gebeurt, het is onze tijd nog niet om te gaan.'
'Grapjas, spot er maar niet mee, stel dat er toch iets gebeurt!'
Als we het park door zijn en we lopen een bewoonde woonwijk in, stop ik en omhels Fiorenzo, die mijn omhelzing beantwoordt. Die regelmatige 'abbracci forti' zeggen meer dan duizend woorden. We staan onder een lantaarnpaal en Fio zegt dat we mooi op de

film staan. Ik kijk omhoog en zie een camerabol hangen. Ik zwaai.
'Kom op, doe niet zo gek!'
Fiorenzo trekt me mee.
'Straks komen ze je opladen!'
Ik schud mijn hoofd en ga gedwee mee, mijn gedachten blijven
achter bij die camera's, waar Fio en ik het al vaker over hebben
gehad. Bij aankomst, hadden we moeite met het waterdichte netwerk van CCTV camera's, die werkelijk overal hangen: in parken,
op de promenade, in de winkels en bussen, op strategische punten
in straten en op pleinen. Het is moeilijk als je dat niet gewend bent.
Het geeft een ongemakkelijk gevoel, omdat je het idee krijgt hiermee een stuk privacy te verliezen. We komen ook camera's tegen
in sportscholen, pubs, hotels, treinen, winkelcentra, tankstations en
op de autowegen. Werkelijk alles is ervan voorzien. Er is geen ontkomen aan en dat was vooral in de beginperiode iets om gek van
te worden. Je wordt continu gevolgd en in de gaten gehouden. Ze
weten wanneer je naar je werk gaat, hoe je gaat, waarlangs en hoe
laat je weer buiten staat. Het maakt niet uit waar je naartoe gaat, ze
volgen je afgelegde traject dag en nacht. Nooit kunnen ze je uit het
oog verliezen, of enkel op het toilet omdat daar geen camera hangt.
Toch, als je erheen loopt hangt er wel degelijk ergens een, waardoor ze weten wanneer jij geweest bent en waar je zat. Het wennen
gaat moeizaam, maar sinds onze ervaring met de tas is het een stuk
gemakkelijker geworden om die altijd aanwezige spion te waarderen.

Een poosje geleden kwamen we teruglopen van mijn werk en we
waren allebei moe en gespannen van de week die we erop hadden
zitten. Een avondje ontspanning zou ons goed doen. We zijn niet
gewend om uit te gaan, we waren gewend alles samen te doen met
ons gezin. Thuis maakten we het gezellig voor onszelf, onze kinderen en vrienden. Nu hadden we schik bij de gedachte om samen
uit te gaan. Enkel het idee dat we kunnen doen wat we willen is al

een verleiding. Ik sputterde nog wat tegen.

'Het is wel zo dat we bijna vijftig zijn, hoor. We zijn daarom sneller aan het eind van onze dagelijkse beschikbare dosis energie. Weet je dat?'

'Geen gezeur An, hup, douchen jij. Je bent aan de beurt!'

Door het pittige optreden van Fio stonden we binnen een uur gekleed en wel, hand in hand op de stoep, klaar om de pub in te duiken. Zenuwachtig als twee onwennige tieners liepen we druk kwebbelend naar een gezellige zaak. De muziek was van ver te horen en bij de ingang zagen we twee portiers staan. Het maakte allemaal indruk op ons en omdat we in het uitgaansleven zo groen zijn als gras, snapten we de grap niet die de portier maakte. Hij vroeg mijn identiteitskaart om te controleren of ik boven de achttien jaar ben. Ik pakte de kaart bloedserieus uit mijn tas, ik was erop geconcentreerd mezelf gehoorzaam en correct te gedragen, waarop die twee in de lach schoten en ik me onnozeler voelde dan ooit.

Al snel zaten we aan een groot glas ale, een typisch Britse biersoort. Aanvankelijk smaakt het walgelijk, omdat het lauw gedronken wordt. We pasten ons aan, zaten met 'locals' aan een tafeltje en in no-time stonden we op de dansvloer. Er werd herkenbare muziek gedraaid uit de jaren tachtig en daardoor voelden we ons snel op ons gemak. We beleefden dit uitgaan op een intense manier. Er waren nummers bij die ons raakten, emoties opwekten en herinneringen opriepen. Mooie herinneringen, precies wat we nodig hadden. Het blije, uitgelaten gedrag van de mensen om ons heen werkte aanstekelijk. We waren gelukkig, al was het een momentopname. Die sterke sensatie gaf opluchting, omdat we ons er bewust van waren dat het nog kon. We konden ons weer gelukkig voelen, het kwam blijkbaar terug! We hadden gedacht dat het nooit meer mogelijk zou zijn.

Wanneer het te druk werd op de dansvloer en alcohol bij velen een rol ging spelen, stelde Fio voor wat te gaan eten in het achterste gedeelte van de zaak. De decibellen van de muziek waren intussen opgeschroefd naar onze limiet. Tussen de hobbelende, dansende en licht aangeschoten mensen door, schuifelden we naar het rustiger gedeelte van de pub en bestelden er fish and chips met nog een ale. We smulden ervan, terwijl we een gezellig gesprek voerden. Het was tien voor twee geworden en we vonden het welletjes. Licht duizelig stonden we op, 'geen alcohol gewend' stond op ons voorhoofd geprent en zo dwarrelden we richting de uitgang.

'Fio, mijn tas!' Had ik geroepen. Ik had hem al die tijd laten staan waar we ons eerste biertje hadden besteld.

Een steek ging door me heen, want afgezien van mijn portemonnee en bankpasjes zaten er mijn rijbewijs, paspoort, sleutels en mobieltje in. De man achter de bar nam ons direct mee naar een kamertje en riep een van de portiers erbij. Gedetailleerd gaven we een beschrijving van de tas en de inhoud.

De portier liet een tas zien, het was die van mij! Ik slaakte een zucht van verlichting. We moesten wel controleren of er niets ontbrak. Ingeval er iets zou ontbreken, konden we samen met hem kijken naar de opnames van de CCTV-camera's en zien wat er gebeurd was met de tas nadat wij hem hadden achtergelaten. Dat was onnodig, er ontbrak geen penny! Iemand denkt wel tien keer na voordat hij daar zijn vingers aan brandt met al die camera's. Inderdaad, als we met een nieuwe bril op rondkijken, zien we hoe weinig vandalisme er in Engeland is. Wonderlijk, het functioneren van die camera's, idioot dat het zo ver heeft moeten komen.

Shoppen, staat er op ons programma. En ik houd mijn hart vast. Engeland hanteert dresscodes bij het geven van diners of feesten en ze zijn vereist op de werkvloer. Dit laatste staat direct in verband met de populariteit van tatoeages en piercings. Op kantoor wordt het meestal niet getolereerd wanneer piercings en tatoeages zichtbaar zijn. Een lange mouw, dichte kraag en bij de vrouw een sjaal om de hals lossen het voor het grootste gedeelte op. Verder heeft de dresscode op kantoor te maken met de invloed die kleding heeft op jouw houding, overtuigingskracht en zelfvertrouwen.

Als er een dresscode wordt gehanteerd, ben je verplicht je daaraan te houden. Iedereen die overdressed of underdressed op kantoor komt, kan hiervoor op eigen kosten naar huis worden gestuurd om je om te kleden. Dresscodes zijn een algemeen gebruik. Deze afspraak over een kledingstijl moet gezamenlijk worden gerespecteerd. Sommige kantoren hanteren smart casual en kleinere kantoren kunnen meestal genoegen nemen met casual kleding. Casual staat voor informeel en lekker losjes, meer een vrijetijdskleding waarbij zelfs een jeans met T-shirt is toegestaan. Smart casual betreft een ietwat meer verzorgde dagelijkse kleding, waarbij de heren zich kleden in een jasje met een bijpassende katoenen broek. Een stropdas is meestal niet vereist. De dames kunnen zich kleden in een jurkje, een mantelpakje of een losse rok of broek met een jasje. Jeans is niet toegestaan. Smart casual is de fijnste dresscode voor wie gevoelig is voor mode en de daaruit voortvloeiende trends.

Het bedrijf waar ik terecht gekomen ben hanteert business formal atire en daarbij wordt verwacht dat de vrouw zich kleedt in een pak met rok of broek. Hoe donkerder de tint, des te formeler de uitstraling. Make-up, dichte schoenen met een hak en accessoires worden in een smaakvolle stijl gecombineerd. De heren dragen eveneens bij voorkeur een donker pak met overhemd en een zijden stropdas. Het heeft wel wat, maar tegelijkertijd is het vervelend omdat ik enkel één pak in mijn koffer had gestopt dat aan de eisen voldoet. Eerlijk gezegd heb ik verder geen donkere pakken. In mijn dagelijkse leven ben ik meer een type voor vlotte vrijetijdskleding. Daar voel ik me prettig in. Vervelend idee om te starten met werken zonder dat ik een extra pak heb om te kunnen afwisselen.

In Italië heb ik doorgaans moeite om een pak te vinden dat lekker zit en deugdelijk staat. Omdat de Italiaanse modewereld botweg op arrogante wijze de vollere dames discrimineert. Een volslanke vrouw wordt behandeld als een buiten de boot vallend exemplaar. Walgelijk is dat, temeer omdat er vele dames zijn als ik. De modewereld in Italië wordt beheerst door mannen en zo lang dat zo is, bepalen zij onze grenzen, althans die van de daarvoor gevoelige vrouw.

De bekrompen en beknelde sfeer die in Italië rond de kleding van de vrouw hangt, was voor mij de aanleiding om daar destijds een grote maten kledingboetiek voor dames te openen. Het waren ruim tien waardevolle jaren waar ik regelmatig trots en blijmoedig aan terugdenk. Nu, acht jaar nadat ik de winkel heb verkocht, kom ik nog geregeld klanten tegen die met vreugde terugdenken aan het fantastische winkeltje met de heerlijk zittende modieuze kleding. In de tijd dat ik de winkel had, was er in Italië nauwelijks aanbod in grote maten. Ondertussen wordt door een handjevol bekende vrouwelijke Italiaanse modeontwerpers beter in de voortdurend groeiende vraag voorzien.

In Nederland is het telkens prettig winkelen voor me en ik vind daar met gemak wat ik wil. Die ervaring heb ik uitsluitend in Nederland en Duitsland. Omdat ik in Italië leefde, heb ik automatisch de overtuiging dat de rest van de wereld is zoals daar. Je krijgt het idee dat je je moet excuseren voor je overgewicht. Je leert dat slagen voor een broek of rok voor jou niet vanzelfsprekend is. Daar komt bij dat wanneer ik in Italië iets vind dat past, ik daar dik voor moet betalen. Alsof die paar centimeters stof extra, de prijs bepalen. De krankzinnig hoge prijzen neem je op de koop toe, blij een kledingstuk gevonden te hebben dat dicht kan. Ik weet niet wat ons in Engeland te wachten staat, het is in ieder geval niet de bedoeling dat ons werk een dure hobby gaat worden. Ik heb een paar keurige zwarte broeken in de koffer zitten die allure genoeg hebben om onderdeel te kunnen zijn van een pak. Ingeval ik er een pak en een los jasje bij zou kunnen kopen, kan ik een uitstekende start maken op het kantoor.

Bij Caffè Nero laten we ons adviseren waar we het beste naartoe kunnen gaan. Agnes zegt dat Primark het einde is voor goedkope pakken. Wat ik zoek is een snit naar tevredenheid en een fijne stof. Ik denk daarbij eerder aan een middenklasse prijs. Mark & Spencer en Debenhams zouden in dit geval een prima keuze zijn, volgens de dames. Of The house of Fraser, die daar net iets boven zit. De stad is groot en nog niet overzichtelijk voor ons.

Hier zijn andere ketens met namen die we in Italië niet kennen. Eerst komen we langs Mark & Spencer, we neuzen rond en vinden al snel de rekken met damespakken. Ik pak een antracietkleurig, krijtstrepen jasje dat me aanspreekt door de niet klassieke, onregelmatige streep en schiet het aan. Het zit wat krapjes en ik pak rechttoe een maatje groter. Ik heb geen idee hoe die Engelse maten in verhouding staan tot de Italiaanse of Nederlandse.

Ik loop terug naar de spiegel en voel me prima in dit jasje. Omdat het jasje net niet dicht kan, staat het mooi op de schouders, over de rug en in de taille. Dit bevalt me en ik ben sowieso niet het type zo'n jasje dicht te dragen. De blik van Fiorenzo is goedkeurend en hij komt al aanlopen met de bijpassende broek. Ik ga naar de paskamers en ja, ik kan erin! Het staat me meteen helemaal business formal atire-achtig, precies wat het moet zijn. Ik bekijk de prijs en vraag aan de verkoopster of het klopt. Volgens haar zou de prijs op het kaartje voor het complete pak zijn, we fronsen vol ongeloof onze wenkbrauwen. Dit is een koopje ten opzichte van de prijzen die we gewend zijn in Italië! Bekoord door het grote aanbod in mijn maat en de voor ons lage prijzen, kopen we er gelijk wat pittige bloesjes en tops bij. We lopen door de schoenenafdeling en raken verrukt van een paar opvallende antracietkleurige, hoge hakken. Ze zijn subtiel met vuurrood gestreept. Geweldige eye catchers, die ik helemaal zie zitten onder dat serieuze, zakelijke pak. Ze zouden uitstekend passen bij de gestreepte blouse in dezelfde kleuren die ik zojuist heb gekocht. De prijs doet ons tevreden glimlachen en hup, we nemen ze erbij!

Op naar Debenhams. Daar vind ik een opvallend mooi zwart, getailleerd jasje dat me als gegoten zit. Pittig accent, die schuine ritszakjes. Het jasje is net zo duur als het hele pak van Mark & Spencer, maar het is een prima basisjasje om met mijn zwarte broeken te dragen, dus afrekenen en wegwezen. Opgelucht schiet ik onder de arm bij Fiorenzo.
'Ik trakteer op een lekker kopje thee Fio, want dat hebben we verdiend.'
Fiorenzo stribbelt niet tegen en zo gaan we op zoek naar een gezellige tearoom. Eenmaal neergestreken op de lederen bank, voelen we hoe vermoeiend winkelen is. We bekijken wat we allemaal gekocht hebben en ik voel mijn wangen rood worden van opwinding en blijdschap. Het is een schande dat Italië zo vervelend duur moet zijn en zo beperkt in aanbod.
'Belachelijk dat Italië de verkoopprijzen hoog houdt, terwijl wij consumenten toch wel weten dat alle mode in dezelfde verre landen wordt geproduceerd. En dan tegen betaling van hongerlonen.'
'Door de koloniën die Engeland vroeger had en door het vroegere

bezit van Hongkong zijn er waarschijnlijk afspraken gemaakt met meerdere landen onderling, waardoor ze concurrerender kunnen zijn dan andere westerse landen.'

'Tja, maar het uiteindelijke prijsverschil met Italië is daar niet alleen aan te wijten.'

Ik schenk mijn tweede kopje thee in.

'Weet je wat we doen Firenz, wanneer we weer terug in Italië zijn?'

Ik zie hoe zijn gezicht verandert van ernstig naar nieuwsgierig.

'We zullen geregeld naar Engeland vliegen voor een gezellig weekendje shoppen. Wat we daarmee zullen besparen is meer dan de reis alleen. Wat denk je hiervan?'

Zijn gezicht betrekt en ik krijg het idee dat ik dit voorstel verkeerd heb getimed. Hij zit nog vol van het winkelen en shoppen is niet bepaald zijn favoriete bezigheid.

'We zullen vast geregeld terug naar Engeland vliegen An, ik hoop alleen niet dat we dat enkel zullen doen om jouw koophonger te stillen.'

Dit komt over alsof ik een koopziek persoon ben, iemand die zich alleen maar bezighoudt met winkelen en vergaren. Ik erger me aan zijn vervelende reactie, waarop ik normaalgesproken direct in de verdediging schiet. Nu wil ik allesbehalve een conflict. Ik voel me dolblij met mijn nieuwe spulletjes en dat wil ik zo houden.

'We zien het wel tegen die tijd. In ieder geval bedankt Firenz, voor je geduld.'

Ik trek hem naar me toe en geef hem een kus. Direct is Fio hierdoor beter gestemd.

'Daar hoef je me toch niet voor te bedanken, zotteke!', antwoordt hij, terwijl hij mij tevreden een paar goedkeurende klapjes tegen mijn dijbeen geeft. Daarmee is de onverwachte spanning die zich opbouwde weer volledig uit de lucht.

Terwijl ik mijn intussen koud geworden thee drink, bedenk ik dat het uiterst interessant is de verschillen tussen landen te kunnen waarnemen en beleven. Ik voel me dankbaar en blijmoedig voor deze geboden mogelijkheden. Plotseling beleef ik hierdoor een happy moment. Ja, ik voel me intens gelukkig uit dankbaarheid. Een ervaring om bij stil te staan, want niet alles is zo voor de hand liggend.

Door stil te staan en bewust te worden, ga je inzien dat je genoeg hebt om dankbaar voor te kunnen zijn. Als dat gelukkig maakt, ben ik gek daar niets mee te doen. Geluk en je gelukkig voelen, hoe vaak zoeken we niet naar de weg? We maken het ons te moeilijk, we zoeken te hard. Ik, die alle redenen heb om diep ongelukkig te zijn, omdat ik twee dochters heb verloren, kan me toch gelukkig voelen! Iedereen kan daarom in alle omstandigheden gelukkig zijn.

Dit doet me denken aan de onvergetelijke film met Roberto Benigni in de hoofdrol: La vita è bella. Een film die verhaalt van het leven van een vader en zijn zoontje in een concentratiekamp tijdens de Tweede Wereldoorlog. Over hoe de vader geluksmomenten realiseerde in het concentratiekamp, hoe dramatisch de situatie ook was. Deze film is me bijgebleven. Jaren later in een interview hoorde ik een nabestaande van een concentratiekamp hetzelfde beweren: mensen in een concentratiekamp beleefden momenten van intens geluk, meestal gebaseerd op dankbaarheid. Ze vertelde dat ze zich verwaarloosd en vies voelde na weken in een kamp te hebben gezeten zonder de mogelijkheid zich te kunnen wassen. Iemand gaf haar een piepklein stukje zeep en wat water. Ze voelde zich daardoor als herboren en beleefde een moment van intens geluk. In eerste instantie vond ik dat moeilijk te begrijpen. Nu ervaar ik wat het achterliggende sentiment is. Geluk zit overal! Als we het maar zien, voelen, tot stand brengen en pakken!

We lopen met onze tassen richting de autobus en komen zo precies voorbij de Primark. We zijn benieuwd naar wat de Britten verstaan onder goedkoop, als voor ons hun middensegment al voordelig is.

We stappen binnen en vallen van de ene verbazing in de andere.

In Italië bestaat deze keten niet en het is voor ons daarom een hele ervaring om geconfronteerd te worden met de idioot lage prijzen die deze keten hanteert. Ik zou er een pak kunnen kopen voor een bedrag dat amper een derde is van het pak dat we zojuist gekocht hebben. Al zijn ze niet helemaal vergelijkbaar in kwaliteit en stijl, het blijft toch indrukwekkend. We lachen ons een bult bij het zien van de huispakken die de Britten zowel thuis dragen als tijdens het uitgaan in het weekend: een beer, aap of leeuw in dik pluche, en dit alles in maten voor volwassenen. Weer een wereld van verschil met het bedeesde en ingehouden Italië. Wie zou daar een dergelijk pak kopen en dragen? Niemand, no way!

Het is akelig om al die spullen te zien voor die onmogelijk lage prijzen. Waarom is er zo'n prijsverschil tussen soortgelijke artikelen in de verschillende Europese landen? We weten heus wel dat alles van dezelfde producenten komt. Soms kan het prijsverschil met kwaliteit te maken hebben, al is het verschil in kwaliteit daarvoor meestal te subtiel. Er liggen grappige kussens met een print erop van Engelse buldoggen. Ze zijn te koop voor een bedrag waarvoor je nog geen garen en rits kunt kopen. Wat kunnen ze daar nog op verdienen? Iets verderop liggen vijf paar sokken voor nog minder dan de prijs van een klosje garen. Vind je het gek dat niemand zijn sokken stopt? We staan intussen draaierig buiten. De Primark-werkelijkheid doet ons snakken naar adem. Blij met de buitenlucht zoeken we stil elkaars hand.

Ik weet dat we hetzelfde denken. Waar moet dit naartoe en waarom worden de mensen zo aangespoord te consumeren? Wie zijn de mensen die hiervoor worden uitgebuit? Nee, we konden daar geen penny uitgegeven krijgen. Het staat haaks op onze gevoelens in het algemeen. Het contrast is te groot voor mensen zoals wij die gewend zijn aan het hypocriete Italië, dat net zo hard misbruik maakt van goedkope productielanden, maar dit doet zonder dat openbaar te tonen. In Italië betaalt men veel te veel voor het product, wat de consument het idee geeft een eerlijk product te kopen. Het grove geld gaat in de zak van de winkelketens en de multinationals, niet in die van de arbeider die onder waanzinnig slechte omstandigheden werkt in de eerste schakel: de productie. In ons hart weten we dit, we kopen als het ware onze schuldgevoelens af, we stoppen massaal onze kop in het zand en dat is deerniswekkend.

We zien de stroom winkelend publiek voorbijlopen als we op een bankje zitten aan de rand van het park en het valt me op dat, alweer in tegenstelling tot wat we gewend zijn in Italië, hier jong en oud eten en drinken op straat. In grote steden zoals Milaan, Rome en Venetië kom je onder toeristen dit fenomeen tegen, maar in gewone steden absoluut niet. Het valt ons op dat werkelijk overal eten en drinken te koop worden aangeboden, ook als daar geen aanleiding toe is. Ingeval ik een boekenzaak binnenga, denk ik er een boek te kopen. Ik ben daarom verbaasd en uit mijn concentratie wanneer ik oog in oog kom te staan met een grote koeling vol voorverpakte sandwiches, belegde broodjes en frisdranken. Iets verderop worden de boekenrekken wederom onderbroken door een uitgesproken aanbod aan chocoladeproducten, chips en snoepgoed. Wat voor effect heeft dit bewust en voortdurend confronteren met voeding op de bevolking? Belicht ik hiermee opnieuw een stukje problematiek voor de Britten? Dat doorlopend verleiden van de mensen en het aansporen om continu te eten tussen maaltijden door heeft in ieder geval zichtbaar zijn effect.

Het is eind maart, Fiorenzo en ik hebben het koud. Er schijnt een mager zonnetje, ik schat dat het rond tien graden is. We staan daarom versteld zodra we een van de parken inlopen. Het gazon is bezaaid met jong en oud die allemaal languit op het vochtige gras genieten van de zon. We hebben niet door dat voor de Britten ieder straaltje zon van onschatbare waarde is. De zon piept door de wolken en men loopt meteen in korte broek, korte mouwen en teen-slippers, terwijl wij bij deze temperatuur juist het bovenste knoopje van onze winterjas dichtdoen.

Het moet ons nog duidelijk worden dat het aantal zonuren beduidend kleiner is dan in Italië. Alle ervaringen die we opdoen naarmate ons verblijf verstrijkt zijn onbetaalbaar. Bovendien zijn de kleine belevingen van het grootste belang. We hingen al geen gewicht meer aan de vele zonuren die we in Italië gewend waren. Het was vanzelfsprekend geworden en we waren geneigd te klagen wanneer we een paar zonuren onder het gemiddelde zaten. Nu, door te leven in een ander land met een ander klimaat, besef je de waarde die het in feite heeft. Het klimaat was destijds voor ons een van de belangrijkste redenen om van Nederland naar Italië te vertrekken. Nu schrik ik ervan hoe alles kan vertroebelen, hoe gewoon alles wordt wanneer je in een routine terechtkomt.

Ik wil hiermee niet eens zeggen dat het een of het ander beter is. Nee, ik houd er niet van het ene land beter te vinden dan het andere. Landen zijn verschillend van elkaar. Maar het zijn de verschillen die me wakker houden en me attenderen op wat ik kan kiezen. Wat vind ik belangrijk en wat verkies ik? Waarom neem ik een besluit? Hoe wil ik het hebben? Waarom kies ik dat liever dan dit? Het zijn vragen die een mens bewust houden en bewust maken van zijn leven. We zijn in de gelegenheid te kiezen en te veranderen. Het ligt voor de hand dat daar ook vrijheid, moed en mogelijkheden voor nodig zijn. Al ben ik ervan overtuigd dat we de kansen meestal zelf kunnen laten ontstaan. Tenslotte kan men zelfs gedreven door wanhoop in staat zijn het roer ineens om te gooien.

Vertrekken, gedreven door wanhoop, kan lijken op vluchten, te-meer omdat niet te overzien is wat de daadwerkelijke uitwerking zal zijn. Iets in ons binnenste gaf aan dat het onze redding zou kunnen zijn. Wanneer je volkomen vast komt te zitten, geen kant meer op kunt, is het verschrikkelijk te geloven dat er niets te verknallen of te verliezen valt. Je bent blind voor risico's, je ziet geen gevaren, omdat je de indruk hebt dat de situatie niet erger kan worden. We pakten de koffers in en we vertrokken.

Ons afwenden van de problematiek is tot dusver een succes. Er zijn zelfs momenten dat we weer kunnen lachen en genieten. Hoe lang was dat niet geleden? Waar voorheen onze dag om draaide, is nu beperkt tot intense, geïsoleerde momenten. We komen om beurten terug op brandende argumenten, alles krijgt op deze manier aandacht, een andere belichting en het lijkt erop dat we er samen beter over kunnen praten. Er is vrijheid geschapen voor beiden om zelfstandig over de problemen na te denken. Het rustig en individueel kunnen filosoferen, mediteren, er ideeën over vormen en inzicht krijgen, is van belang om per slot van rekening, tussen ons nieuwe drukke leven door, alles bespreekbaar te maken met elkaar. Er komt beweging in onze pijn, onmacht, verdriet en woede. We groeien, komen verder en dat geeft moed, zelfvertrouwen en kracht.

Voordat we naar huis gaan, kom ik op het idee om een paar kaarten te gaan kopen bij WHSmith. Ik heb er zin in om wat mensen een berichtje te sturen over ons. Als we in de winkel serieus aan het zoeken zijn naar geschikte kaarten, hoor ik plotseling een vrouw iets tegen me zeggen. Ik maak eruit op dat ze vraagt of we op vakantie zijn. Al snel komen we in een uitgebreid gesprek. Het is een uiterst aardig mens en vol warmte geeft ze ons nuttige informatie over de bibliotheek. Ze vertelt ons dat het er gezellig is omdat we belangstelling tonen voor lezen en schrijven. Ze praat honderduit over haar voorkeuren voor schrijvers en zo missen we de ene bus na de andere. Heerlijk, dat er een onbekende dame een gesprek begint en interesse toont in mensen zoals wij.

Het doet ons goed. Waarschijnlijk beleven we het als een opvallende ervaring, omdat we ons de laatste tijd hadden geïsoleerd. Alsof we alleen waren overgebleven met onze problemen. Andere mensen lastig vallen met ons verdriet of al de aandacht op onszelf vestigen, dat was wel het laatste wat we wilden. Niemand kan ons oplossingen bieden. Niemand is immers in het bezit van een toverstaf.

Ons karakter speelt daarbij een rol, we staan zelf met plezier klaar voor iedereen, we helpen en steunen anderen als vanzelfsprekend bij hun problemen. Nu we zelf kopje onder dreigen te gaan, vinden we het uiterst moeilijk om van anderen steun of hulp te accepteren. Zelfs wanneer mensen het ons overduidelijk bieden en erop aandringen, zijn we geneigd beleefd te weigeren. Het is een ontdekking voor ons om te kunnen genieten van lieve mensen om ons heen, zonder dat ze onze achtergrond kennen. We kunnen doen of er niets gebeurd is. Dat af en toe luchtig mogen zijn, bevrijdt ons. Net of er een stuk van onze tragedie is opgegaan in mist, gesmolten door de zon.

Onze ellende is voor de mensen onzichtbaar. Dat geeft behoorlijk wat vrijheid en speelruimte, wat direct invloed heeft op ons gedrag, onze keuzes, onze gelaatsuitdrukking en onze hele houding. Het verlicht het drukken van de steen op de maag. In Italië weet iedereen om ons heen wat er is gebeurd. Ze weten dat we niets hebben om over te kunnen lachen. Er is geen reden om vrolijk te zijn. Bijna verwachten ze van ons dat we niet naar een feest willen en dat we geen nieuwe kleren willen kopen, omdat daar onze hoofden niet naar kunnen staan. Ze weten dat we huilen, tijdens Moederdag, Pasen of andere familiefeesten. Ze zien hoe we er langzaam aan kapot gaan. Ze weten het en op een of andere manier verplichten ze ons het zo te beleven, om zo te doen en het zo te houden. Dit omdat het onderwerp waarover het gaat taboe is. Het wordt ontweken alsof het de pest betreft. Nu zijn de spots van ons en onze trubbels af. En al zijn we verdrietig, we kunnen toch regelmatig lachen totdat we ervan tranen! Ik hoop dat die momenten zullen toenemen. We willen niet kapotgaan van verdriet. We willen nog zoveel goeds met ons leven, iets wat we blijkbaar van de

Britten mogen, en daarom is het goed dat we voorlopig in Engeland zijn.

Meestal gebeurt het onverwacht, er is niet veel voor nodig. Een enkele flits door mijn hersenpan is voldoende om te beslissen. Heerlijk, dat moment waarop ik besluit voor iets te gaan. Ik hoef niet lang te denken, mijn honger naar vertier en avontuur wordt gestild. Meteen spring ik erin zonder pardon, en laat het spel beginnen. Ik ben niet bang. Niemand eet me immers op, zoals Fiorenzo me altijd zegt. En zo had ik pasgeleden rechttoe beet, met de eerste sollicitatiebrief die ik had verzonden. Ik was ervoor gegaan, die baan was voor mij! Geen belangrijke carrière, nee dat hoeft ook niet. Daar is geen behoefte aan.

Wat ik van mijn baan verwacht, is afleiding en avontuur. Gewoon iets nieuws. En een inkomen is nooit verkeerd. Er is bovendien geen tijd om een carrière te maken, een jaar of anderhalf vliegt voorbij. Deze baan betreft het binnenslepen van projecten voor professionele teleconferentie en grootscheepse internetbeveiliging. Om dit te kunnen doen, moeten er gesprekken gevoerd worden met ceo's van grote bedrijven, met gemeentebesturen en instellingen, die verantwoordelijk zijn voor de besluitvorming in dergelijke projecten.

Mijn portefeuille bestaat uit de Benelux en Italië, daarom staan de talen Nederlands, Italiaans en Engels centraal. Alsof het een grap betreft, is 1 april mijn eerste werkdag. Eerlijk gezegd ben ik niet zo gewend om me in de ring te gooien als het gaat over werken onder een baas. Het grootste deel van mijn werkzame leven was ik eigen baas, eerst als huisvrouw en moeder, later als onderneemster en ten slotte als freelancer. Ik heb enkel een paar kantoorervaringen zonder voldoening. In Italië bestaat er geen spirit om samen te werken. Daar werkt iedereen voor zichzelf en soms tegen elkaar

in, voor eigenbelang. Iets wat ik niet kan omdat het stompzinnig
is. Hier wordt teamspirit verwacht. Het samenwerken aan een gezamenlijk objectief is stimulerend en plezierig.

Fiorenzo en ik waren al druk bezig met voorbereidingen. Tussen
de drukte door hadden we extra kantoorkleding ingekocht voor
mij. Het traject van huis naar het kantoor hebben we gelopen om
te zien hoe lang ik erover zou doen. Het is veertig minuten lopen
en dat gaat niet zo vlot op hoge hakken. Dat wordt lopen op sport-
schoenen, die ik omwissel bij aankomst op kantoor. Stom of niet,
daar kan ik niet mee zitten. Of enkel de eerste dag.
    Uitgerekend op het moment dat ik mijn schoenen aan het verwis-
selen ben, op een bankje in het park, komt een manager van het
bedrijf voorbijlopen. O jee, hij herkent me!
'Hi, eh, Anja, is het niet?'
'Jazeker, goodmorning Lionel.'
'O, je mag je schoenen wel op het kantoor verwisselen hoor, dat
doen de meesten.'
Ik voel me onhandig en tegelijkertijd opgelucht. Ik houd wel van
praktisch.
'Ok, dank je, dat zal ik in het vervolg zeker doen.'

Waarom die knikkende knieën als ik voor de eerste keer het kantoor binnenstap? Angst, maar voor wat? Eenmaal binnen word ik
meteen een stuk rustiger. Waar zou ik me druk over moeten maken?, denk ik stoer.
    Mijn eerste werkdag start met het leren kennen van de managers
en collega's. Ik krijg een strak rooster met trainingen die ik moet
volgen alvorens ik überhaupt aan de slag kan. Er wordt na iedere
training een test afgelegd. Wanneer ik daarvoor slaag, kan ik verder. Zo vul ik mijn eerste werkdagen. Mijn hoofd voelt afgeladen
met alle nieuwe informatie en ik vraag me af of ik op mijn leeftijd

wel goed snik ben. Ik leer met hun computerprogramma's te werken, en dat allemaal in het Engels. Ik moet de technische kant onder de knie krijgen van de soft- en hardwareproducten die in de projecten verwerkt gaan worden en ik word getraind in business to business conversaties.

Het bedrijf waar ik werk is volledig doorgeslagen in de Amerikaanse stijl. Ik vermaak me tijdens het werk omdat ik het zie als vertier. Zo gauw we op ons werk zijn, starten we met een floormeeting. Ons kantoor heeft meerdere verdiepingen en per verdieping is er dagelijks zo'n bijeenkomst. We leren slogans roepen en ze leren ons hoe we onze energie kunnen opkrikken en op peil houden. Er wordt om de haverklap gelachen, wat de directeur goedkeurt en zelfs belangrijk vindt, hij wil namelijk positieve energie in zijn bedrijf. Aan de andere kant zijn er weldegelijk eisen die gesteld worden. Je werkt met vastgestelde deadlines en je wordt geacht te presteren. Dat is niet altijd zo eenvoudig als het lijkt. Soms worden targets onmogelijk hoog gesteld.

Ingeval je een project afsluit, mag je 'BOEM' roepen, zodat de collega's gaan klappen voor jou. Jij loopt vervolgens naar het grote bord en schrijft je score bij jouw persoonlijke resultaten. Idioot, kinderlijk en beledigend als tijdens de dagelijkse vergadering de manager de collega's met slechte scores aan de schandpaal nagelt door te vragen waarom ze niet zo hoog scoren als de anderen. Het is beter dat ze geen excuus verzinnen, want de manager maakt diegene af! Er is namelijk geen excuus, je scoort slecht omdat je werkmethode fout is. Daar moet je zelf verandering in brengen. Het is beter dat je niet te sensibel bent van aard. Meerdere collega's heb ik vriendschappelijk gecoacht, altijd met het oog op samenwerking en de daaruit voortvloeiende eindresultaten.

Binnen korte tijd ergert het me dat er verschillende keren op een werkdag BOEM geroepen wordt door het kantoor. Ik houd er niet van om met de meute mee te doen. Ik ben geen kuddedier. Ik ben een persoonlijkheid, een creatief persoon die het liefst tegen de stroom in gaat. Iemand die al vijftien jaar geen televisie bezit, omdat ze zelf wil kiezen, denken, zien, voelen, beslissen en ervaren. Overigens, het prettige aan het niet naar de televisie kijken is de vrijheid die je daarvoor terugkrijgt.

Ik beslis een claxon te kopen voor mezelf. Een prachtige zilverkleurige hoorn die aan het uiteinde een zwarte rubberen bal heeft. Wanneer ik in de toeter knijp, toetert hij luid en duidelijk. Iedereen in de winkel kijkt nu naar mij. Als Fiorenzo in de gaten krijgt waarmee ik in mijn handen sta, zie ik twijfel in zijn ogen.
'Zeg An, je gaat toch niet onze huisgenoten drillen, hè?'
Ik moet erom lachen en leg hem uit wat het doel is van de toeter. Nog altijd is hij niet overtuigd, maar hij kent me en weet dat ik vastbesloten ben.

Ik voel me gedreven om een project te gaan afsluiten. Ik wil namelijk toeteren! Al mijn collega's schieten in de lach zodra ik mijn toeter uit mijn tas haal en er twee keer trots, opgewonden en blij mee toeter. Weet ik veel dat de big boss zich toevallig op onze verdieping bevindt! Hij komt naar me toe en ik denk: daar gaat mijn toetertje! Maar hij stelt me wat directe vragen over het binnengehaalde werk en geeft me daarna een hand om me te feliciteren met mijn eerste project. Bovendien zegt hij gecharmeerd te zijn van mijn toeter, hij vindt het origineel. Ik ben opgelucht en vind het fijn dat we elkaar verstaan.

Ons kantoor telt honderdvijftig medewerkers, verdeeld over drie verdiepingen. Op de bovenste verdieping is het dakterras met uitzicht op zee. Daar zijn de eetzaal en de keuken. Alle pauzes brengen we daar door, in gesprek met collega's of aan de slag met een toernooi tafelvoetbal, tafeltennis of een of ander spelletje Wii. En als het weer dat toelaat, zitten we rustig buiten in het zonnetje op het terras te genieten van het overweldigende uitzicht. Wekelijks worden er tijdens het werk wedstrijden gehouden tussen verschillende groepen. Het is raar maar waar dat zoiets de resultaten positief beïnvloedt. We presteren beter tijdens zo'n wedstrijd. We blijven ook doorlopend trainingen volgen om beter te kunnen werken en beter te kunnen scoren.

Voor zo'n baan moet je jong, fanatiek en voldoende naïef zijn. Je moet geloven wat ze je zeggen en wat ze je voorhouden. Als het niet gaat zoals ze van jou verwachten, moet je ervan uitgaan dat het helemaal aan jou ligt. En wanneer je daar intrapt, is dat het begin van het einde. De manager zal jou uitknijpen als een citroen om je vervolgens te dumpen. Er zit zo weer een 'fris citroentje' op jouw stoel. Als je erin trapt en capaciteiten ontwikkelt, willen ze je met genoegen wat langer uitbuiten. Zolang je maar gelooft in de gouden carrièrebergen die ze je beloven. Dat is de basis voor jouw doorzettingsvermogen. Zonder gas terug te nemen blijf je vechten. Iets dat op louter eigen kracht onmogelijk is. De lat ligt daarvoor te hoog. Het is niet waar dat je je adrenaline oneindig hoog kunt houden. Zodra je zenuwenergie op is, ga je zonder pardon onderuit. Daar is aan gedacht.
'Wil je verder, wil je carrière? Wil jij de ladder op? Hier, neem dit dan ga je als een speer.'
Voor je het weet hebben ze je in het vangnet. Jij houdt vol, jij presteert, jij gaat hogerop zo lang je niet definitief op je gezicht gaat in die vicieuze cirkel van presteren en cocaïnegebruik. Een schokkende realiteit, waarvan mijn haren rechtovereind gaan staan.

Mijn collega's zijn stuk voor stuk dertigers. Ik zou hun moeder kunnen zijn. Hoeveel moeders zitten niet thuis, onbewust van wat hun zoon of dochter op kantoor ondergaat? Het worden kneedbare poppen die een persoonsverandering ondergaan. Er heerst een systeem dat de hersens spoelt. Als je daar voor openstaat en je bent jezelf niet bewust van wat er met je gebeurt, zit je spoedig op een doodlopend spoor.

Regelmatig raken we op kantoor de bodem van de absurditeit. Tijdens een meeting moeten we gaan staan om onze energie omhoog te halen. Onze zevenendertigjarige manager moedigt ons aan zo enthousiast mogelijk mee te doen met zijn spel. Hij legt uit dat hij een naam van een dier gaat roepen dat wij zo snel mogelijk moeten uitbeelden. Er ontstaat meteen hilariteit.

Hij roept: 'kikker' en iedereen begint druk te kwaken en maakt op z'n minst een kikkersprong, waarbij sommigen omtuimelen van het lachen.

Hij roept: 'olifant' en meteen maakt iedereen met behulp van de armen een slurf die op en neer beweegt. Ik daarentegen heb mijn handen aan mijn oren gezet en flapper die op en neer.

Matt, onze manager onderbreekt het spel en roept vragend 'what the hell' ik aan het uitbeelden ben. Iedereen kijkt nu naar mij. Ik zet mijn handen weer aan mijn oren en flapper ze op en neer.

'Een olifant, zoals je me vroeg.'

'Een olifant?'

'Ja, Dumbo!'

Iedereen proest het uit van het lachen en ik word hierdoor de held op onze verdieping.

Dit bevalt me goed, ik word gewaardeerd omdat ik anders ben, lef heb en doe wat ik wil. Deze populariteit, dit imago wil ik veroveren in het gehele kantoor, hoe zou ik dat kunnen doen? Ik wil niet een collega zijn die voor een bepaalde tijd op dit kantoor werkt en geen sporen nalaat. Ik wil door mijn collega's onthouden worden. Ik heb moeite met het onthouden van collega's omdat ze niet opvallen, niets persoonlijks hebben. Zodra ze het kantoor verlaten, ben ik ze rechttoe vergeten. Ik kan dikwijls de naam niet eens herinneren en ik kan ze me niet meer voor de geest halen. Dat probeer ik te voorkomen. Geregeld zie ik de kans om te kunnen opvallen.

Onverwacht gaat het brandalarm. Goddank, het is een oefening!

We moeten volgens procedure het gebouw verlaten en aan de overkant op het plein bij elkaar gaan staan. Daarna zullen ze al onze namen roepen aan de hand van de presentielijst en we moeten bij het horen van onze naam, luid 'present' terugroepen.

Ik hoop niet dat we dit brandalarm vaak moeten repeteren. Het is krankzinnig om met honderdvijftig mensen om de beurt 'present' te moeten roepen. Ik voel het 'kuddediergebeuren' weer als een keurslijf. De situatie is belachelijk.
'Tina?'
'Present!'
'Micheal?'
'Present!'
'Lisa?'
'Present!'
'Patrick?'
'Present!'
'Richard?'
'Present!'
'Anja?'
'Survived!'
Een schaterlach breekt uit. Het gewenste resultaat is daar! In een klap ben ik bekend bij iedereen, tot aan de administratie toe. Collega's spreken me aan met: 'Ah, ik ben blij dat je het hebt overleefd.' En: 'Ontsnapt aan de brand, hè?'

Dit geeft me meer voldoening dan een project binnenslepen. Het werken op kantoor is nooit een sleur, omdat we naast de werkdruk exact weten hoe we elkaar kunnen vermaken. Regelmatig vliegen de stressballen je om de oren met het excuus: elkaar activeren.

Vandaag ben ik er niet bij met mijn hoofd, het lukt me niet geconcentreerd te blijven. De afgelopen dagen waren spannend, maar we zijn blij dat het Fiorenzo gelukt is. Hij heeft de baan! De intensiviteit van het schrijven met de advocaat van zijn broer is afgenomen.

Fio was toe aan een baan. Te veel tijd om na te denken is ook niet geweldig en op het laatst kom je niet meer los van de sores. Vandaag is zijn eerste werkdag en ik ben benieuwd hoe het met hem gaat. Hij werkt aan de andere kant van het centrum in een modern en knus kantoor. Terecht voel ik me trots. We doen het toch maar! En we vinden dit allemaal nog leuk ook.

Ineens moet ik terugdenken aan een opmerking van onze oudste dochter Veronica. We waren in mijn winkel, een prachtig bedrijfje waar ik mijn voldoening uit haalde. Veronica toonde al vrij snel interesse en daarom betrok ik haar erbij, om haar de kans te geven te leren, te experimenteren en zich te ontplooien. Dit bedrijf had ik niet opgestart voor mijn kinderen, maar voor mezelf. Het was voor mij meer voor de hand liggend dat de kinderen gingen studeren en een eigen richting zouden kiezen. Deze extra kans om naast studie deze leerzame ervaring op te kunnen doen in het bedrijfsleven, kon in mijn ogen enkel een positieve aanvulling zijn. Iets waar ze in haar leven wat aan zou kunnen hebben. Dikwijls hadden we plezier in wat we deden en het verkopen was ook voor haar een sport geworden, zonder dat er sprake was van rivaliteit tussen ons. Leergierig en gemotiveerd toonde ze binnen korte tijd het klappen van de zweep te kennen. Buitengewoon trots was ik op haar en liet dat geregeld duidelijk blijken. Voor een achttienjarige had ze veel in haar mars. Het was zo'n fijne periode.

Waarom toch die domper? Dat moment waarop ze al het mooie kapotsloeg? Wat is dat toch? Ze was langsgekomen in de winkel en kon meteen bijspringen. Het was druk. Na enkele uurtjes en een fijne verkoop praatten we druk en trots over onze verkoopprestaties en ons sublieme samenspel. Ondertussen fatsoeneerden we de winkel en daarna ging ik koffie halen bij de bar. Ze pakte haar schoolboek uit haar tas om daarmee aan tafel te gaan zitten leren. Dat deed ze vaker. Ik kwam binnen met de koffie en ging bij haar zitten.
'Ik geloof niet dat ik ooit zo'n winkel wil.'

'Dat hoeft ook helemaal niet.'
'Dat denk ik vaak en ik weet dat zeker.'
'Het zijn keuzes Veronica, die iemand uit vrije wil kan maken. Ik denk sowieso dat iedereen moet doen waar hij of zij het meest plezier in heeft. Het maakt verder niet zoveel uit wat dat uiteindelijk is.'
'Tja, maar zo'n winkel!'
'Wat is daar mis mee?'
'Gewoon, ik moet er niet aan denken dat ik zo'n winkel zou hebben. Om daar dan net als jij tot mijn vijfenzestigste in te moeten werken! Als ik zou terugblikken op mijn leven, zou ik me alleen maar gefrustreerd en ongerealiseerd voelen. Dat is toch triest? Hoe kan zo'n winkel je nou voldoening geven? Mijn leven zou daarmee vergooid zijn.'

Juist op het moment dat je geluk voelt, komt ze met onbegrijpelijke woorden die als een bliksem inslaan en me lamleggen. Het contrast tussen triomf en vernedering was te groot. Het werkte vernietigend en het is een zwakke plek van mij, vanuit mijn jeugd. Ze had dat door en manipuleerde me ermee. Ik was blij met mijn winkel en ik was er trots op. Ik zou het geen probleem gevonden hebben hiermee door te gaan tot mijn oude dag. Waarom moest ze me steeds kleineren en krenken?

Wat was ik naïef! Als ik nu terugtel waren het absurde opmerkingen, ik was achtendertig. In de zevenentwintig jaar die ik nog te gaan had tot mijn vijfenzestigste, kon er nog van alles gebeuren. Wie kon zeggen dat ik de winkel zou blijven behouden tot mijn pensioen? Als ik zie wat er ondertussen veranderd is! Mijn winkel is verkocht en ik heb daarna verschillende kantoorervaringen opgedaan. Fiorenzo en ik hebben een prachtige ervaring beleefd met onze productie van creatieve spullen die we verkochten op markten. Nu zit ik op kantoor in Engeland en ik heb nog zeventien jaar in te vullen voordat ik vijfenzestig ben en zal terugblikken, zoals dochterlief dat zegt. Ik staar uit het raam van ons kantoor en zie de zee, mijn maatje! Zal ik opstaan, het kantoor uitlopen en gaan uitwaaien?

De hand van Lionel op mijn schouder brengt me terug in het moment: hier en nu. Hij legt een geprint rapport voor me neer. Tot mijn verbazing sta ik op de eerste plaats, met de beste prestaties en de meest omvangrijke projecten. Hij feliciteert me en geeft me een interessante dinerbon die ik kan benutten waar en wanneer ik dat wil. Hij moest eens weten, denk ik. Vanmorgen heb ik een project binnengehaald van Unesco!

Ik was uitgedaagd dit te proberen, het was volgens mijn collega's een onmogelijke zaak. Het lukte ze niet eens om de beslissende man binnen de organisatie aan de lijn te krijgen. Het heeft me zeven weken gekost, maar het is me uiteindelijk gelukt. Het project is binnen! Vanmorgen ontving ik de schriftelijke bevestiging. Ik stop de waardebon in mijn tas en houd mijn mond erover. Ik wil het persoonlijk gaan zeggen op kantoor van de directie. De uitdrukking op hun gezichten wil ik zien. Dat ontneemt niemand me.

Dat presteren en die honger naar goedkeuring, het is iets dat mijn leven sterk beïnvloedt. Altijd heb ik die drang me te bewijzen. Bang om niet goed genoeg te zijn. Ik knok om bij de besten te zijn en niet alleen op mijn werk. Ik wil uitblinken in alles wat ik doe, ik wil erkenning krijgen en mezelf bewijzen dat ik het kan. Ik ben meer dan enkel een moeder.
Kan ik daar eens een keer mee ophouden?
Alleen maar moeder zijn klinkt minderwaardig, precies wat ze me wilden doen geloven. Moeder zijn is waardig, waarom kon ik dat voorheen niet zo zien? Ik moet veranderen. Ik zou een begin kunnen maken door te zwijgen over deze werkervaring. Fiorenzo is het er niet mee eens.
'Je bent gekleineerd en naar beneden gehaald door mensen van wie je veel hield. Je mag trots zijn op jouw kantoorervaring. Het is een

belangrijk onderdeel van ons verblijf in Engeland en het maakt deel uit van ons verwerkingsproces.'

'Ik ben die tergende strijd met mezelf beu. Altijd dat onberispelijk willen zijn!'

'An, geniet van je capaciteiten en maak er geen drama van. En stop ermee jezelf naar beneden te halen.'

'Het is niet mezelf naar beneden halen, ik heb het idee te pronken. Graag zou ik meer op Lorenzo willen lijken. Zijn bescheidenheid is benijdenswaardig, hij heeft het niet nodig om zichzelf op de borst te slaan. Ik zou meer ingetogen willen zijn en minder protagonist.'

'Ik vind het allemaal wel meevallen, of komt dat omdat liefde verblindt?'

'Ja, zo is het genoeg, grapjas. Ik heb besloten.'

'Ah, dat is toch nog snel, en?'

'Dat zie je vanzelf, tegen die tijd!'

'Ha ha ha, kom hier, dat ik je kus!'

Jaarlijks organiseert ons bedrijf een Award-feest. De beste medewerkers worden hierbij voor uiteenlopende kwaliteiten beloond en vereerd. Je komt in aanmerking als je ten minste een vol jaar in het bedrijf gewerkt hebt. Dit is een exclusief bedrijfsfeest waar uitgebreid aandacht aan besteed wordt. De sfeer van een echte Award-uitreiking moet zo goed mogelijk geïmiteerd worden. Er gaan zelfs personen de rol van security bekleden. De gasten moeten zich legitimeren, hun uitnodiging tonen en gekleed zijn volgens de voorgeschreven dresscode. Mannen zonder stropdas komen niet binnen. Meerdere mannen op kantoor hebben een hekel aan die verplichte stropdas en houden dat ding liever in de la van hun bureau. Dat irriteert het merendeel van de bedrijfsleiding. Nu kunnen ze hierop inspelen.

Ze zoeken drie personen met lef en fantasie om deze securitytaak op zich te nemen. Een taak die invloed zal hebben op de algehele sfeer van de gala-avond. Er moet geëntertaind worden. Ik zit tussen de genomineerden en word uiteindelijk gekozen als een van de drie personen voor de securityrol. Het idee om van gekleurd karton stropdassen te knippen en die idioot op te smukken met glinsterende vlinders, hartjes en stippen, komt natuurlijk van mij. Ik ben er zeker van dat we er een tiental heren mee kunnen versieren, omdat ze geheid komen opdagen zonder stropdas. Aan de achterzijde van de papieren dassen bevestig ik tien centimeter tweezijdig klevende tape. Zo hoef ik alleen maar het stripje van de tape te halen om de stropdas met een vriendelijke klap op de juiste plek te kunnen bevestigen. Precies op de borstkas van de ongehoorzame heer. Zo staat hij tijdens het gala mooi voor paal, met die opzichtige, kitscherige nep stropdas.

Eindelijk is het zover. Mijn mannelijke collega en ik zijn beiden gekleed in zwart pak, zwart overhemd en getooid met een donkere zonnebril op de neus. Ook dragen we ieder een headset om met elkaar en de centrale te kunnen communiceren, en zo is onze look opvallend echt.

In de gang die leidt naar de zaal waar de gala gehouden wordt, staan mijn collega en ik aan weerszijden van de entreedeur. We maken er een bonte scène van door mensen te controleren, sommigen zich te laten legitimeren, anderen als vip te behandelen en mannen zonder stropdas te weigeren. Hun wordt eerst met een berg tamtam de idiote zelfgemaakte stropdas opgeplakt. Er wordt smakelijk gelachen om het opgevoerde theater. Tussen de menigte loopt ook de algemeen-directeur. De meesten zijn doorgaans bang van hem. Hij dwingt respect af, is veeleisend en erg direct. Hij geeft je meestal geen comfortabel gevoel. Ik heb mijn leeftijd mee en ben daarom niet zo bang voor een eventuele aanvaring. In het leven heb ik voor iedereen respect, wetend dat we weinig verschillen van elkaar. Ik zie denkbeeldig voor me hoe alles eruit zou zien, wanneer we met z'n allen in onze blote billen zouden staan.

Laat het lot me nou weer helpen. Hij nadert en ik zie evenals vele angsthazen om me heen dat onze directeur het presteert zonder stropdas te komen! Mijn security-collega tilt zijn bril op en kijkt benauwd, hij zegt me dat we de directeur gewoon overslaan. Ik frons vermaakt een wenkbrauw achter mijn donkere zonnebril en denk er volkomen anders over. De directeur komt bij de deur en ik versper de doorgang voor twee, omdat mijn collega opzij springt. Het geroezemoes en de drukte in de gang veranderen in een doodse stilte. Dat werkt enkel stimulerend.

'Naam?'

'Dat weet je best.'

'Uitnodiging?'

Hij probeert me opzij te duwen, maar ik bied weerstand en dring aan zijn uitnodiging te tonen. Om me heen blijft het doodstil. Ik zie hoe een manager op een tafel staat om de scène te kunnen filmen. De directeur laat zijn uitnodiging zien en ik wijs hem op de dresscode. Hij mompelt een lauw excuus, terwijl ik hem een roze stropdas met een flinke en zelfverzekerde klap op zijn borstkas bevestig. De toeschouwers doorbreken de opgelopen spanning met een lachsalvo, er wordt goedkeurend geklapt en gefloten. De directeur neemt het sympathiek op en houdt tijdens zijn openingswoord, de bespottelijke stropdas aan.

Dit soort taferelen geeft me de zekerheid dat ze me niet snel zullen vergeten. Exact wat ik wilde bereiken op mijn werk. Opvallen, niet zozeer door te scoren, maar door iemand te zijn. Er bestaat een belangrijk verschil tussen mijn collega's en mij. Voor mij is dit een tijdelijke functie, ik weet dat ik over een jaar iets anders ga doen. Het is een speels overbruggen, een genieten van de jongeren om me heen, die vechten voor een beter loon om hun appartement en blitse auto te kunnen aanhouden. Ze stellen eisen aan uitgaan en kleding. Ze willen reizen en alle nieuwe elektronische snufjes. Dat heb ik allemaal al gehad, dat is voor mij niet meer de drijfveer. Ik wil me vermaken en zoek afleiding. Het kantoor heeft een verjongend effect op mij. Door mee te doen met die dwaze jongeren en door ze geregeld te verrassen met mijn opvallende gedrag, ben ik de voorbeeldmoeder op kantoor geworden. Het geeft me de indruk belangrijk te zijn in hun stressvolle bestaan. Ik voel me geaccepteerd.

Ik had gehoord over het bestaan van yuppies en had gedacht dat het fenomeen niet meer bestond. Als ik rondkijk op kantoor, denk ik daar nu anders over. Het is waar, yuppies bestaan.

'Ons avontuur moet staan in het teken van simplificeren.'
'Wat? Leg me uit!'
'Het is simpel An, het is bij alles wat we doen, bedenken wat de meest eenvoudige manier is. Als we koffers inpakken, denken aan het hoognodige, zodat we zo min mogelijk achter ons aan hoeven sjouwen.'
Ik voelde me in de maling genomen en had teruggeroepen:
'Zorg jij maar dat je de creditcard niet vergeet, dan ben ik zo ingepakt!'
'Nee An, we nemen afscheid van alles en iedereen. We zullen volkomen teruggaan naar het broodnodige. Alleen zo zullen we ons volledig kunnen concentreren op onszelf, ons verdriet, ons probleem en ons helingproces. Wanneer we daarmee klaar zijn en ons weer sterk voelen, kunnen we weer spullen en mensen gaan toevoegen aan ons leven op een bewuste en selectieve manier. Allicht zullen we veranderd zijn schat, en zien dat niet iedereen en alles zal terug passen in ons nieuwe leven.'
Ik had hem aangehoord, vlak voor ons vertrek naar Engeland en had gedacht dat dit alles interessanter en spannender zou maken. Ik had vertrouwen gehad in zijn woorden.

Intussen wonen we in een gedeeld huis, we hebben daar onze minikamer en de badkamer delen we met Toni. Onze bezittingen zijn minimaal en in verband met ruimtegebrek moeten we dat zo houden. Het huis waar we wonen, staat in een driehoek met de pier van Bournnemouth en de pier van Boscombe. Een driehoek van tien kilometer. We kunnen daarom van huis, pier tot pier en weer naar huis lopen.

Omdat lopen centraal staat voor ons, willen we geen auto. Hiermee voorkomen we de duizend excuses die we zouden aanvoeren om juist niet te gaan lopen. Zo vaak mogelijk en wanneer er behoefte aan is, trekken we eropuit en brengen uren door aan de zee, in de natuur, in de wind, onder de zon of in de regen, tijdens dag of nacht. Het werkt therapeutisch.

De extra zuurstof is nodig en we zoeken dialoog met de natuur. Op zoek naar antwoorden en uitleg, op zoek naar nieuwe wegen, oplossingen, verbeteringen en open deuren. We werken aan verwerken van verdriet en we leren loslaten, boosheid lozen en onmacht spuien.

Nadenken en mediteren samen met het leren aanvaarden en werken aan ons lichaam, dat is wat ons naast het werk bezighoudt. Lichamelijk moeten we voorbereid zijn om volgend jaar de pelgrimstocht naar Santiago de Compostella te kunnen lopen. Ons vertrek zal vanuit Lourdes in Frankrijk zijn, om na ongeveer elfhonderdvijftig kilometer in Finistère in Spanje aan te komen. Laten we daarom alvast trainen.

Fiorenzo zet stappen die zo groot zijn dat ik er drie moet zetten wil ik hem bijbenen.

'Probeer je passen eens te verlengen, Anneke. Hoe ouder de mens, hoe korter zijn pasjes.'

Hij gedraagt zich als prima personal trainer en ik doe mijn uiterste best.

Ik praat mezelf aan dat grote passen nemen verjongend is en dat helpt me door de ergste, eerste spierpijn heen. Wie wil er nou niet verjongen! Ik let op mijn houding tijdens het lopen, omdat ik bewust goed wil leren wandelen. Eenmaal aangeleerd worden lopen en een goede houding automatisme. Dat geldt evenzo voor eenmaal foutief aangeleerd!

Ik sta recht met mijn kruin naar boven en mijn schouders enigszins naar achter en omlaag. De ademhaling laat ik vier passen in en vier passen uit gaan terwijl ik mijn buik aanspan en het duurt een aantal keren wandelen voordat ik dit alles zonder nadenken doe. Het is me snel duidelijk dat het stretchen voor en na het lopen bijzonder belangrijk is, wil ik überhaupt de volgende dag uit mijn bed komen.

Het liefst lopen we langs de kustlijn, over de kliffen of beneden langs het water. Uren lopen, praten en huilen, soms zelfs schreeuwen of eenvoudig zwijgen. Opnemen wat de natuur ons wil influisteren. De golven, de meeuwen, de wind, het zand, het gras op de duinen, de bloemen en de zon, alles wordt vriend. Alles wordt hulp, omdat ze ons helpen om alle vraagstukken op te helderen. Door alles te overpeinzen gaan we inzien wat er werkelijk is gebeurd. Alles moet begrepen worden, zodat het uiteindelijk doorgeslikt en verteerd kan worden. Daarna kunnen we pas aan de slag gaan met het loslaten.

Het lopen langs de mooie kustlijn lijkt daarom soms op baggeren door een riolering. Dat komt door de last op onze schouders. Het vertroebelt onze blik. We voelen ons gekneusd door de psychologische stokslagen. Geregeld wordt door onze onmacht en woede muziek een lastige herrie. Mensen om ons heen vinden we dan irritant en soms zijn we zo furieus dat zelfs honden met een boog om ons heen lopen, omdat ze onze staat instinctief aanvoelen.

De vooruitgang gaat traag en regelmatig is er een terugval. Het is maar goed dat Fiorenzo en ik onze terugvallen meestal niet gelijktijdig hebben, zodat de een de ander kan opvangen. Alles bij elkaar is het geen bui die snel overwaait, het is een moeilijk kruipen uit een schandelijke situatie. Het is niet gemakkelijk om al de pijn te beschrijven of om uit te leggen wat exact het proces dat we doormaken inhoudt. Mijn ervaring heeft me geleerd dat lopen in de natuur een zeer effectief medicijn is voor iedereen die depressief is of dat dreigt te worden, mensen die met problemen kampen of moeilijkheden hebben. Indien je lang genoeg volhoudt, kom je op een punt dat je de dialoog met de natuur niet meer kunt tegenhouden.

De natuur wordt therapeute. Ze belicht van een andere kant, ze laat je zien waar je eerder blind voor was. Geeft antwoorden op vragen waar je geen raad mee wist. Ze heeft geduld en alle tijd, ze geeft ruimte, zodat je kunt vloeken en tieren. In de buitenlucht komt er extra zuurstof in je bloed, de natuur geeft goede moed en bekrachtigt het doorzettingsvermogen. Bewegen in de buitenlucht helpt zelfs de bloedcirculatie. Er is werkelijk niets of niemand zo altruïstisch en weldadig als de natuur.

Fiorenzo en ik worden aangetrokken door de zee. De oceaan was daarom een eis in onze keuze. We konden niet exact zeggen waarom dat zo was. Het was een onbewuste, sterke, onderliggende behoefte.

Nu ervaren we wat de zee met ons doet. De zee geeft kracht, ze is machtig en we voelen ons geborgen en veilig wanneer we dicht bij haar zijn. We houden van haar in alle jaargetijden en of ze nou glad en strak is of juist onstuimig en ruw, ze is en blijft geweldig!

Sinds kort weten we dat de zee datgene representeert wat we hebben moeten missen in ons leven en om die reden heeft ze een grotere betekenis gekregen voor ons. We weten nu, dankzij een gesprek met Jeff, dat de zee staat voor moeder. Ja, de zee representeert onze moeders!

Al is het traject dat we lopen dag in dag uit min of meer hetzelfde, het lopen van pier tot pier blijft telkens verrassend anders. Dat kan zijn door het onderwerp van ons gesprek of door de lichtval die continu verandert. Het lijkt alsof het licht de hele dag blijft wringen om het zo lang mogelijk dag te laten zijn.

Alles tijdens een wandeling kan plotseling veranderen door mensen, dieren of situaties, of door de onverwachte veranderingen van het weer. Regelmatig zijn we in een onverwachte hoosbui terechtgekomen of overdondert door plotselinge harde wind. We maken altijd wel wat mee waardoor de wandeling een andere hoedanigheid krijgt.

En juist omdat we steeds weer op een ander tijdstip lopen en omdat de natuur steeds zorgt voor veranderingen van lucht en wolken, blijven we ons verwonderen over wat we zien. Adembenemend blijven de kust en de zee, ze vervelen ons nooit.

We variëren door geregeld de klif op te gaan, genietend van het zicht van bovenaf. We lopen ook 's avonds of 's nachts, wat mogelijk is omdat de route voorzien is van verlichting.

Als er een harde wind staat in combinatie met hoge golven, is de zee bezaaid met groepen surfers, een lust voor het oog. Wat een snelheden! Vooral wanneer ze gebruik maken van een kite.

Een meisje zou voor het eerst met de kite gaan surfen en we zagen haar droog oefenen op het strand, samen met haar instructeur. We hebben hartelijk gelachen bij het zien hoe de instructeur van links naar rechts rende om haar te kunnen stoppen zodra de wind onder haar kite blies om een loopje met haar te nemen. Ze werd meters ver meegesleurd door de wind en ze gilde het uit van emotie en paniek. Het is een prachtige sport, mits je hem beheerst. Het moet een machtige, sensationele en vrije beleving zijn wanneer je zo over de golven springt en meters hoge salto's maakt.

We lopen van pier tot pier en vervolgens lopen we door naar het einde van de baai. Stoere beslissing, want eenmaal weer thuis zullen we vierendertig kilometer gelopen hebben. Zoals we dat vaker doen bij een extra grote wandeling, nemen we wat proviand mee, zoals appels, bruine broodjes besmeerd met roomboter en smakelijk belegd met plakken Cheddar, tomaat en rucola. Water en pakjes soja chocomel ontbreken nooit. En niet te vergeten een reep chocolade, extra puur!

Ik houd van het motto: 's morgens vroeg de beste ploeg. Fio doet het liever wat rustiger aan. We gaan rond negen uur de deur uit. Ik kon me daar vroeger druk over maken, omdat voor mij om negen uur vertrekken, een paar uurtjes te laat is. Intussen ben ik daar een stuk gemakkelijker in geworden en vraag ik mezelf af: te laat voor wat?

We halen de zogenaamde 'verloren uurtjes' met gemak in met dank aan Fiorenzo, die blijkbaar geen warming up nodig heeft en meteen de pas er stevig in zet. Ik zwoeg me kapot om zijn ritme aan te nemen en om alles zo natuurlijk mogelijk te laten lijken. Ik puf en sputter, zoveel mogelijk binnensmonds, terwijl ik met geweld mijn lichaam op gang moet slingeren. Op zo'n moment hoop ik dat Fiorenzo dat niet doorheeft, ik wil me niet laten kennen. Dat semi-feministische gedrag kost me behoorlijk wat energie. Als dit met de tijd maar niet erger wordt. Uiteindelijk kan dat meevallen, want mannen zullen toch net zo goed gaan inleveren met de tijd?

In ieder geval vecht ik nu voor mijn lucht en word daarbij afgeleid door muziek. Fiorenzo, die voorop loopt, draait zich om:
'Hoor je dat Anneke? Wat zou dat zijn?'
We zijn bijna op de klif en ik haat het als Fiorenzo me vragen stelt tijdens het klimmen. Het lijkt wel of hij dat met opzet doet. Wanneer we in Italië in de heuvels lopen, gebeurt dat net zo. Ik mompel door gebrek aan lucht wat onverstaanbaars terug en hoor dat elke stap die ik zet me dichter bij de muziek brengt. Het is een vreemd en onharmonisch getrommel van verschillende slaginstrumenten. Op fascinerende wijze trekt het de volledige aandacht.

Eenmaal bovenop de klif lopen we in de richting van een groep mensen. Sommigen zitten op een bank die daar door de gemeente is geplaatst, anderen zitten op een krukje of een campingstoel. Ze vormen een grote cirkel en in het midden liggen allerlei slaginstrumenten. Er liggen trommels, triangels, tamboerijnen, stokken en bongo's. Verder zie ik houtblokken met slagstokken, claves, een paar verschillende maten djembé's, sambaballen en zelfs twee regenstokken. De mensen zijn van alle leeftijden, ik zie ook een paar kinderen en iedereen glimlacht vermaakt.

Er staat een bord en daarop lees ik dat je uitgenodigd bent om naar keuze een instrument te pakken om daarmee ergens te gaan zitten. Je kunt meedoen met het produceren van een ritme dat deel zal uitmaken van een vrij en spontaan, ietwat chaotisch muzikaal geheel.

Ik kijk Fio aan en hij snapt dat ik wil meedoen. Het is zo raar dat gedreun, om het zomaar te noemen. Het is bepaald geen kwaliteitsmuziek, toch bereikt het je gemoed. Het herhalen van de slagen, de trilling die daar mee gepaard gaat, het afwisselen van harde en zachtere klanken. Het geluid van zoveel verschillende slaginstrumenten is pakkend, meeslepend, emotioneel, prachtig en overweldigend.

Ik denk kort na over wat voor instrument ik ga pakken. Mijn eerste keuze zou de regenstok kunnen zijn, ik ben gek op het geluid en de verschillende manieren om het geluid te kunnen produceren, maar het trommelend geluid is zo uitnodigend en meeslepend dat ik actief mee wil gaan doen en daarom ga ik voor mijn tweede keuze. Het duurt niet lang of ik zit tussen de groep met een tamboerijn. Een tamboerijn, omdat ik blijkbaar met genoegen protagonist ben. De tamboerijn geeft me als enig aanwezig instrument de kans om verschillende geluiden te maken: ik kan trommelen en de belletjes rammelen en ik kan ook nog beide geluiden tegelijkertijd produceren.

Ik houd van contrast, de tamboerijn is voor mij contrasterend in hoge en lage tonen, in schel en dof geluid. Ik vermaak me geweldig en de door mij geproduceerde klanken, die eerst verlegen en bescheiden de ondertoon voeren, worden geleidelijk krachtiger en duidelijker.

Het lijkt er zelfs op dat de muziek minder chaotisch wordt en dat ik als een soort leider ga fungeren. Ik heb al snel oogcontact met anderen en dat heeft blijkbaar invloed op hun muziek. Ik vraag me af wat ik doe met mijn blik en houding, omdat de mensen die ik aankijk mee gaan doen met mijn ritme en ik niet met dat van hen. Het geeft me plotseling een ongemakkelijk gevoel en dat is het moment voor mij om te stoppen.

Rustig sta ik op, leg mijn instrument terug, knik vriendelijk naar de mensen met wie ik oogcontact heb en loop weg van de groep. Een unieke gebeurtenis die emoties losmaakt, een belevenis die ik niet gemakkelijk zal vergeten. Een ervaring die me laat nadenken over mezelf.

'Opmerkelijk An, dat jij de tamboerijn koos uit de instrumenten.'
'Hoezo? Wat had je dan verwacht?'
'Ik had gedacht dat jij de regenstok zou pakken. Ik zie voor me dat je was blijven staan als enige, om op te kunnen vallen en om zo een contrast te kunnen maken. Ik had het idee dat je met de regenstok op de meest creatieve wijze deel had kunnen nemen.'
Ik glimlach omdat ik geniet van het feit dat hij me door en door kent.
'Je hebt het mis, Fio, je kent me maar half.'
Hij lacht omdat hij weet dat ik de draak met hem steek.
'Ik heb ruim de tijd om jouw andere helft te leren kennen toch?'
'Geheid!'

We kijken richting het strand waar we een bruid en bruidegom met een paar bruidskinderen zien. Een fotograaf is in de weer met een zanderige fotosessie.

Ons leven in Italië heeft ons 'veritaliaanst'. Dus een bruid en bruidegom gedragen zich volgens bepaalde regels en gaan niet rollen door het zand! Het moet allemaal perfect, modieus en statig zijn, allesbehalve gemoedelijk en spontaan. Daarom denken we dat het niet de bedoeling is wat we zien en blijven staan om te kijken wat er beneden op het strand werkelijk gebeurt.

Alles blijkt juist de bedoeling en het is zichtbaar dat het de bruid niet interesseert dat haar jurk vol zand komt of dat haar kapsel verandert in een zandtaartje. Ze lacht, straalt en geniet. Het overtuigt ons ervan dat dit voor hen een onvergetelijke middag wordt. Precies zoals het hoort. Gewoon lekker ongedwongen doen wat in je opkomt om er samen de dag van je leven van te maken.

We geven elkaar een 'abbraccio forte' en we denken terug aan onze trouwdag. Dat is intussen negenentwintig jaar geleden en er komen spontaan een paar markante herinneringen naar boven.

'Weet je nog Anja, dat ik wegliep in het park en jou achterliet met de fotograaf?'

'Ja, dat weet ik nog precies. Ik zie voor me hoe blij en uitgelaten je door het park rende in je rokkostuum en hoe belemmerd ik me voelde door mijn lange trouwjurk en mijn hakken.'

'Je moet wel toegeven dat het een van onze mooiste trouwfoto's opleverde.'

'Hier moet ik je gelijk geven, Fio. Ik was zo blij dat ik je vond, zittend op de rugleuning van een parkbank. Ik trok mijn trouwjurk op, schopte mijn hakken uit en klom ook op de bank. Je nam me op schoot en we kusten elkaar alsof we na lange tijd weer waren verenigd. En dat leverde inderdaad een spectaculaire foto op.'

Opvallend dat we in ons huwelijk alles samen doen, we zijn het liefst in gezelschap van de ander. Dat ze ons niet te lang moeten scheiden van elkaar, was al zichtbaar op onze grote dag.

We lopen verder en praten over landsverschillen en hoe fijn het is om onze Hollandse en Italiaanse gewoontes te kunnen mixen tot een eigenaardig, persoonlijk en niet gemakkelijk te herleiden levensstijl. We spreken af dat we die mix verder gaan uitbouwen door ruimte te geven aan Britse invloeden.

We genieten. De blauwe hemel reikt zo ver we kunnen kijken en er staat nauwelijks wind. De oceaan is strak en er zijn bijna geen mensen meer te bekennen. We zijn op de terugweg ter hoogte van de nostalgische 'seaside shelter', de grote witte houten zitbanken, omringd en overdekt door schotten met glas erin om uit de wind te kunnen zitten met overweldigend zicht over de oceaan.

Meestal gaan we er zitten om dieper op ons onderwerp van gesprek te kunnen ingaan of om simpel en in stilte te genieten van het zicht, verzonken in gedachten. Ik moet denken aan alle mensen die op dezelfde plek als ik hebben gezeten. Ik vraag me af waar ze aan dachten, waarom ze hier waren, waar ze vandaan kwamen en hoe eigenaardig het is dat ik dit legendarische bankje heb weten te vinden op de grote wereld.

Mijn oog valt op een papier dat op een van de ruiten aan de rechterkant van de bank geplakt is. Ik lees het. Het is een prachtig gedicht. Jammer dat het niet getekend is en daardoor anoniem blijft.

Het is magnifiek op deze plaats een gedicht te kunnen lezen, dit in combinatie met het verrassende effect dat de inhoud ervan op me heeft. Het ontroert me. Onder de indruk neem ik een foto en verrukt lopen we verder, terwijl we druk praten over de grote verscheidenheid van creativiteit.

'Misschien is deze dichter bezig om aandacht van mensen te trekken. Zelf ben ik nieuwsgierig naar de identiteit van deze persoon die me raakte met zijn of haar poëzie. Het kan een tactiek zijn.'

'Inderdaad, dat zou goed kunnen. Maar wat heeft het voor zin als dit allemaal anoniem gebeurt?'

'Ja, dat is ook weer zo.'

Na een paar honderd meter komen we langs een andere 'seaside shelter' en ontdek ik weer aangeplakte poëzie. Het moet van dezelfde anonieme dichter zijn, aan het papier, de stijl en het lettertype te zien. Meermaals lees ik het en geniet van de mengeling van verrassing en schrijverspracht. De overweldigende entourage van de kliffen en het zeezicht overgieten het lezen van dit gedicht als een rijkelijke saus een pudding.

Hoe kwam deze poëet op het idee om zijn poëzie gewoon te publiceren door het zomaar ergens anoniem op te plakken? Hoeveel mensen zullen het ontdekken en lezen en hoeveel mensen willen meer lezen van deze dichter? Nu is de persoon onbereikbaar, hij of zij had op z'n minst een e-mail adres achter kunnen laten.

'Dat doet hij vast in een volgend stadium, An.'
'Hm, dat zou goed kunnen ja. Dit de beste manier van aandacht trekken. Moet je eens kijken hoe wij hierover praten.'

Ik probeer me voor te stellen wat dit voor iemand kan zijn. Hoe deze individu eruitziet. De gedichten hebben diepte en dat geeft me sterk de indruk dat de schrijver op leeftijd is, of deze persoon moet op z'n minst van alles meegemaakt hebben. Het is onduidelijk of het geschreven is door een vrouw of een man en dat vind ik mooi. Het fascineert me, wat me uitnodigt het gedicht opnieuw te lezen.

Ik herken het lijden en versta de schreeuw in het gedicht. Ik verbaas me over de ontelbare mogelijkheden die er zijn om gevoelens weer te geven met woorden. Het is zo prettig om poëzie te lezen en te schrijven.

Regelmatig overkomt het me dat woorden in mijn hoofd samenklonteren, een weg zoeken naar verband en samenhang. Dat proces raakt soms gevoelige snaren, mijn hart komt in actie en mijn ziel schiet te hulp. Op dat moment is er geen houden meer aan en heb ik dringend pen en papier nodig.

Dit gebeurt spontaan en op de meest onverwachte momenten. Het kan midden in de nacht gebeuren of ergens in een bar, op het strand of onder de douche. Heerlijk om de pen te besturen met de combinatie van verstand, hart en ziel. Mijn gevoelens en gedachten neerschrijven die er op dat moment zijn en door de woordkeus, de vorm en de kleur die de woorden krijgen samen met de melodie, heet het poëzie. Gemoedstoestanden verpakt in woorden, ze maken deel uit van de alsmaar groeiende wereldschat waar we onopgemerkt met velen aan werken.

Iemand heeft met een pen een aantekening gemaakt op het anonieme gedicht, blijkbaar bedoeld als antwoord of oplossing op de pijn die het gedicht uitdrukt. Ik ben er stil van, wat heeft schrijven een kracht zeg!

Ik moet het schrijven weer oppakken! Het is een uitlaatklep, een hulp, ik weet hoe ik mezelf naar een oplossing, een uitweg kan schrijven. Wanneer ik schrijf vanuit pijn, angst en onmacht, komt er automatisch een denkproces op gang dat niet op gang komt zonder schrijven. Het lijkt wel alsof er inderdaad een schrijversgeest bestaat. Een ontastbaar iets dat jou helpt bij het verwoorden van gevoelens. Die geest, die eerst aandachtig luistert, gaat me begrijpen en verstaan. Die geest, zo gauw hij de situatie snapt, pakt me bij de hand en leidt me door het probleem heen naar het licht, naar de uitweg, naar de oplossing en het verwerken. Schrijven is daarom een machtige en krachtige remedie voor mij en vele anderen.

Het lukt me al een hele tijd niet om te schrijven. Denken en mediteren in de natuur gaan prima. Het lukt me geconcentreerd te observeren en daarvan te leren. En om van alles waar te nemen waarover ik met Fio praat. Schrijven is moeilijk. Ik ben bang om mijn werkelijke gemoed op papier te zetten, bevreesd het fout te zien. En bepaalde confrontaties met mezelf wil ik uit de weg gaan omdat het pijnlijk is.

Het is onmogelijk om me over te geven aan mijn toetsenbord. Daarvoor is het een te grote janboel in mijn hoofd en ik ben het vertrouwen in mezelf verloren. Als ik zou gaan schrijven, komt er een woordenstroom op gang. Zonder iets in de hand te hebben zou alles naar de oppervlakte komen. En daar ben ik niet klaar voor.

Schrijven is een belangrijke uitlaatklep voor me, het maakt deel uit van mezelf en van mijn zijn. Toch komt het terug. Recent viel mijn oog op een detail en het raakte me. Ik maakte er een foto van omdat ik mezelf spiegelde aan wat ik zag. Het was een verweerd, door houtworm aangevreten stuk hout, door een ijzeren schroef doorboord en daarmee bevestigd aan een muur. Bij het aanzien van dat beeld voegde ik automatisch woorden bij mijn beleving. Woorden met een diepe betekenis, omdat dat beeld een heftige emotie

bij me losmaakte. Dat stuk hout, dat was ik. Er ontstond drang om
de woorden die me invielen op te schrijven en dit werd een gedicht.

Genageld

De geboortekreet ziet licht
Het prille begin zit muurvast
Zonder uitleg, zonder troost
Doorboord en vastgeschroefd
Alsof dát niet anders kon

Genadeloos verstrengeld
met onbuigzaam lot
Verweerd, versplinterd en
eindeloos in gevecht
Gemolesteerd door parasieten
Langzaamaan immuun

Omvangrijke leer
Pijnlijk te omarmen
Er is tijd

Genageld
Voor het leven

Dit is een nieuwe start, het schrijven komt terug! Mijn leven zou geen leven zijn zonder de mogelijkheid mezelf op papier te kunnen uiten.

Ingeval het schrijven terugkomt, zal dat grotendeels te danken zijn aan mijn wandelingen langs de kust. Daar ligt de basis van duizenden beschouwingen. De zee heeft invloed op de mens, en ook al is dat van mens tot mens verschillend, de zee is voor mij een onuitputtelijke inspiratiebron.

Er zijn zoveel lange en diepgaande gesprekken die Fiorenzo en ik lopend langs de kust kunnen voeren over de meest uiteenlopende onderwerpen. We hebben het over toekomst, gezondheid, huis en kinderen. We vechten met onze problemen, we plannen er onze toekomst en we dromen over reizen. Geregeld fantaseren we over onze nieuwe doelen, die we met alle plezier willen verwezenlijken, zoals pottenbakken, beeldende kunsten, schrijven, het geven van workshops, het oprichten van een schrijvers- en poëzieclub. En, waarom niet, een bed and breakfast naast ons huis, om onze dromen te kunnen delen met mensen over de hele wereld. We voelen dat de zee onze zielen doet bruisen, kolken en golven en wij willen enkel nog leren surfen.

Je wordt wakker op een ochtend en je denkt: ik neem ontslag, ik pak mijn koffers en ik vertrek. Eens kijken, Engeland lijkt me wel wat. Je boekt tickets online en je gaat!

Nee, natuurlijk is het zo niet gegaan, en de vraag wat ons bewoog op achtenveertigjarige leeftijd zoiets te ondernemen, is gedeeltelijk en in flarden de revue al gepasseerd.

Het knelpunt, ons probleem kwam toch onverwacht, al wrong het al langer. De kwestie sloop zomaar zonder uitnodiging of toestemming ons leven binnen. Een sluimerende complicatie met een late explosieve klap. Een klap waarvan de rest van ons leven onze oren zullen blijven suizen.

Het vraagstuk werd protagonist en trok ons hele leven in twijfel. Als een behendige spin weefde het een web om ons heen, we liepen erin vast. Diezelfde spin weefde rustig verder, totdat we voelden dat zelfs onze gedachten vastzaten. Geleidelijk werd alles uitzichtloos, waardeloos, zwart, hopeloos, triest, eenzaam, koud en stil. De dood is de enige uitweg. Vechten wordt zinloos. We vroegen ons moedeloos af voor wie en voor wat?

'Wel, om de verdommenis niet, hierrrr jullie!', bulderde het door ons weggedrukte stemmetje ineens. Robuust galmden de woorden van onze engelbewaarder door onze lamgelegde hersenpannen.
'Zijn jullie helemaal besodemieterd!
Sta op!
Schaam jullie!
Kijk in de spiegel en zie hoe jullie erbij lopen!
Zijn jullie vergeten wie jullie zijn? Durven jullie te vragen voor wie en voor wat jullie moeten knokken?

Het is waar dat jullie je ouders, broers en ja, pijnlijk, twee dochters, twee volwassen dochters verloren hebben!

Maar stop met het tellen wat jullie denken te missen, tel wat over is!

Om jullie eraan te herinneren, jullie hebben een zoon, een geweldige zoon! Een vrucht van jullie opvoeding, een bewijs dat jullie bedoelingen zo ontzettend goed zijn!

Een bewijs dat iemand het wel heeft gesnapt, wel alle mogelijkheden heeft gegrepen die jullie boden!

Iemand die werd zoals jullie zelf, een altruïstisch, liefdevol persoon, onbekend met afgunst en jaloezie!

Dát hebben jullie om voor te vechten, hij is jullie reden om met het leven door te gaan!

Ben verdomme dankbaar!

Velen hebben zelfs dát niet!'

De stem was zo evident en hard, dat de echo voor altijd na zal blijven galmen.

Daar stonden we voor de spiegel, man en vrouw, beiden bedrogen door ouders, broers en dochters. Juist wij, bij wie eerlijkheid en betrouwbaarheid de basis vormen.

We wilden van harte uit de positie stappen die enkel leidde tot destructie. Blijkbaar is het onmogelijk en mag het niet van de wetten der natuur.

We hadden mijn vader het seksueel misbruik van onze dochters moeten vergeven. Ja, vergeven en vergeten, dat doen de meesten toch?

Het had zich vast herhaald, zoals dat normaal gebeurt en hadden we hem opnieuw moeten vergeven. Het leven zou gewoon verder zijn gegaan in een vicieuze cirkel die nooit doorbroken zou worden, onder het mom: toon te allen tijde eerbied voor uw vader en uw moeder. Wat in feite onzin is!

Zelf heb ik als uitgangspunt: eer ieder levend wezen, mits zijn gedrag daarnaar is. Wanneer iedereen zich oprecht en betrouwbaar zou gedragen, waren er weinig problemen.

Het lijkt zo simpel, toch blijkt alles uitermate gecompliceerd.

Wie legt me uit, hoe ik mijn ouders kan eren?

Mijn vader misbruikte onze oudste dochter vijf jaar lang en deed dat gedurende ongeveer negen maanden met onze jongste dochter, terwijl mijn moeder daarvan op de hoogte scheen te zijn en er niets tegen deed! Hier valt weinig te eren!

Ouders moeten eerbied verdienen door hun gedrag en ze moeten niet denken dat ze wat ze ook doen, vergeven worden enkel en alleen omdat ze ouders zijn. Hoeveel mensen eren niet hun vader en moeder omdat het zo hoort, wetend in hun hart dat ze de eer niet verdienen?

We zijn met schromelijk veel mensen die in plaats van hun ouders te willen eren, ze liever met vier paarden uit elkaar getrokken zouden zien!

Het is moeilijk te verteren dat mijn veroordeelde vader door de rechter werd geprezen met een aanmoedigingspremie van tweehonderdveertig uren koffie schenken in een bejaardentehuis! De slachtoffers hebben in feite levenslang, terwijl voor de dader door justitie een onverklaarbare compassie wordt getoond! Het is een uitspraak die aantoont dat de rechtsstaat op schandelijke wijze in gebreke blijft en gedupeerden daarmee tekortdoet. Dit is dikwijls gebleken uit de zoetsappige uitspraken die gedaan zijn in de vele bewezen incest- en pedoseksualiteit-cases. Wij zijn hierin bepaald geen geïsoleerd voorval.

Ik zie niet waar de straf zit in deze uitspraak van tweehonderdveertig uren sociaal werk. Ik zie niet in hoe deze 'straf' op kan wegen tegen de walgelijke, vijf jaar lang durende misdaden die mijn vader heeft gepleegd. Onze dochters zitten levenslang met de consequenties, en niet alleen zij, ook de rest van hun gezin.

Mijn teleurstelling en woede zouden spietsing als straf beter op zijn plaats gevonden hebben. Mijn verstand zegt dat tien jaar gevangenisstraf, vierendelen of spietsing geen van alle voldoende zouden zijn om ons verdriet en onze pijn weg te nemen. Gedane zaken nemen geen keer.

Dat mijn vader schuldig is bevonden en is veroordeeld voor de incest, is voor ons in ieder geval een erkenning. Wat hij deed is wettelijk strafbaar bevonden. Hij is veroordeeld. Hij heeft een strafblad. Wij niet.

Wij hebben de teleurstelling, het verdriet, de pijn, de brokstukken en de eeuwige naweeën!

Ik noem de straf een aanmoedigingspremie, omdat deze straf op geen enkele manier een barrière vormt voor eventuele herhaling. Ongelooflijk dat dit door justitie niet ingezien wordt.

Mijn vader komt er te gemakkelijk vanaf. Wat en wie, weerhoudt hem ervan om een nieuw minderjarig slachtoffer te maken? Juist hij, die over de destijds spelende omvangrijke Eper incestaffaire herhaaldelijk bulderde dat alle daders tegen een muur gezet moesten worden!

We leven in een overwegend Christelijke samenleving, waar alles draait om zondigen – biechten – vergeving. Een onophoudelijke cyclus waarbij men zijn eigen moraliteit herhaaldelijk blijft overschrijden en daarbij zijn limieten steeds gemakkelijk verschuift. In zo'n maatschappij geef je mensen ruimte en vrijheid om hun grenzen van zedelijkheid naar eigen goeddunken te verleggen, gestuwd door de drift van ziekelijk genot. Wat voor eigenwaarde kunnen zulke mensen in godsnaam overhouden? De gruwelijke en blijvende impact op slachtoffers van incest en pedoseksualiteit wordt door justitie nog altijd op een walgelijke manier verloochend en op onverklaarbare wijze maar al te graag onderschat. Het is ongelooflijk hoe inefficiënt de rechtsstaat werkt, zonder dat men daar ook maar iets aan verandert!

In Ideeën van Multatuli las ik wat hij schreef over de rechtsstaat en advocatuur. Hij noemde het een wereld die draait om geld en niet om de belangen van de burger. Wat is het verschil met nu, nu we ruim anderhalve eeuw verder zijn? Laten we daar eens bewust bij stilstaan!

Er zijn culturen die hun eigenwaarde in de hand hielden door een disciplinaire erecode toe te passen die als briljant alternatief op de doodstraf functioneert. Ik moet hierbij denken aan Bushido, de erecode van de Samoerai: wie zijn gezicht verliest, doet zelfmoord. Het is niet alleen de gerechtigheid die telt bij Bushido, het gaat ook over de juiste beoordeling van de situatie. Uiterst interessant dat een Samoerai daarbij instinctief handelt en zelfstandig oordeelt over wat goed is en wat slecht.

Het objectief kunnen oordelen over goed en slecht zijn wij in de westerse wereld grotendeels verleerd, evenals het hebben van een gezonde dosis schaamte. We worden ontmoedigd door de opvatting dat incest en pedoseksualiteit geen ziekten zijn, maar een geaardheid, en dat er dús geen remedie bestaat.

Anderen karakteriseren incest en pedoseksualiteit als een ziekte, een ongeneeslijke ziekte. Het advies van deze groep is om definitief afstand te nemen.

Ik ben dit gaan visualiseren. Mensen die incest plegen zijn als een rotte appel in een volle mand met appels. Wil jij een gezonde appel blijven, moeten alle rotte appels weg uit jouw buurt. Dat is cru en bikkelhard, omdat het hier in werkelijkheid niet gaat over appels, maar om bloedverwanten.

Er zijn mensen die aandragen dat een pedofiel in therapie kan leren leven met zijn geaardheid. Het is een mens en hij heeft recht op zijn manier van zijn. Deze houding is een gevaarlijke eerste stap richting tolerantie. Een idee voor een moordenaar of een dief om te verklaren dat hij moordt of rooft omdat het zijn geaardheid is.

Dan kunnen ze hem of haar in therapie gaan leren hoe hij hiermee moet leven!

Laten we ophouden met dit slappe gedoe. Iedereen weet dat pedoseksualiteit alle ethische grenzen te buiten gaat. Het zaait verderf en voegt geen enkele waarde toe aan het leven. We weten dat het kinderen blijvend beschadigt en dat het de levens kapotmaakt van de directe en indirecte slachtoffers. Begrip en tolerantie zijn hier niet op hun plaats. Voor het plegen van incest en pedofiele misdrijven moet een passende straf worden bedacht, die zodanig is dat het de dader automatisch hervormt. Het is immers wettelijk verboden. Waarom laat de rechtsstaat het afweten? Waarom moedigt justitie pedofilie aan? Incest en het plegen van pedofilie moet geen bestaansrecht hebben!

Je wordt als directe of indirecte slachtoffer ongewild diep in de kwestie gezogen en het voelt alsof je in een kolk zit waar je niet meer uitkomt. De erecode van de Samoerai met zijn traditionele vorm van zelfbeoordeling zou een mes zijn dat aan twee kanten snijdt: aan de ene kant voorkomt het op definitieve wijze herhaling van in dit geval incest en aan de andere kant geeft het de hoogste vorm van erkenning aan het slachtoffer. We kunnen niet anders doen dan eenvoudig concluderen hoe voor de hand een oplossing zou kunnen liggen.

Helaas ontbreekt het de westerse wereld aan karakter, we hebben niet genoeg objectiviteit, rechtschapenheid en discipline. Ons is aangeleerd om elkaar alle zonden te vergeven. Daarbij maakt het niet uit wat voor zonde het betreft. We blijven gretig overtreden, het wordt toch steeds vergeven en, als we geluk hebben, vergeten! Er zijn mensen die ervan overtuigd zijn dat pedofilie ooit, als men er maar lang genoeg over praat en het argument sensibiliseert, getolereerd zal gaan worden. Kunnen we ons dat voorstellen?

Hoeveel mensen lijden er in stilte? Ik lijd liever luidruchtig! De opgelegde taboes doorbreken, al is het met geweld. Weg met het verzwijgen en weg met de hypocrisie! Ik schreeuw mijn lijden luid en duidelijk de wereld over. Wat mij betreft is het afgelopen!

Zolang we ons stilhouden, ons hoofd buigen en lijdend blijven ondergaan, is en blijft het een taboe. Plegers van incest en pedofilie zullen zonder wroeging op intimiderende wijze doorgaan. Onze schaamte zorgt ervoor dat hun taboe opgeheven wordt. Daarom leggen we met ons zwijgen onszelf een levenslange straf op. Door aan te geven en te openbaren, breek je uit de vicieuze cirkel en dat brengt nieuwe vrijheid. Je hoeft niets meer te verantwoorden tegenover anderen. Je hoeft niets meer te slikken vanuit een belachelijke, opgelegde vorm van fatsoen.

Het vergeven is een punt waarin de kerk een schandelijke rol speelt. Sommige zonden zijn eenvoudigweg onvergeeflijk.

Ik zit vol met duizenden vraagstukken, ik ben op zoek naar filosofische erkenning, vecht met angsten, puzzel met onduidelijkheden die ik eerlijk wil delen met de wereld, zodat we er samen wat aan kunnen hebben. Wat mij betreft kunnen sommige voorgeschreven regels van de wereld verdwijnen, en als het kan vandaag nog!

Ik heb mijn geloof, maar geloof niet in het gezag van de kerk. De kerk is een autoriteit die invloed heeft op het volk doordat ze macht misbruikt, zichzelf verschuilend achter het christendom. Homoseksualiteit wordt veroordeeld. Zo gauw er een priester blijk geeft van zijn homoseksualiteit, treedt de kerk hard op door hem uit de kerkelijke gemeenschap te bannen. Hij mag geen priester meer zijn. Wat doet een homoseksuele persoon verkeerd? Berokkent hij ons schade? Zo gauw er een priester blijk geeft van zijn pedofiele seksualiteit, wordt dit nieuws gesust en wordt de priester overgeplaatst onder het mom: het is een menselijke zwakte en kinderen hebben liefde nodig, die ze meestal thuis niet krijgen. Er zijn mensen die beweren dat de kerk het grootste netwerk van pedoseksualiteit is dat er op aarde bestaat. Zulke liefde heeft geen enkel kind nodig! Het is rampzalig.

Zo gauw iedereen ervoor zou zorgen zich oprecht te gedragen binnen de gezonde en bovendien aangeboren ethische grenzen, zouden we beter af zijn zonder opleggingen.

'U zult niet stelen', is een handig voorbeeld. Bijna iedereen heeft wel eens stiekem geprobeerd een snoepje uit de aanlokkelijke snoepjes-pot te pakken, of dat koekje uit de koekjestrommel, goed wetend dat het niet mocht.

Waar het mij om gaat, is het moment dat je jouw hand reikt om het koekje te pakken, wetend dat het niet mag. Vlak voordat je het koekje raakt, is er een rem, het moment dat jouw geweten optreedt. We bezitten allemaal een aangeboren zedelijkheidsgrens. Dit mechanisme treedt vanzelf op bij alle morele overtredingen.

Er is onherroepelijk een moment, al is het een fractie van een seconde, dat je oog in oog komt te staan met je geweten.

In ons hart weten we precies het verschil tussen wat goed is en wat slecht. Aan een ieder die op zo'n moment verkiest verder te gaan, schrijf ik zijn eigen verantwoording toe. Het is een feit dat we ons niet allemaal hetzelfde gedragen ten opzichte van deze natuurlijke rem. En dát is het probleem. Iets dat overigens het opleggen van regeltjes niet kan voorkomen.

Wat is het dat de ene persoon het koekje pakt en de andere niet? Heeft dat niet te maken met het basiskarakter waar iemand mee wordt geboren? Ik kan enkel concluderen dat het basiskarakter, dat direct in verband staat met de beslissing, de grondslag legt voor de uiteindelijke keuze.

Onze teleurstelling was kolossaal toen we in 2000 de gruwelijke waarheid over het seksuele misbruik vernamen. Tijdens de confrontatie die ik direct met mijn vader aanging, werd door hem de incest zonder blikken of blozen bevestigd. Dat was voor mij de directe aanleiding om acuut en voorgoed met mijn ouders te breken. Het boek met hen was dicht, ik wilde ze nooit meer zien of horen en ik zou ervoor zorgen dat ze definitief uit het leven van onze kinderen verdreven zouden blijven.

Soms denken Fio en ik dat het niet de beste beslissing in ons leven was, we lijken er nog steeds voor te moeten boeten. Wij, die niets immoreels gedaan hebben, we zijn alleen maar opgekomen voor onze dochters en hebben ze in bescherming genomen. Er is aangifte gedaan en mijn vader is veroordeeld door de Nederlandse rechter. Voor ons was dat de weg, het moest bestraft worden en niet in de doofpot gestopt worden. Het moest onmiskenbaar aangetoond zijn dat opa fout was en er moest worden voorkomen dat hij ooit opnieuw iemand kwaad zou doen.

Hij had zijn opa-rol misbruikt om zijn kleindochters seksueel te misbruiken. Het was niet de schuld van onze dochters. Hoe vaak hadden we ze dat niet uitgelegd? Bang dat ze schuldgevoelens zouden krijgen over de gevolgen van een abrupte breuk tussen ons gezin en de grootouders en de daaruit voortvloeiende repercussies.

Zelf hebben we de tijd niet gehad om in te kunnen zien dat het niet gemakkelijk zou zijn om zo radicaal korte metten te maken met ouders. Temeer omdat er een dubbele verhaallijn lag. Aan de ene kant waren Fiorenzo en ik die betreffende vijf jaren onwetend over wat er zich afspeelde tussen opa, oma en de kleindochters. In die onwetendheid genoten we van mijn ouders, die steeds meer voor ons gingen betekenen. Het leken vrienden, we konden op hen bouwen en onze verhouding was beter dan ooit. Dat bleek achteraf allemaal valse schijn. Een klap die dubbel zo hard aankomt. Er is niets moeilijker dan te leven in de veronderstelling dat je gouden ouders hebt met wie je plotseling radicaal breken moet. Te ontdekken dat alles een grote poppenkast is en dat hun wangedrag jou dwingt tot een definitieve breuk is verwarrend, verscheurend en vernietigend. Alle mooie herinneringen worden overschaduwd door de gruweldaden die zich tegelijkertijd hebben afgespeeld. Hoe mooi kan een herinnering nog zijn aan blijde ouders, die vanuit Nederland met hun afgeladen camper ons hof op komen rijden met nieuwe kinderkleertjes, een nieuw spel, een Nederlandstalig leesboek, ontbijtkoek en hagelslag, als daar buiten ons weten om seks met de kleinkinderen tegenover stond? Hoe wreed en misdadig kunnen ouders zijn? Ja ouders, omdat ik mijn moeder medeplichtig acht. Het was voldoende te horen van Veronica, dat oma er meermaals getuige van was en niet reageerde. Alsof het normaal was wat ze zag.

Dat ik, de moeder van de dochters en de dochter van de daders, de beslissing nam om dit rad van afschuw te stoppen, is zijn rol gaan spelen. Dit deed ik door onmiddellijk te breken met mijn ouders. Het was een kortstondig dilemma. Het aangifte doen en het openbaren van de incest is beangstigend omdat je de gevolgen niet kunt overzien. We wisten niet dat we hiermee het stockholmsyndroom bij onze dochters op gang zouden brengen. En dat de wereld zich tegen ons zou keren. Maar als we hem niet hadden aangegeven en mijn vader en moeder gewoon zouden vergeven, zoals het gros van de mensen dat doet, hadden we een moreel probleem gehad. Waarschijnlijk had die beslissing moeten liggen bij onze dochters, de slachtoffers zelf. Veronica was ondertussen bijna vijftien wanneer ik de relatie met mijn ouders verbrak. Nog steeds denk ik daarmee de juiste beslissing genomen te hebben. Er is geen acceptabel alternatief. Het ziet er naar uit dat het niets uitmaakt wat ik gedaan zou hebben, ik had het sowieso fout gedaan. Het effect dat het uiteindelijk op onze dochters kreeg is verschrikkelijk. En dat geldt ook voor de reacties van het grootste deel van de verdere familie, vrienden en kennissenkring, die eerst geëmotioneerd, geschokt en heftig reageerden, om ons daarna de rug toe te keren. Plotseling verkozen ze de incest op hypocriete wijze zo snel mogelijk in de doofpot te stoppen. Dat bleek gemakkelijker voor ze dan een eerlijk en oprecht standpunt innemen. En dan daarbij het appèl: het zijn je ouders. Dit moet je ze vergeven. Dit kun je ze niet aandoen. Het openbaren van incest wordt daarmee erger gevonden dan de misdaad zelf. Ik word ervan beschuldigt mijn ouders en de familie kapot te maken en door een broer van mijn moeder zelfs geïntimideerd met de woorden: Als je moeder zich van kant maakt, is dat jouw schuld. Dit in de wetenschap dat mijn oma, de moeder van deze oom en mijn moeder, jaren geleden zelfmoord gepleegd heeft. Dat maakte het incasseren van deze intimidatie er niet eenvoudiger op. Fiorenzo en ik waren ineens verstoten door bijna iedereen om ons heen.

Maar zijn wij mensen krankzinnig? Zijn we nog bij ons verstand? Door op te komen voor de misdadiger en zich daarbij aan te sluiten, kiest men voor medeplichtigheid. Kunnen we daar eens mee ophouden? Dit taboe over incest en pedoseksualiteit moet worden doorbroken. De slachtoffers moeten opgevangen worden en niet in de hoek worden getrapt! Dit is mogelijk, en we zijn het onszelf verschuldigd, omdat we morgen zelf het slachtoffer kunnen zijn. Direct of indirect.

Fio en ik zijn slachtoffers van slachtoffers geworden. Doordat onze dochters vastzitten in onmacht, pijn, verdriet, spijt en schuldgevoel, zijn ze op zoek naar een zwart schaap, een zondebok. Iemand die ze schuld kunnen toedichten, om zo zichzelf via een verkorte weg te kunnen helpen gewoon verder te kunnen leven.

Dat kan tijdelijk. Er komt alleen een moment van de waarheid in je leven, een spiegel die alles toont. Je kunt jaren een struikelblok verleggen en je ogen sluiten voor de werkelijkheid. En al schijnt alles te zijn gewist, er komt onafwendbaar een moment dat je op je gezicht gaat, omdat je struikelt over het zo vaak verplaatste blok.

Er is altijd wel een trigger die op een onverwacht moment de kluis opent waarin het drama zat weggestopt. Dergelijke drama's zijn niet weg te poetsen. Vroeg of laat zet het hun hele leven op zijn kop. Dankzij deze surrogaatoplossing blijven ze zitten in een moeilijk parket. Het is absoluut geen oplossing, maar meer een uitstel van executie. Helaas rent het leven verder, en al die jaren afstand tussen ons en onze dochters zijn nooit meer te overbruggen.

Zijn nooit meer in te halen, opnieuw te beleven. Het is voorbij, verleden tijd. Natuurlijk hebben mensen recht op hun keuzes, er is echter geen ontkomen aan de consequenties ervan. Na iedere actie volgt een reactie, daarom hebben we niet altijd alles zelf in de hand.

De oudste dochter had gedurende jaren een moeizame relatie met bijna iedereen. Ze studeerde psychologie, nadat ze tegen alle psychologen had aangetrapt. Ze wilde niemand in vertrouwen nemen om zich te uiten en om zich te laten helpen bij het verwerken van haar traumatische ervaringen. We hoopten dat ze psychologie ging studeren om in de eerste plaats zichzelf te kunnen helpen. Ze zou in contact kunnen komen met mentoren, onder wie hopelijk een in wie ze wél vertrouwen had. Iemand die in haar buurt mocht komen, een toeverlaat.

Het lijkt erop dat ze haar studie als wapen is gaan gebruiken. Een wapen tegen zichzelf, omdat ze is gaan leven in een irreële wereld. En een wapen tegen ons. Uit onmacht, woede en wraak. Tot onze verbazing koos ze later in haar studie de specialisatie geriatrie, de zorg voor de kwetsbare oudere patiënt. Wat kan ze in godsnaam gaan betekenen voor bejaarden, als ze alle opa's die ze te behandelen krijgt uitsluitend kan associëren met haar eigen incest-opa? En wat kan ze beteken voor alle te behandelen oma's, die haar enkel zullen doen terugdenken aan haar eigen ik-stond-erbij-en-keek-ernaar-oma?

Het leek erop dat ze op zoek was naar problematische relaties met jongens, jongens met opvallende eigenschappen die te herleiden waren naar haar incest-opa. Dat deed pijn in onze harten, maar wat konden we doen? Niets, ze heeft recht op haar leven en op haar keuzes.

Ik moet denken aan de eerste keer dat ze thuis de deur dichtsloeg.

Veronica was negentien jaar en kreeg verkering met een eenentwintigjarige jongen die door familieproblemen zelfstandig woonde en volledig aangewezen was op zichzelf.

Het opvallende was dat Veronica vanaf dat moment veranderde, alsof ze een andere persoon geworden was. Ze zorgde ervoor dat tussen ons alles een conflict werd en deed dat op een onbegrijpelijke en oneerlijke manier. Ze was niet meer voor rede vatbaar en deed er alles aan om het slechtste in ons naar boven te halen. Hiermee toonde ze haar vriend een vertekend beeld van ons. Ze wilde hem doen geloven dat wij verschrikkelijke mensen waren, met wie zij het niet meer kon uithouden.

Zo lukte het haar om zo snel mogelijk bij hem in te trekken. Het was een vervelende situatie, omdat deze jongen zich niet klaar voelde om te gaan samenwonen. Ze kenden elkaar pas. Veronica kwam alleen in het weekend thuis, omdat ze eerstejaars universiteitsstudent in Padua was. We huurden daar voor haar een kamer in een gezellig appartement, waar ook haar beste vriendin woonde. Ze kon zich daar niet aanpassen.

De vriend vroeg wanhopig een gesprek aan met ons. Hij wilde Veronica niet kwijt, maar kon de verantwoording over haar er niet bijnemen.

We stelden voor dat Veronica door de week in Padua zou blijven en in het weekend naar hem zou gaan. Wij moesten sowieso de huur betalen tot minstens het einde van het studiejaar.

Nee, er was geen compromis te sluiten. Veronica besloot voor ons allemaal. Ze maakte diezelfde avond nog een afschuwelijke, onredelijke ruzie die eindigde met het geven van alle schuld aan mij. Omdat ik volgens haar de incest had moeten voorkomen. Vervolgens was er geen gesprek meer mogelijk, ze sloeg met de deur en binnen een dag was ze verhuisd naar haar vriend, zonder nog contact te willen met haar ouders, broer of zus.

Ik kan de onmacht, pijn en verdriet opnieuw voelen. Niemand had voldoende overredingskracht om Veronica zich te laten realiseren wat ze zichzelf en ons hiermee aandeed. Ze was en bleef onbereikbaar, voor ons, voor psychologen, familie en vrienden.

Nadat Veronica opgestapt was en wij met de overgebleven gezinsleden een nieuwe balans zochten, voelden we de verandering die dat teweegbracht. De vrede en de rust die in één klap terugkeerden, maakten een behoorlijke indruk op ons. Wanneer je jaren in een situatie zit die langzaamaan verslechtert, vergeet je wat normaal is. De spanning die om Veronica hing was achteraf gezien ondraaglijk.

Het gezin had mondjesmaat maar blijvend grenzen verlegd, zonder te beseffen wat er precies gebeurde. Het besef kwam hard aan na haar vertrek, omdat dit radicaal gebeurde en daardoor zorgde voor een duidelijk contrast.

Haar onrust en razernij voerde ze door in alles wat ze deed. Wij als ouders, broer en zus hadden nooit ingezien wat hiervan de werkelijke impact op ons gezinsleven en op ons individuele leven was geweest. Het was duidelijk dat Veronica plofte van woede waar ze zelf geen raad mee wist.

Het harde bonken op de houten trap, wanneer ze die op of af liep. Haar theebeker die ze alsmaar nijdig op de tafel sloeg. Keukenkastjes klapten grimmig dicht en de deuren sloegen haast uit de sponningen. Er zat drift en woede in alles wat ze deed. In haar hele houding, haar bewegen, praten en kijken. Het waren haar strakke, dwangmatige en onmogelijke schema's die op een agressieve manier haar en ons leven dirigeerden. Wee degene die de badkamer bezet hield als zij gepland had te gaan douchen. Zij besloot hoe laat het eten klaar moest staan. Ze had haar aanpassingsvermogen en tolerantie verloren en daardoor was ze een overheersende, dominante en ongezellige aanwezigheid geworden.

Zo gauw haar relatie met de vriend escaleerde, kwam ze op hangende pootjes terug. We ontvingen haar met liefde, vertrouwen en geduld.

We spraken het uit, ik zei haar dat als ik eerder de incest met opa had gemerkt of had ontdekt, ik net zo gereageerd zou hebben als ik dat nu gedaan had. Er waren voor mij geen eerdere signalen geweest: ze ging uitstekend op school, had geen huilbui als opa en oma naar Italië kwamen, en juist wel als ze weer weggingen. Nee, Fiorenzo en ik hadden eerder niets gemerkt. Ze kon alleen zichzelf hiervoor bedanken, omdat ze ons uitlegde dat het voor haar sport was om alles zo perfect mogelijk te verbergen. Niets of niemand, mocht iets merken van wat zich tussen haar en opa afspeelde. Helaas is dat prima gelukt.

Na het uitkomen van de incest zijn er behoorlijk wat taferelen en moeilijke situaties voorgevallen waar nooit werkelijk vooruitgang in is gekomen. Fiorenzo en ik vroegen ons meerdere malen af: moeten we Veronica en Marta een vrijbrief blijven geven voor hun gedragingen vanwege wat ze hebben meegemaakt? Wordt het na jaren geen tijd alles door een andere bril te gaan zien? Het was moeilijk voor ons om een scheiding te trekken tussen waar door onze dochters misbruik gemaakt werd van de situatie en waar niet.

De eerste maanden nadat Veronica weer thuis was, was ze lief en gezellig. Ze kon zich ineens wél gedragen. Geleidelijk genoeg om het niet direct te laten opvallen, viel ze terug in haar oude patroon. De gespannen en moeilijke sfeer keerde langzaamaan terug.

Veronica weigerde opnieuw systematisch mijn liefde en maakte het steeds minder leefbaar in huis. Ze zag mij als de grote boosdoener. Wanneer ik daaraan terugdenk, vraag ik me af wat haar ervan weerhield om op zichzelf te blijven wonen. Wat kwam ze thuis doen, als ze bij haar oneerlijke standpunt bleef? Het was onze fout haar terug in huis te nemen en haar steeds opnieuw te geloven en te vertrouwen. We hadden harder mogen, of beter gezegd, moeten zijn. Meer dan eens heb ik gedacht dat ze de realiteit vervormd was gaan zien door de negatieve invloed van mijn ouders. Wie weet wat ze haar van kleins af aan gezegd en herhaald hebben. Dat kan haar beleving en kijk beïnvloed hebben. Maar, ze heeft toch ook zelf haar ouders leren kennen? Daar heeft ze toch gewoond en daar is ze toch opgegroeid? Dat moet sterker zijn. Ze kon immers de proef op de som nemen, wanneer ze wilde. Hoe ik me ook probeer te verplaatsen en hoe ver ik me ook inleef, ik kom niet tot een ontrafeling die me overtuigt. Mijn standpunt blijft dat een ieder verantwoordelijk is voor zijn daden. Onder welke omstandigheden ook.

Fiorenzo en ik zagen niet dat de beschuldigingen van Veronica aan mijn adres en het herhaaldelijk verbreken van contact een patroon vormden dat zich herhaalde zonder ergens vooruitgang te boeken. De schuldgevoelens waar de dochters mee kampten en de weet van hun verkeerde beslissingen op cruciale momenten, moeten voor onze dochters ondraaglijk zijn, en hun oneerlijke gedrag tegenover ons zal ontstaan zijn uit een vorm van zelfbehoud. Wat ik niet snap is waarom alle schuld op mijn bord komt te liggen en niet op dat van mijn vader en mijn moeder, die hun het kwaad direct hebben aangedaan. Het is moeilijk te accepteren dat Veronica uitspreekt met opa geen problemen te hebben, maar enkel met mij.

Hoe kan iemand vijf jaar lang seksueel misbruik ondergaan, in een systeem dat het slachtoffer meetrekt in een destructieve kolk, om na enige tijd nadat alles is gestopt te beweren dat de dader niet het probleem is, maar de persoon die dit heeft geblokkeerd en dit naar buiten heeft gebracht?

De eerste keer dat ze me op deze manier confronteerde vergeet ik mijn leven niet meer. Veronica was achttien. Het was de avond voor kerstavond. Het huis was versierd en de boodschappen waren in huis. Er werd gewerkt aan een ontspannen sfeer en iedereen droeg zijn steentje bij door te zingen, piano te spelen, hout bij de kachel te zetten, iets lekkers te bakken of een gezelschapsspel met anderen te spelen. Veronica keerde in zichzelf en hoe vriendelijker we deden, hoe lastiger ze werd. Ze probeerde de sfeer te bederven en voerde de spanning op door met alles en iedereen te contrasteren. Na het avondeten was het haar beurt om te helpen met de vaat, maar ze weigerde. Al was ze achttien, ik dwong haar toch zich te houden aan de afspraak, zodat ik ondertussen de strijk kon bijwerken en daarna ook kon gaan zitten. Het werd een rel. Ze had een punt gevonden om ruzie over te maken. Het ging helemaal nergens over, tot de aap uit de mouw kwam.

'Jij mamma, Jij had alles kunnen voorkomen! Jij bent de schuldige voor wat er met mij en Marta gebeurd is!'

'Waar heb je het over? Kun je duidelijker zijn tegen mij?'

'Ja, jij had moeten weten hoe opa was en jij had ervoor moeten zorgen dat dit niet zou gebeuren! Ik haat je en hou niet meer van jou, nooit meer. Voor mijn part val je dood! Zo snel ik op eigen benen kan staan, vertrek ik!'

De deur klapte achter haar dicht en ze bonkte de trap op naar haar kamer, waar de deur opnieuw een klap gaf. Daarna werd het stil. Mijn handen trilden en alles was onwezenlijk. Het kon niet waar zijn wat ik zojuist had aangehoord. Was ik echt de schuld van alles? Had ik alles kunnen voorkomen? Mijn benen trilden en al snel de rest van mijn lichaam. Ik kon niet blijven staan en Fio hielp me op een stoel. We voelden ons aangevallen en verslagen. Wat moesten we hiermee? Lorenzo probeerde me te troosten door te zeggen dat dit een vergissing moest zijn en dat ze dit zo niet kon menen. Ook Marta was geschrokken van de situatie en kwam bij me staan om me te troosten. Het had geen vat op me. Het rillen nam toe en ik klappertandde ongecontroleerd. Het was niet te stoppen. Ik zag vlekken en werd duizelig en het leek erop dat ik koorts kreeg. Fiorenzo heeft me naar bed gebracht, maar ik bleef beven. Het klappertanden ging ondertussen zo hard dat ik bang was dat er stukjes van mijn tanden zouden springen. Binnen korte tijd had ik veertig graden koorts.

Mijn liefde voor onze kinderen is zo groot en zo oprecht dat deze beschuldiging me kilde. Nadat de incest drieënhalf jaar voor deze beschuldiging uitgekomen was, had ik mezelf al met die vragen gebombardeerd. Nee, ik acht mezelf niet verantwoordelijk en ben onschuldig over het feit dat ik niets heb kunnen voorkomen. Het enige dat ik mezelf kwalijk neem is dat ik niets heb gemerkt, ondanks dat ik zo intensief bij de kinderen betrokken was. En wat ik mezelf nooit vergeef, is dat ik mijn ouders heb vertrouwd. Maar is dat mijn fout? Mijn ouders hadden te vertrouwen moeten zijn.

Over die Kerst hing een schaduw. De sfeer was kapot, net als ik, al deed ik opnieuw mijn uiterste best het gezellig te maken. Blijkbaar was Veronica geschrokken van haar venijnige uitval en ze had een brief geschreven aan Fiorenzo en mij waarin ze haar excuses aanbood en vroeg vergeven te worden. Ze zette in de brief uiteen dat ze heus wel begreep dat het niet mijn schuld is en dat ze het niet zo bedoelde. Naderhand hebben we er over gesproken en alles leek uitgepraat te zijn. Maar nee, dat was niet zo. Het werd een patroon dat steeds terugkeerde. Het zou me kapot maken, want steeds opnieuw kwam het hard aan, temeer omdat ik erop vertrouwde dat we het uitgepraat hadden. Haar haat tegenover mij bleek enkel te groeien. Aanvankelijk durfde ik tegen niemand te zeggen dat ik de schuld kreeg van Veronica, bang voor oordelen. Bevreesd schuldig te worden bevonden van iets dat ik niet gedaan heb. Ik schaamde me ook voor de manier waarop Veronica me aangevallen had. Waar kan zoiets op gebaseerd zijn? Waarom lukt het haar om mijn liefde te weigeren? Iemand zou kunnen denken dat ik het monster ben, in plaats van dat mijn vader dat is.

Een taboe verbreken werkt bevrijdend. Nu is het voor mij geen probleem meer om er open over te praten. Het is de waarheid en misschien wordt het tijd dat anderen zich gaan schamen en ongemakkelijk voelen.

Voor ons is het zo onlogisch dat wij, vooral ik, die de incest met opa meteen heeft geblokkeerd, de schuld krijgen en niet de incestpleger zelf. Het moet een variant zijn op het stockholmsyndroom, ik kan het niet anders plaatsen. Dit irrationele gedrag blijkt vaker voor te komen.

Een vriendin van mij nam de zorg-rol van haar moeder over nadat haar moeder gestorven was en ging daarvoor samenwonen met haar vader. Ze verzorgde hem met liefde en geduld die zeldzaam zijn. Ik had haar hiervoor altijd bewonderd. In een vertrouwelijk gesprek biechtte ze me op dat ze zelf in haar jeugd slachtoffer was van incest door haar vader. Vanaf dat moment kon ik haar niet meer waarderen. Er was voor mezelf geen weg te bedenken om hiervoor begrip te tonen, het was krom en verkeerd. Het enige dat ik kon denken was dat er in haar iets kapot was gemaakt. De link tussen het verhaal van mijn vriendin en mijn dochters was eenvoudig te leggen. Er is blijkbaar in hen iets kapot gemaakt. Het lijkt erop dat slachtoffers vechten tussen de incest en het gemis van een voor de slachtoffers intussen normaal patroon. Gaan ze daarom op zoek naar een vriend met dezelfde eigenschappen als de dader? Ze vechten met het gemis van dat patroon dat plotseling weg is.
Is dat de woede die ik voel tegen mij?
Is het enkel een beschadiging in hun normale beleving?
Worden ze zich hiervan ooit bewust?
Wat weegt voor incestslachtoffers het zwaarst, de jaren van het ondergaan van de incest, of het losgerukt zijn van de, in dit geval, incest-opa en zijn vertrouwelijk geworden wereld? Iets dat voor ons onbegrijpelijk is, maar toch herhaaldelijk terug te zien is in dit soort situaties, die allemaal min of meer dezelfde uitwerking blijken te hebben.

Als onze dochters beschadigd zijn, mag ik ze hun gedrag niet kwalijk nemen. Is dit een eerlijke stelling?

Het klinkt ongeloofwaardig dat een incestslachtoffer de dader tracht te beschermen en dat ze buiten hun relatie iemand zoekt om alle schuld en afschuw op af te kunnen wentelen.

Dat overhevelen van verantwoordelijkheden heeft grote impact op meerdere levens en wordt een drama in het drama.

Er bestaan mensen die Fiorenzo en mij erop durfden te wijzen dat we ons eens zouden moeten verdiepen in wat incest precies is, omdat het volgens hen uitsluitend over liefde gaat! We zijn nog nooit een incestslachtoffer tegengekomen dat goed kan functioneren, dat geen littekens heeft overgehouden aan deze pseudo-liefde. We weten dat slachtoffers blijvend beschadigd zijn en daarom kunnen we niet spreken over liefde! Dit idee staat haaks op onze gedachten hierover en visie hierop. Het is akelig dat mensen er zo over kunnen denken en praten. Het duidt op de afwezigheid van een alarmbel: als mensen geen kwaad zien in incest of pedoseksualiteit, zullen ze niet reageren op hun natuurlijke rem en doen waar ze zin in hebben onder het mom 'ik doe het uit liefde', wat een huiveringwekkende zelfgemaakte vrijbrief is voor het plegen van een misdaad.

Het is nooit verkeerd om te zoeken naar achterliggende motieven die een persoon op een bepaalde manier laten denken en handelen. Het is zoeken naar antwoorden en redenen om begripvol te kunnen zijn voor de slachtoffers die blijken te leven in een irrealiteit. Alles is altijd te onderbouwen en een 'waarom' is op deze welwillende wijze eenvoudig te vinden.

We kunnen meegaan in het lijden van het slachtoffer en compassie tonen, dat hoeft niet fout te zijn. Maar ik vecht met het idee dat er eindeloos begripvol opgetreden moet worden ten aanzien van deze slachtoffers, die zelf geen reikende en helpende hand aan willen pakken. Moet altijd alles geaccepteerd en begrepen worden met als gevolg ons eigen verdriet, onze pijn en de daaruit voortvloeiende problemen? Is alles wat ze veroorzaken eenvoudig weg te schrijven met het begrip zelfbescherming?

Dat neemt toch niet weg dat ze zich ervan bewust moeten zijn en in moeten zien dat er iets niet klopt aan hun gedrag. Die brief met excuses en het eerlijk erkennen van foutief en oneerlijk gedrag is toch ook door haar zelf geschreven? Of was de inhoud van de brief fake, om thuis te kunnen blijven? Waar plaatsen we nu de oprechtheid van de mens? Fietst die eveneens weg uit zelfbescherming? Hebben daarom slachtoffers het recht om anderen slachtoffer te maken van het psychologische geweld dat zij toepassen? Mogen zij onder het mom van zelfbescherming zover gaan anderen psychologisch te killen?

Als ik eerlijk ben tegen mezelf, weet ik dat ik zover niet hoef te gaan. Het is moeilijk voor me, dat geef ik toe. Ik ben een gewoon mens en onmacht is een lelijk beest.

Ik moet me gaan richten op het accepteren. Ik moet zien dat dit de situatie is en dat ik daar niets meer aan veranderen kan. Ik moet ermee stoppen de problemen van mijn dochters op mijn nek te nemen. Zij moeten zelf een traject volgen en gaan vechten voor een rechtschapen bestaan. Ik moet leren inzien dat ik dat niet voor ze kan doen.

Loslaten, ik moet dit alles en hen leren loslaten! Wat dat onmogelijk schijnt te maken is het feit dat mijn verstand en mijn gevoel op twee verschillende niveaus zitten en werken. Het geeft me de indruk op een schommel te zitten en heen en weer geslingerd te worden tussen enerzijds de feiten en anderzijds de emotie die weigert te accepteren. Weigering van het accepteren van de reële situatie, omdat ik mijn gezin en mijn dochters op hartverscheurende wijze mis. Ben ik een egoïst?

Onze dochters kregen verkering met twee vrienden, die samen al vrienden waren vanaf hun kleutertijd. Tot die tijd hadden Fiorenzo en ik de overtuiging gehad dat alles op zijn pootjes terecht zou komen. Ik bedoel hiermee dat we dachten voldoende bewust te zijn van de werkelijke situatie. Er was goede hoop voor de toekomst. We leefden in de illusie dat alles uiteindelijk goed zou komen, omdat we ervan uitgingen dat we alle vijf streefden naar verwerken, aansterken, groeien en aanvaarden.

We waren bereid hiervoor een engelengeduld op te brengen. Intussen waren we kampioen geworden in grenzen verleggen. Waar waren we niet toe bereid? Dat het goed zou komen, was ons alles waard. We hoopten zelfs dat het negatieve gebeuren een springplank zou gaan worden die ons en het gezin krachtiger terug in het leven zou lanceren.

Vreemd dat Fio en ik die keer niet gedacht hebben aan de mogelijkheid dat deze verwachting anders zou kunnen uitpakken. Normaal bespreken en bekijken we alle mogelijke kanten van een kwestie. Het is er in deze affaire bij ingeschoten. Dit is gebeurd door een blind vertrouwen. De basis die onze dochters bij ons thuis gekregen hadden, moest voldoende betekenend zijn om hier uit te komen. We veronderstelden dat ze met hun intelligentie vroeg of laat een van de reikende handen zouden aanpakken en zich zouden openstellen voor hulp.

Gedurende twaalf jaren hebben we het vertrouwen in beterschap behouden. We hebben veel opgeofferd en onszelf moeten wegcijferen tegen onze eigen belangen in. Blind waren we voor het oneerlijke gedrag van onze dochters, dat ze vertoonden uit woede en wraak. Het zijn emotionele chanteurs gebleken, die precies wisten hoeveel waarde we hechtten aan onze relatie met hen en ze wisten exact wat onze kwetsbaarheden waren.

Als we terugblikken op de twaalf jaar na het openbaren van de incest, kunnen we stellen dat we geleefd hebben in een ondraaglijke situatie, wat geleid heeft tot een serieus isolement van ons gezin. Vanaf het moment dat onze dochters deze verkeringen aangingen met de twee boezemvrienden, vervielen ze in leugens en al snel woonden de dames samen met hun vrienden.

Terwijl het Veronica lukte om na drieënhalve maand in te trekken bij de ouders van haar vriend, omdat haar vriend nog thuis woonde, bleef Marta zolang mogelijk thuis profiteren van 'alles is toch gratis', zoals ze dat regelmatig als grapje zei. Ze vertrok pas korte tijd voordat de Italiaanse oma overleed. Ze hield deze acteerprestatie anderhalf jaar vol, zonder ooit een confrontatie met ons te willen aangaan. Opnieuw werd de schuld op mijn bord gelegd en er werd afstand genomen. Nu plotseling ook door haar?

Achteraf werd duidelijk dat Marta door Veronica werd beïnvloed en ondersteund. Het leek erop dat Veronica als psycholoog precies wist hoe ze kon bereiken dat Marta mij ook zou gaan zien als schuldige. Dit alles in haar honger naar wraak, uit woede en frustratie om wat ze door mij verloren had.

Een reden voor hun gedrag en gemaakte keuzes hebben onze dochters nooit bespreekbaar willen maken, wat alles valser en moeilijker maakte. Dit wijst op angst voor de waarheid, benauwd voor de spiegel die ze ontwijken uit vrees de realiteit niet aan te kunnen.

Marta loog. Zoals over het geen contact hebben met haar zus en vriend. Ik had het juist fijn gevonden te weten dat er contact zou zijn tussen beide dochters. Het zou me gerust hebben gesteld te weten dat er een verbinding zou zijn tussen Veronica en ons gezin. We hadden vertrouwen in Marta en we spraken open over alles zoals we dat gewend zijn te doen. De keren dat Marta negatief over haar oudere zus probeerde te praten, konden we het niet laten om

op te komen voor de oudste, we zagen ons gezin nog altijd als compleet en hadden vertrouwen in de toekomst. Wat ons het hardste raakte was die keer dat Marta haar zus beschuldigde. We stonden in de keuken en vlak voordat we aan tafel zouden gaan zei Marta:
'Jullie weten niet waar Veronica toe in staat is.'
'Wat bedoel je hiermee te zeggen, Marta?'
'Nou gewoon, dat jullie niet doorhebben waar Veronica mee bezig is, nu ze zo amicaal met nonna omgaat.'
'Weet jij dat wel dan?'
'Ja, haar kenende zal ze van alles doen om haar hand op de erfenis te kunnen leggen.'
'Dat geloof ik nooit Marta, Veronica is er een van ons en die zal zoiets nooit doen. Ik wil ook niet dat je zo over je zus denkt of praat. Ik houd niet van achterdocht, dat weet je.'
Met deze aantijging van haar kant wist ze dat we haar niet zouden verdenken tegen de tijd dat dit nodig zou zijn, en dat we ook niet achterdochtig waren. Ze moeten hierbij gedacht hebben vrij spel te hebben verkregen.

Gedurende bijna een jaar wisten we niet dat het theater was dat Marta opvoerde. De jongste was de pijler en de informatiebron voor haar oudere zus. Het is lelijk als je zoiets ontdekt bij je eigen kinderen, op wie je blind vertrouwt, omdat je denkt dat ze zijn te vertrouwen zoals jijzelf.

In dezelfde periode was de moeder van Fiorenzo ziek geworden. Longfibrose, een degenererende longziekte met een levensverwachting tussen twee en vijf jaar. Ze is zes maanden na de diagnose gestorven!
Veronica trok rechttoe de rol van haar vader en haar oom Ugo naar zich toe. Ze nam de verantwoording en de afspraken bij artsen voor mijn schoonmoeder per direct van hen over. Het schijnt dat ze oma heeft ingepalmd met haar studie en kennis. Ze bood oma alle hulp die ze nodig had. Ze beloofde haar vader en haar oom van

de gang van zaken op de hoogte te houden, iets wat ze tegenover haar eigen vader bewust niet gedaan heeft. Ze ging zelfs verder dan dat. Ze loog haar vader voor als hij naar de situatie vroeg.

'Ja, je kent je moeder, ze speelt toneel, de helft is overdreven.'

Wij geloofden haar woorden, we zagen het dubbelspel niet en we hadden geen achterdocht. We waren blij dat ze had voorgesteld de zorg op zich te nemen, omdat we er vanuit gingen dat het contact met oma enkel een positieve schakel kon zijn met ons. Dat ze verbonden bleef aan de familie, stelde ons gerust. Zonder enige twijfel hadden we het volste vertrouwen, zonder argwaan dat daar opnieuw misbruik van werd gemaakt. Dit zorgde er ook voor dat we een pasje terug moesten doen. We wisten hoe Veronica kon reageren. We waren normaal in contact gebleven met tante Elsa, terwijl we met Veronica geen contact meer hadden en dat had ertoe geleid dat ze zelf alle contact met tante Elsa verbrak. Dat hadden we verschrikkelijk gevonden. Nooit hadden we tante Elsa gebruikt als informatiebron, we geloofden erin dat contact tussen tante en haar enkel bevorderlijk zou zijn. Het was erg dat Veronica deze band verbrak, omdat we wisten dat deze zus van oma voor haar meer betekende dan oma zelf. Elsa zat er vol van wanneer ze het ons vertelde, ze was verdrietig en begreep het niet.

Achteraf is gebleken dat de zorg voor oma onderdeel was van een geprogrammeerde wraakactie, waarbij je jezelf afvraagt hoe zoiets kan ontstaan. Het nemen van wraak wordt gedreven door boosheid over een verlies. Wanneer ik daarover nadenk en op zoek ga naar wat onze dochters hebben verloren door mijn radicale stopzetten van de incest, kom ik uit bij hun eer, hun gezicht, hun speciaal en belangrijk zijn. Ik weiger te accepteren dat het om verlies van personen gaat, omdat dit uitsluitend de daders van de incest kunnen zijn.

Volgens mij is hun woede ontstaan uit frustratie over het terugverlangen naar wat verloren is gegaan. De clou van deze kwestie zit
in het feit dat de boosheid gericht wordt op de persoon of personen
die het verlies veroorzaakt hebben. Ik heb het doek laten vallen, ik
ben schuldig! Daarom worden dochters, broers en ouders gedreven
door wraak, wraak op mij. Als dat zo is, kan ik alleen maar concluderen dat ik het mezelf heb aangedaan en god weet waarom!

Wat was het alternatief geweest voor het stopzetten van de incest? Ethisch gezien had ik geen andere keuze. Dit is een uiterst
bittere pil.

Hier sluipt het probleem van de waard naar binnen. Ja, het klopt:
zoals de waard is, vertrouwt hij zijn gasten. Dit is volgens mij een
belangrijk punt in de kwestie. Iemand die eerlijk is en oprecht, liefdevol en opbouwend, denkt onwillekeurig dat iedereen zo is.

Dit geldt ook andersom. Mensen die onbetrouwbaar, oneerlijk,
hatelijk en afbrekend zijn, denken vol achterdocht dat een ander
dito is. Aangezien dat niet zo is, ontstaan er eenvoudig situaties
waarbij onmacht en verdriet ontstaan, vooral bij de eerlijke persoon.

De ernst van de kwestie staat in verband met de bestaande gradatie van de vergrotende en de overtreffende trap. Hoe eerlijker
een persoon is, hoe blinder deze persoon is voor het kwaad van een
ander. Het is voor de oprechte persoon onmogelijk te geloven dat
iemand gemeen, oneerlijk en vals kan zijn om anderen met opzet
kwaad te doen.

Dat onrecht wordt later precies de basis van de moeilijkheid om
het effect hiervan, het verdriet, te kunnen verwerken.

Dit wordt gecompliceerder als de correcte persoon nooit iets
kwaads heeft gedaan tegen de oneerlijke persoon. Hier zit eveneens de gradatie in van de vergrotende en de overtreffende trap.
Hoe eerlijker, oprechter, betrouwbaarder en hoe meer beschikbaar
en goedgelovig men zich gedraagt jegens de ander, hoe zwaarder

de teleurstelling en des te groter het verdriet. Ik denk zelfs dat de twee uitersten elkaar aantrekken als de tegenpolen van een magneet.

Het is zelfs zo dat hoe eerlijker een persoon is, hoe vatbaarder deze persoon is voor onrecht. Zonder natuurlijke zelfbescherming is deze persoon een eenvoudige prooi.

Alleen de slechtste en meest oneerlijke persoon wil daar gewetenloos misbruik van maken.

Dit soort bestaande mechanismen, die zich overal op de wereld voordoen en zich blijven herhalen, maakt het leven dikwijls ondraaglijk moeilijk. Als de eerlijke, oprechte persoon in de schoenen zou gaan staan van de slechte, oneerlijke persoon, zou het hem onmogelijk zijn hetzelfde te doen als die ander.

Zelfs gezonde woede die kan ontstaan jegens de dader is onvoldoende de correcte persoon te activeren tot slecht en oneerlijk gedrag. Iemand is zoals hij is.

Meestal is het aangedane onrecht niet eens aanvechtbaar of bewijsbaar. De opgelopen schade kan moreel, lichamelijk of materieel zijn.

Wanneer er niets en niemand de eerlijke persoon kan beschermen en het onrecht kan bestraffen, kunnen onmacht en wanhoop gevaarlijk hoog oplopen. Ik denk hierbij aan het risico van zelfmoord, moord of beide.

Het handigste is allicht een perfecte middenweg-persoon te zijn, niet te eerlijk en niet te slecht. Je trekt gelijken aan in het leven. Soms win jij, soms de ander, er is vervolgens automatisch een betere balans tussen vreugde en verdriet.

Sommigen moeten daarom veranderen. Veranderen is het moeilijkste dat er is, het kan je leven in beslag nemen.

De vraag 'hoe wordt de waard zoals hij is' maakt van dit vraagstuk een enigma. Zit er al voldoende in een karakter bij de geboorte? Kunnen derden genoeg de psyche van een groeiend persoon beïnvloeden? Blijft voor mij het gegeven staan dat uiteindelijk iedereen verantwoordelijk is voor zijn eigen acties en reacties, daar valt niet over te twisten.

Er bestaat geen snel antwoord, ik wil eenvoudigweg alles kunnen begrijpen, voordat ik kan afsluiten.

Fiorenzo kreeg een mysterieus ongeluk met de scooter en brak daarbij zijn ribben. Om die reden kon hij de laatste zes weken van het leven van zijn moeder niet naar haar toe voor een bezoek of het bieden van hulp. Juist in die periode is er geknoeid met testamenten en geld, enkel in het nadeel van Fiorenzo. Natuurlijk wisten we dat als oma zou doodgaan, er een vermogen achterbleef. Het was ondenkbaar voor ons dat onze dochters samen zouden gaan spannen met hun oom Ugo, de enige broer van hun vader, om hun hand op de erfenis te kunnen leggen.

Er was bovendien genoeg voor allemaal. Allemaal zouden we het financieel goed kunnen hebben. Er zijn geldtransacties getekend door oma op haar sterfbed, terwijl ze onder invloed van morfine was en de behandelende specialist gewaarschuwd had dat de patiënt daarom niet meer in staat was bewust te handelen.

Zonder pardon en zonder geweten lieten ze haar tekenen in haar erbarmelijke toestand, twee dagen voor haar overlijden. Er is geknoeid met testamenten en handtekeningen, er zijn vervalsingen gemaakt met inhoud waar je kippenvel van krijgt. Er is zelfs een getypt testament dat niet geldig is voor de Italiaanse wet.

De enige conclusie die we kunnen trekken is dat, naast wraak, onze dochters geld verkozen boven hun ouders. Dat vinden we onbegrijpelijk. Als ouders waren we duidelijk geweest: na het overlijden van oma zou het hele gezin profijt hebben van de erfenis.

Wat wilden ze nog meer?
Dat hun vader zou omkomen alvorens oma zou sterven?

Als Fiorenzo nog voor zijn moeder zou zijn gestorven, had ik geen enkele aanspraak kunnen maken op het erfdeel van mijn overleden man en zou zijn deel rechtstreeks naar onze kinderen door zijn gegaan.

Kunnen we met dit in onze gedachten het mysterieuze, bijna fatale eenzijdige ongeluk met de auto op de snelweg plaatsen? En het iets latere, niet minder onverklaarbare eenzijdige ongeluk met de scooter?

Als kers op de taart verscheen er vlak na het overlijden van mijn schoonmoeder een aantrekkelijke suikeroom terug op toneel. Aangezien mijn broer voor lange tijd geen contact had met mijn man, onze kinderen en mij, was zijn inmengen duidelijk een gretig misbruik maken van de situatie om zijn wraak te kunnen toevoegen.

De reden dat ik geen contact heb met mijn broers is omdat ik niet wil accepteren mijn vader te moeten vergeven om daarna contact te houden met mijn ouders, zoals zij dat wel doen. Ik heb hun gezegd dat ik hun keuzes respecteer en ik heb aan hen gevraagd hetzelfde te doen met mijn keuzes. Toen bleek dat ze dat niet wilden, heb ik afstand genomen. Door leugens van een broer was er weer een periode een contact tussen hem en mij, tot er weer druk op me werd uitgeoefend om het contact met mijn ouders te herstellen. Ik weigerde, waarop mijn broer vol haat en woede alle contact met ons verbrak. Beide broers blijven voor hun ouders kiezen. Het werpt vraagtekens op als na ruim tien jaar na het ontdekken van de incest schijnt dat vader ook andere kleine kinderen heeft beschadigd. We zijn verbijsterd! De suikeroom had bewust gekozen voor geen kinderen, omdat hij bang was net zo te worden als zijn vader. Wanneer hij dat in zijn jongere jaren besloot, dacht ik dat dit betrekking had op het dominante, agressieve gedrag dat vader regelmatig vertoonde. Of dat het sloeg op de psychologische terreur die vooral hij binnen ons gezin onderging. Wat is mij ontgaan?

Nu had hij een gouden kans en zijn wraakactie bevestigde hij in een scherpe onredelijke e-mail die aan mij gericht was, daarin schreef hij vol venijn: 'Nu zie je het eens zusje, wat het wil zeggen als je kinderen niet meer thuiskomen, hè?'

Daaruit komt naar voren hoe hij onze dochters gebruikt voor zijn wraak. Toch kunnen Fiorenzo en ik niet anders dan onze dochters hun eigen verantwoording geven voor hun keuzes, acties en reacties. Ze zijn volwassen genoeg om het kaf van het koren te kunnen scheiden.

We hadden juist afstand gedaan van bepaalde mensen in de familie om onze kinderen te kunnen beschermen. Onbegrijpelijk dat onze dochters deze met elkaar verweven personen vrijwillig opnieuw toelaten in hun leven.

Hadden we dit inzicht en overzicht maar vanaf het begin gehad! We waren verslagen en verloochend voor geld. Ze hadden zich gewroken en we vonden ons als ouders mislukt in alle opzichten.

Het was ons ooit gelukt om met liefde te zaaien, met toewijding gezonde blozende tomaten te kweken en nu naast één prachtige tomaat, konden we ontredderd rotte aardappelen rooien.

In een enkel ogenblik zagen we achtentwintig jaar van ons leven vergruizen onder een moker. Wat had het leven nog voor zin?

Goddank, dat we net op tijd die stem hoorden bulderen in onszelf. Ja, we geven toe dat we er serieus over gedacht hebben om het leven voortijdig te beëindigen. Zover waren we gekomen in de harrewar van ellende. Dankbaar voor onze engelbewaarders, kozen we uiteindelijk een bijzondere uitweg. Niet een eenvoudige, maar effectief genoeg om verder te vechten.

Het vertrek naar Engeland heeft ons uit de negatieve omgeving gehaald. Het dwingt ons om alles en iedereen onbelangrijk te maken. We creëren er afleiding mee en kunnen ons incognito bewegen. Dit alles leidt ertoe dat we kunnen starten met de lange moeilijke klim uit een donkere, diepe put.

We leren tellen wat we over hebben, we vergeten wat we denken te missen.

Laat ons nog eens teruggaan naar dat kritische moment: daar stonden we voor een spiegel en we waren hard geschrokken van wat we zagen en hoe onze mondhoeken naar beneden stonden. Het was net of alles door de zwaartekracht werd aangezogen. Onze schouders hingen af en we zagen er ouder uit dan we zijn. Het verdriet en de pijn die we konden aflezen aan onze blik maakten ons troosteloos. Geleidelijk werden we bewust van de stem die door onze hersenpan galmde, en alsof het ons werd ingegeven, prevelden we herhaaldelijk: ze krijgen ons niet kapot.

Tientallen keren herhaalden we dit en we voelden dat er een verandering gaande was, er kwam kracht naar binnen sluipen. Wilskracht. Daarmee wisten we in een korte tijd wat we wilden. Het effect dat het verblijf in Engeland op ons heeft is wonderbaarlijk en we zijn er van overtuigd dat we in onze omstandigheden niets beters hadden kunnen doen.

Een jaar zal niet voldoende zijn om alles te verwerken en twee jaar waarschijnlijk ook niet. Het zal jaren duren voordat we alles hebben aanvaard. Het accepteren zal ongetwijfeld het grootste struikelblok voor me zijn. Het moet, maar ik ben bang dat ik het niet kan, of sterker, niet wil. Het zal me in tweeën breken te moeten accepteren dat ik niets te willen heb en dat dít de koek is.

Regelmatig denk ik aan hoe totaal anders ik mijn leven altijd voor me had gezien. Met andere verwachtingen en totaal andere beelden. En niet dat het dromen waren, of onmogelijkheden. Het waren eenvoudige en logische voortzettingen die zouden passen op alles wat we met liefde en overgave voorbewerkt hadden. Het is cru dat anderen dat proberen kapot te maken. Dat ze proberen te vernietigen wat je van je leven maakt door te vechten en door concessies te doen. Waarom bestaan er emoties als jaloezie en afgunst, die het gedrag van mensen beheersen? Dat leidt tot de meest afgrijselijke gevolgen. Wat brengt dat op?

Wat heeft het mijn vader en mijn moeder opgebracht? Wat heeft het onze dochters opgebracht? Wat brengt het mijn broers en mijn zwager op? Het maakt me somber.

Anderen maken geregeld keuzes die voor jou verstrekkende gevolgen kunnen hebben, daar kun je het mee doen. De psyche van de mens is zo gecompliceerd en verweven met allerlei mechanismen, dat het moeilijkheden kan geven. Het is een probleem om los te komen van dierbaren, ook al is jouw liefde duidelijk door hen geweigerd. Juist omdat je nog altijd houdt van die personen en zelf niet haatdragend bent, hunker je naar contact met hen. Dat maakt het hele gebeuren, ironisch genoeg, gênant en pijnlijk.

Waarom moeten dit zeer en dit soort afmattende knelpunten bestaan?
Het geeft diepte aan het leven.
Diepte?
Was het niet eenvoudiger om te bedenken dat een mens heerlijk vredig zou kunnen leven zonder diepte? Was dat nou zo moeilijk?

Ik herken in mezelf een spirituele groei, een bewustwording en een vernieuwde filosofische kijk op de wereld. Ik geef toe dat ik verander doordat ik dit alles meemaak, zoveel pijn heb en legio kwesties heb om op te lossen. Er valt aanzienlijk wat te verwerken en de persoonlijke groei die daaraan gekoppeld is, is inderdaad opmerkelijk. Ik voel aan wat men bedoelt met diepte. Toch kan ik mijn gedachten hier niet stoppen en koppel het terug aan het drama. Als ik dat doe, zie ik dat de groei die ik doormaak en dezelfde groei die diepte geeft aan mijn leven, duur betaald moet worden. Is de prijs niet waanzinnig hoog? Zijn de groei die ik doormaak en de nieuwe diepte in mijn leven meer waard dan mijn hele familie? Waar leidt het mij naartoe? Waarom moet ik deze groei doormaken, wat is mijn missie en waarom ben ik op deze wereld?

Al deze vragen duiden erop dat ik er nog lang niet ben. Ik heb geen haast, ik heb alle tijd tot aan mijn dood om alles te begrijpen, zodat ik vervolgens vredig kan sterven. Of doe ik het opnieuw fout? Weer een verwachting! Moet dit 'vredig sterven' voortijdig verstoord gaan worden door een hartaanval, hersenbloeding of kanker? Wie bepaalt ons lot?

Zo velen weten meer dan ik. Ovidius, Romeinse dichter, zegt eenvoudig: 'verdraag en volhard, eens zal dit verdriet jou tot voordeel zijn.' Tiziano Terzani, journalist en schrijver, heeft me uitgelegd dat er twee zaken in het leven zijn die de mens onsterfelijk maken: 'het krijgen van kinderen en het schrijven van boeken.'

Dat maakt dat ik ten eerste popel te ontdekken wat mijn voordeel uit deze beproeving kan zijn, al lijkt het mij meer een intrige. En ten tweede zie ik in dat mijn leven zich voortzet na mijn dood. Alles bij elkaar is het een schrale troost. Een wonderlijke gewaarwording, bijna verlokkend.

Ik vis tijdens het lopen mijn wollen handschoenen, warme das en muts uit mijn rugzak. We zijn bijna de laatsten die de bibliotheek verlaten. Vanavond lopen we van de Bournemouth pier naar de Boscombe pier en vervolgens landinwaarts, door het prachtige park met zijn sprookjesachtige bomen, naar huis. Het is een heldere avond. Met de rugzakken om stappen we tegen de snijdende wind in.

Ons gesprek gaat over de minestrone die thuis op ons wacht. Onze ogen glunderen van voorpret en het doet ons denken aan vroeger toen we tieners waren. Je fietste door de koude wind, regen en soms door de sneeuw van school naar huis. Je stierf van de honger, door de kou en door de groei waarin je zat. Destijds droomde je net zo van het moment thuis te komen, om jezelf te kunnen warmen aan een kop soep. Frappant dat je na al die jaren, met intense nostalgie, aan zulke momenten terugdenkt.

Het is bijna volle maan, prachtig hoe deze over de oceaan glinstert, indrukwekkend hoe ver je kijken kunt. Het is steeds weer een behoorlijke klim om bovenop de klif te komen. Fio zet er zoals gewoonlijk flink de pas in en houdt deze plagerig aan. Daar heeft hij ondertussen een sport van gemaakt. Voor mij is en blijft het hakken en puffen. Ik moet me stevig inzetten om niet achter te raken. Nu ik richting mijn vijftigste ga, lijkt het erop dat de energie en vitaliteit met sprongen achteruit gaan. De energie en kracht komen terug, heb ik me laten vertellen, al is het ná de overgang. Hoop doet leven.

We komen langs een van die romantische 'Victoria seaside shelters'. Ze doen me denken aan die oude Engelse televisieserie Poirot van Agatha Christie. Met afleveringen die zich rond 1925 afspelen en waarin je deze idyllische 'seaside shelters' al tegenkomt. Ze zijn onveranderd gebleven en zo ook het zicht dat ze bieden. De oceaan is en blijft een plaatje dat nooit verveelt, waarschijnlijk omdat het een bewogen plaatje is.

In het begin van de vorige eeuw staarden er mensen vanaf deze plek naar dit scenario en ruim honderd jaar later doet men dat nog steeds. Hoeveel mensen zijn tot rust gekomen aan zee of zijn hier genezen van chronische ziekten? Hoeveel kinderen hebben genoten in het zand en in het water? Hoeveel verliefden hebben hier elkaar trouw beloofd en hoeveel schrijvers of poëten hebben hier hun inspiratie gevonden?

Nu zijn wij hier, op zoek naar heling, kracht en inblazing om door te kunnen gaan met ons leven. Wonderbaarlijk wat een oceaan betekent voor de mens door de tijden heen.

Er zit een vrouw. Witte doorgestikte jas, witte broek, witte snowboots en een witte koffer op wielen. Omdat alles wit is, valt ze ons op. Het is bizar. Zelfs haar haren zijn wit, alsof ze een engel wil zijn.

Waarom zou iemand een engel willen zijn? Misschien wil ze anderen goed doen, of is het om zichzelf te verlichten van problemen, lijden of verdriet. Wat doet ze daar alleen in de kou en in het donker? Er zijn toch verschillende hotels aan de overkant van de straat. Het antwoord blijft vooralsnog uit.

Als we dichterbij komen zien we dat ze rond de zestig jaar is en wanneer ze een slaapzak uit de witte koffer trekt en die open rolt, wordt het duidelijk.

'O God, zie je dat Fio, ze is dakloos.'

'Ze ziet er zo netjes uit, vind je het niet raar?'

We staan als aan de grond genageld en weten niet wat we moeten denken of zeggen. Ondanks dat we al maanden in Bournemouth zijn, schokken deze beelden ons nog steeds. Bournemouth kent tientallen daklozen, het valt ons op omdat we nooit eerder op deze manier geconfronteerd zijn met het probleem. Nooit eerder hebben we in een grote stad gewoond, en wanneer we naar grote steden gingen als toerist, waren we zo vol van onszelf en de nieuwe omgeving, dat het ons niet opviel. Ingeval je er tegenaan loopt, weiger je automatisch je daarop te focussen en je loopt door. Soms zelfs met een blik van afkeuring of met een vooroordeel, al of niet binnensmonds, om jezelf en je onverschilligheid te kunnen verantwoorden. Ik voel hoe hard dit de waarheid is en hoe vaak ik me laf heb opgesteld, met soms een tikkeltje respectloosheid of onfatsoen.

Laatst zagen we een vrij jong koppel zitten in een portiek. Hij wendde zijn gezicht af, vermoedelijk uit schaamte voor de vernederende situatie. Zij daarentegen vroeg ons desperaat om wat kleingeld. Het sneed ons door de ziel.

Mogen we een vooroordeel hebben? Is het juist te denken 'ach, weer drugs- of drankverslaafden, nietsnutten die teren op de maatschappij'? Het is oneerlijk om bij voorbaat iets in te vullen met onwaarschijnlijkheden.

Een blik naar elkaar was voldoende, we gingen iets verderop de supermarkt binnen. Daar kochten we: bananen, mandarijnen, bruin brood, plakken kaas, crackers, mueslirepen, een pak vruchtensap, yoghurt, papieren zakdoekjes, natte doekjes, frisse kauwgum, een paar repen chocolade en honing. Daarna brachten we alles naar het jonge stel. De hulp is van korte duur, want die honger komt snel terug. Het lijkt zinloos. Enkel wanneer we ons in anderen verplaatsen, wordt voelbaar hoe kritiek hoog wanhoop en uitzichtloosheid kunnen oplopen. Zo'n tasje boodschappen is niet de oplossing en absoluut geen heldendaad, toch kan het zorgen voor een lichtpuntje, een hoopgever, een zetje in de goede richting, een krachtig moment. Het vormt een stukje vertrouwen in de toekomst. Wat het effect ook zal zijn, het kán niet negatief zijn en daarom is het de moeite waard.

De scheiding is subtiel tussen een dak boven je hoofd hebben of niet. Dit drama is voor velen dichterbij dan men vermoedt. Er zijn daklozen in alle lagen van de bevolking. Leeftijd varieert van jong tot oud. Jongeren kunnen dakloos worden doordat ouders gaan scheiden en geen van beiden het kind of de kinderen voor zijn of haar rekening wil nemen. Dat is een bikkelharde, droevige realiteit. Andere jongeren worden dakloos omdat ze ruzie hebben met hun ouders. Soms worden jongeren mishandeld of hebben ze thuis geen leven en ze lopen weg.

Volwassenen kunnen dakloos worden doordat ze gaan scheiden en niet voor zichzelf kunnen zorgen, of ze komen gewoon in een klap op straat te staan. Er zijn mensen die een ernstig trauma doormaken, wat kan zijn een scheiding, een kind verliezen, ontslag, oorlogservaring, een ziekte of meerdere tegenslagen tegelijk. Tegenslag kan zo verlammend werken dat je niet meer in staat bent om te werken, snel in verval komt en dakloos eindigt.

Het doet ons denken aan Megan, een jonge meid die we bijna dagelijks in de bibliotheek zien. Ze hangt altijd achter een computer en is druk bezig op het sociale netwerk. Ik schat haar zeventien jaar en ik ben er diep van onder de indruk haar zo jong te zien met een zwangere buik. Ze lijkt tevreden en trots, maar haar ogen verraden dat er iets stoort, iets wat haar verdrietig maakt.

Op een dag kregen we contact en regelmatig hadden we een kort gesprek. Ik verbaasde me over haar vrije manier van vragen stellen. Ze vroeg over wat we bijna iedere dag in de bibliotheek doen, wat voor werk we hebben en hoe oud we zijn. Deze manier van directe en open vragen stellen over privéaangelegenheden is 'not done' voor de Britten. Megan heeft iets over zich als 'daar heb ik lak aan', en doet precies wat ze wil. Ze zet zich af tegen de maatschappij.

Ze is vorige maand zestien geworden, vertelde ze ons laatst met een trotse glimlach, terwijl ze met een hand over haar buik aaide.

Ze voegde eraan toe dat ze over zeven weken moet bevallen van een zoon. Wij feliciteerden haar en keken er blij bij. Plotseling keek ze opnieuw zo intens bedroefd en flapte eruit dat ze niet weet wie de vader is. Ik, naïef als van een andere planeet, vroeg haar hoe dat nou mogelijk was. Ze legde me luchtig en met een onbeschaamde glimlach uit dat ze zoveel gedronken had dat ze niet meer wist wat er daarna gebeurd was.

Meteen kwam dat programma over comadrinken terug in mijn gedachten. Het is dus waar! We zaten oog in oog met een meisje van zestien jaar, hoogzwanger van wie weet wie en over zeven weken gaat ze bevallen. Ik snapte nu het verdriet dat ik steeds in haar ogen zag. Ik had een hand op haar schouder gelegd.
'Megan, alles zal vast goed komen. Deze ervaring zal je volwassen maken. Dit alles zal jou meer verantwoordelijkheidsgevoel bijbrengen. Je bent heus niet de enige die zo jong en ongehuwd moeder wordt.'
Ik zag hoe die stoere, flinke, zwangere meid haar gezicht probeerde af te wenden omdat er tranen stroomden. Ik bood haar zeer Brits mijn excuus aan en zei dat het niet mijn bedoeling was haar te laten huilen.
'Maak je geen zorgen Anja, het komt niet door wat je me zegt. Ik ben uit huis gezet door mijn moeder. Mijn moeder en vader zijn gescheiden en we weten niet eens waar vader uithangt. Nu ik zwanger ben, wil mijn moeder niets meer met me te maken hebben. Overdag ben ik daarom in de bibliotheek en 's nachts slaap ik bij een schoolvriendin. Ik moet zo snel mogelijk een andere oplossing zoeken, omdat ze thuis bij mijn vriendin duidelijk gemaakt hebben mij niet eeuwig te kunnen opvangen.'
Mijn hart brak. We hadden te doen met een jonge vrouw, of beter gezegd, een groot zwanger kind dat een kleine stap van dakloosheid verwijderd was. Het is nu al dagen dat we Megan niet zien in de bibliotheek en dat geeft ons een ongemakkelijk gevoel.

Engeland heeft speciale instanties die bescherming bieden aan daklozen en er zijn tal van goede doelen op poten gezet voor hulp aan deze groep. Al met al zijn Fiorenzo en ik onder de indruk van het dagelijks zien van zoveel leed. Het dringt tot ons door hoe kwetsbaar een persoon is en wat er in een korte tijd kan veranderen in een leven.

Het probleem voor deze groep begint pas wanneer ze eenmaal dakloos geworden zijn. Hoe moeilijk is het om van dakloos, werkloos en afgesneden van de sociale contacten je weer een weg terug te banen naar een huis, een baan en een sociaal leven? Het blijkt meestal een onmogelijke zaak. Het is een neerwaartse spiraal, tenzij ze opgevangen worden door mensen die zich hiervoor inzetten. Maar niet alle daklozen staan open voor hulp. Het is niet vanzelfsprekend dat ze de hulp accepteren en soms uiten ze dat door eenvoudig de hulp te negeren. De achterliggende redenen zijn schaamte, verdriet of psychische problemen.

Een van de goede doelen die zich inzetten voor de daklozen is 'Big Issue'. Het is eveneens de titel van het door hen uitgegeven tijdschrift. Dit tijdschrift wordt door daklozen aangeboden op straat, pleinen en stations. Door het te kopen, draag je bij aan hun onderdak en eten. Ze dragen een certificaat van de organisatie en roepen: 'Big issue, madam, big issue sir', om de aandacht te trekken.

De eerste keer dat ik dat hoorde en het niet begreep, zei ik binnensmonds dat we zelf al een 'big issue' hadden en niet op zoek waren naar een nieuwe. Nu ik bevat wat het inhoudt, houd ik respectvol mijn mond. Het 'big issue-verhaal' heeft me geleerd dat niet alleen wij een 'big issue' hebben, maar dat er mensen zijn met zelfs een 'bigger issue'. Het afwegen van een probleem tegen een ander probleem is irrelevant. Het gaat er niet om wie het grootste struikelblok heeft. Een issue is een issue en ze zijn allemaal verdrietig, vervelend, slopend en vernietigend. Het is belangrijk te weten dat jij niet de enige bent met een kwestie, zodat je leert relativeren en bovendien leert steunen waar dat kan.

Ja, hoe was het ook weer? Wie liefde geeft, liefde ontvangt. Wie steun geeft, steun ontvangt, en zo verder. Misschien komt het niet direct terug, maar het komt, en meestal vanuit een onverwachte hoek, zoals dat tasje boodschappen aan dat jonge dakloze koppel. Of die makelaar die toch zijn best deed ons onder te brengen.

Liefde en steun moet je niet geven met een verwachting, je moet liefde en steun onvoorwaardelijk geven, eerlijk gemeend vanuit je hart. Alles is verbonden met elkaar en daarom komt het in een of andere vorm een keer terug.

Een eenvoudig voorbeeld dat direct werkt is het geven van een glimlach. Het gebeurt dat ik op straat loop en de eerste de beste die ik tegenkom, zonder dat ik hem of haar ken, een glimlach toon. Die persoon glimlacht gegarandeerd terug!

Van eenvoud geniet ik. Het is een simpele ervaring van liefde en geluk. Ik glimlach en knik zelfs tegen de daklozen die op een bankje in het park zitten en het werkt! Zij knikken en glimlachen vriendelijk terug, hoe zwaar hun bestaan ook mag zijn. Deze vorm van moeiteloze en belangeloze, oprechte, innerlijke vriendelijkheid, brengt een mentale ontspanning met zich mee.

Daklozen, het is een complex punt dat ingewikkelder wordt zo gauw er drugs- of drankproblemen aan te pas komen. Meestal vallen mensen in die groep na hulp terug in de afgrond. Voor mensen die dakloos zijn, komen er vervelende problemen om de hoek kijken. De meeste mensen en ik hebben voldoende geluk om geen persoonlijke ervaring te hebben met dakloosheid.

Wat voor effect zou het hebben als ons van de een op de andere dag de drie vitale basiselementen ontnomen zouden worden, die voor ons zo vanzelfsprekend zijn? Laten we eens denken aan hoe het is om plotseling gedepriveerd te zijn van bescherming, warmte en veiligheid. Vanaf het prille begin is er gebrek aan privacy, hygiëne, persoonlijke verzorging, gezonde voeding en medische hulp. Daklozen gaan daarom fysiek snel achteruit en doen dat ook op het psychische vlak.

Ze hebben angsten om beroofd, geslagen of weggejaagd te worden, wat regelmatig daadwerkelijk gebeurt. Ze zijn onbeschermd, vallen buiten de maatschappij of worden verstoten. Ze zien geen uitweg of oplossing en worden daardoor gemakkelijk depressief. Het uiterlijk zoals haren, tanden en ogen gaat door gebrek aan verzorging snel achteruit. Ze kunnen nergens douchen of naar het toilet en ze zijn nergens welkom.

Lieve help, waar wil ik naartoe met al deze ellende van anderen? Het is een onderwerp dat me opvallend heeft gesensibiliseerd. Het hoort vast bij mijn leeftijd dat ik niet meer enkel en alleen bezig ben met mezelf, mijn gezin en mijn problemen. Andere realiteiten vallen me op, het doet iets met mij. Het vijlt scherpe kanten weg. Het is geen oplossing voor ons probleem, maar het bewust worden van wat er om ons heen gebeurt. Een gezond stilstaan en stoppen met oordelen. Het overnemen van een klein stukje verdriet en onmacht van anderen en misschien is het een basis voor iets groters dat gaat groeien. Iets wat een hand uitsteken wordt naar een groep mensen met pech.

Natuurlijk kunnen we niet het leed van de complete wereld op onze nek nemen. Als we allemaal iets doen voor anderen, zou alles gaan veranderen in een goede richting. Dan moet het leed toch gaan verminderen? Alles start bij bewustwording. Een begin is gemaakt!

We stappen stevig door en op het moment dat we bijna bij onze voordeur zijn, horen we luidkeels gepraat. Aan de toon en de agressie te horen gaat het om ruzie. Het geluid komt uit ons huis. We kijken elkaar aan en fronsen onze wenkbrauwen, omdat we beiden niet goed weten wat we moeten doen. We zijn niet gewend een huis te delen met anderen. Zelf maken we zo min mogelijk lawaai om de medebewoners niet tot last te zijn. We maken het gezellig en we houden rekening met de verschillende karakters en behoeften om het voor iedereen leefbaar te houden.

Het delen van een woonhuis is niet eenvoudig, maar het is een ervaring die we nooit hadden willen missen. Het heeft ons op vele fronten veranderd en ons duidelijk gemaakt wat samenleven precies wil zeggen.

Een gezin is een volkomen ander verhaal, daar zijn we ouders met kinderen, de sfeer is daar vertrouwelijk en er zijn minder barrières. Nu zijn we onbekenden onder elkaar, allemaal volwassenen met ieder een andere opvoeding en achtergrond. Onze leeftijden variëren van vierentwintig tot vierenvijftig jaar. Er zijn vier verschillende geloofsovertuigingen onder een dak, en onderling een balans vinden is blijkbaar voor sommigen een moeilijke zaak. En vergeet niet dat de privacy die we in de gedeelde woning hebben gering is.

Het is niet onze bedoeling te storen bij deze ruzie, maar we hebben het koud, we zijn moe en hongerig. De sleutel gaat in het slot en we zwaaien de deur open. Joe staat in de hal en hij geneert zich niet voor zijn gegil, hij ploft zowat van woede. Hij beseft niet eens dat we binnen zijn gekomen. Hij gaat tekeer tegen zijn vriendin, die blijkbaar het bord eten omgedraaid heeft op zijn hoofd. De slierten spaghetti hangen in zijn grote bos met krullen en over zijn schouder. Uit het gegil maken we op dat zij gekookt heeft en het zout was vergeten en Joe maakt daar bombarie over. Als twee boeven sluipen we een beetje gebukt langs de muur richting onze kamer, om niet te storen en nu niet de aandacht op ons te vestigen. Voordat we de deur van onze kamer opendoen, werp ik een blik in de keuken. Het ziet er niet zo fraai uit en ik duik snel onze kamer in, waarna Fiorenzo de deur achter me sluit.

Nu kunnen we moeilijk de keuken ingaan om voor het eten te zorgen. Als we muziek of televisie aanzetten, kan dat treiterig overkomen of de zenuwen aanwakkeren bij dit woedende koppel. We zetten onze rugzakken op de grond, proppen onze wanten in de jaszakken, doen onze jassen uit en hangen die samen met onze dassen en mutsen tegen de deur. Dan gaan we zitten op de rand van het bed.

'Het zal wel zo afgelopen zijn, wat denk je?'

Ik frons mijn wenkbrauwen en antwoord bijna fluisterend: 'Ik hoor nog agressie in de stemmen van beiden, ik weet het niet eerlijk gezegd. Wat gaan we doen?'

'Laten we een kwartiertje wachten, daarna zal het vast over zijn.'

Ik knik en we blijven stil zitten als twee kinderen die voor straf naar hun kamer zijn gestuurd. Na ruim tien minuten bulderen, tieren en het gooien met spullen, horen we een fluit. Dat moet Jeffrey zijn! We glimlachen wanneer we hem fluitend de hal in horen komen.

Meestal oefent hij Schotse muziekstukken die vrolijk, bruisend en energiek klinken. Zo klinkt het ook nu. Hij komt langs onze deur en gaat zo de keuken in. Hij fluit met een volume dat geen ruimte laat voor gillende mensen en ik twijfel eraan of het verstandig is. Meestal als iemand boos is, kun je hem beter doende laten, zeker niet de mond willen snoeren. We houden onze adem in. Kort daarna horen we de voordeur genadeloos dichtslaan en is het stil in huis. Doodstil.

Fiorenzo doet voorzichtig onze deur open en steekt zijn hoofd om de hoek. Jeff nodigt hem uit en wijst erop om enkel aan de rechterkant van de keuken te lopen, omdat de linker helft een zwijnenstal is, waar wij allen keurig netjes vanaf zullen blijven. Nerveus schieten we alle drie in de lach en zeggen tegen Jeff dat hij het slim heeft aangepakt.

'Is Joe weggegaan met de spaghetti op zijn hoofd?'

'Nee', grinnikt Jeff, 'Joe is hun kamer ingegaan en zij is weg.'

Ik warm onze soep op.

'Eet je een bordje mee Jeff?'

'Hmm, het ziet er lekker uit, maar ik heb pasta in de oven, die er nu echt uit moet. Bedankt in ieder geval.'

Hij haalt het ovenschaaltje uit de oven en we zien dat het eten flink gegratineerd is.

'Ik moest wel iets verzinnen om uit mijn kamer te kunnen. Anders was mijn eten verbrand!'

Ik kan het niet laten om hem te plagen:

'Ik hoop dat je er zout in hebt zitten, anders weet je hoe het kan gaan eindigen hè?'

'Wanneer ga jij nou eens snappen waarom ik single ben?'

'Het is moeilijk een perfecte vrouw te vinden Jeff, maar de meeste mannen zijn vooral tactloos geboren.'

We geven elkaar een vriendschappelijk schoudertje en terwijl ik de soep roer, dekt Fiorenzo de tafel in de slaapkamer.

Op onze kamer eten we rustig onze soep. De vlam van de kaars danst op en neer. En ons gesprek gaat over het belang van privacy. We missen onze persoonlijke vrijheid en tegelijkertijd zijn we het erover eens dat het voor ons een prima situatie is om in een gedeeld huis te wonen. Of we het willen of niet, we hebben contact met mensen en we leren stap voor stap het lief en leed met anderen te delen. Voor een grote groep mensen is de kar moeilijk te trekken in het leven.

Het is belangrijk je te kunnen meten en je te vergelijken met een ander. Het leert je compassie te hebben en begrip. Het is goed om anderen te steunen en steun te accepteren. Het maakt je dankbaar en dankbaarheid is een belangrijke vorm van geluk. Het leven zal blijven bestaan uit ups en downs en daaruit kunnen we concluderen dat het waarschijnlijk pas rustig wordt tegen de tijd dat we onze laatste adem zullen uitblazen.

Na het eten zakken we voldaan terug in de kussens op ons bed en liggen tevreden tegen elkaar aan. Een 'abbraccio forte' is niet te vermijden, we voelen ons happy. We hebben lekker gegeten, we hebben een productieve dag achter de rug, we houden van elkaar en bovendien hebben we een dak boven ons hoofd. Ons geluksgevoel is gebaseerd op dankbaarheid, dankzij onze bewustwording.

Voordat Fiorenzo het knopje van de afstandsbediening in kan duwen voor ons uurtje televisie, zijn we al vertrokken. Het is heerlijk te geloven dat het enkel de schuld van de zeelucht is.

Laat ik eens gaan bomen over bomen. Een boom loopt niet weg en luistert geduldig naar alles wat je zegt. Hij stuurt je niet weg, heeft alle tijd en is de beste in het bewaren van geheimen. Dat waren mijn bevindingen over bomen wanneer ik kind was, en dat is altijd zo gebleven.

Bomen trekken regelmatig volledig mijn aandacht en toen ik klein was, droomde ik weg bij het zien van grote bomen. Het waren huizen van mijn kaboutervrienden en van de vele dieren waar ik een bestaan voor verzon.

In Zuid-Frankrijk vond ik als meisje van zes jaar bescherming onder de parasolden, misschien beter bekend als de Pinus pinea. Ik ging eronder liggen, op zijn zachte bed van naalden. Ik keek omhoog naar de kruin, die me als een grote paraplu beschermde zoals een arm om je heen dat kan doen.

De naaldboom had een kalmerende geur en een grootsheid die ik zocht in mijn moeder en er niet vond. De diepe groeven in de bast hadden iets vertrouwds en iets wijs. Wanneer ik mijn oor tegen de bast hield en mijn armen om hem heen sloeg, zoals een kind dat bij de heupen van moeder doet, hoorde ik zijn hart kloppen en dat was zo herkenbaar, dat ik hem spontaan adopteerde als moeder. Het voelde prettig, ik besefte dat het vreemd was en hield het daarom geheim. Onwetend dat het mijn eigen hart was dat ik hoorde kloppen, dat ontdekte ik pas jaren later.

De parasolden werd op die manier mijn eerste surrogaatmoeder. Later werden dat de zee en de oceaan. Bomen zijn een belangrijke rol blijven spelen in mijn leven. Er zijn eeuwenoude bomen op de wereld, soms zoek ik ze online op en hoop dat ik de kans krijg hier en daar zo'n boom te gaan bezoeken. Zodat ik ze kan aanraken en er tegenaan kan leunen om met elkaar gedachten uit te kunnen wisselen. Dat moet geweldig zijn! In Europa heb ik al prachtige exemplaren ontmoet, ik droom ervan op een dag naar China, Japan en Amerika te kunnen gaan.

In Engeland ben ik bewust geworden van mijn behoefte contact te hebben met bomen. Ik heb oog voor ze en voel liefde voor vooral oude bomen. Omdat we dagelijks lopen, gebeurt het vaker dat ik een boom ontmoet.

Door je te voet te verplaatsen ga je van alles zien wat je in de auto niet ziet en kom je op plaatsen waar je met de auto niet komt. Stilstaan en observeren halen je uit een opgelegde concentratie. Je raakt weer verweven met de natuur om je heen, je hoort vogelgezang, je ziet eekhoorns druk in de weer met het zoeken van eten. Je hoort de wind en ziet hoe hij speelt met de bomen, de takken en de bladeren. Je ziet de prachtige kleuren met ontelbare nuances die continu veranderen, het hele jaar door. Je kijkt, omdat het niet anders kan, terwijl je rustig loopt, van A naar B, omdat je gepland hebt ergens heen te gaan. Je loopt in gedachten, vervolgens gebeurt er telkens iets dat jouw aandacht trekt: een poes, een hond, een vogel, een eekhoorn, de wind, een blad dat vlak voor je naar beneden dwarrelt, een vallende druppel. Je kijkt, en zo gauw je kijkt, ben je verkocht. Plotseling zie je die boom, die enorme, verbluffend mooie boom.

Ik stop en staar. Duizenden gedachten passeren en ik vraag me af hoe oud die boom is en hoeveel mensen hij heeft zien passeren. Ik ben benieuwd hoeveel mensen er hebben opgekeken naar hem. Wat zou er van die mensen geworden zijn? Wie heeft hem ooit geplant, of zou hij spontaan geboren zijn? Zouden er mensen zijn die hem aangeraakt hebben en door zijn bladeren hebben gestruind? Zijn er mensen die zich beschermd gevoeld hebben door tegen hem aan te gaan staan, net als ik? Ben ik gek?

Het kan me niet schelen wat men daarvan denkt. Ik vind beschutting onder een oude boom en ik voel mezelf kalmeren wanneer ik er tegenaan ga staan of zitten. Mijn ademhaling wordt langzamer en dieper en ik ervaar de aanraking van mijn rug tegen zijn bast als steun. Een steun die verder reikt dan de letterlijke betekenis. Er vloeit iets van vertrouwen, hoop, troost, vriendschap en compassie. Er ontstaat verbondenheid. De rust die van de boom over slaat op mij is een ervaring die zo fijn is dat ik het steeds weer zoek en vind.

Bomen zijn altruïstisch, trouw en voortdurend beschikbaar. Hoe ouder en groter de boom, hoe groter mijn bewondering en eerbied. Hoe groter de kracht van de boom op mij, hoe duidelijker zijn antwoord op mijn vragen. Ja, ik heb zo mijn gesprekken met bomen. Alles is verbonden met alles en ik boom met bomen.

Waarom ik niet gewoon met mensen praat over persoonlijke kwesties? Vanzelfsprekend praat ik ook met mensen, ik houd van mensen! Het is alleen dat je met de mens moet oppassen. Er zijn goede mensen en er zijn slechte mensen. Bij bomen is dat niet zo. Je hebt goede bomen. Nooit ben ik een slechte, gemene boom tegengekomen die me met opzet kwaad wilde doen. Een boom is eerlijk en oprecht, wat voor lang niet alle mensen geldt.
Een boom is te vertrouwen, hij liegt niet, houdt je nooit voor de gek en toont enkel wat er is. Hij draagt geen masker of kostuum. Ja prima, maar een boom praat niet. Hoe kan hij antwoord geven? Een boom praat zonder stem, zoals ik met hem praat zonder stem. Het is de stilte waarin we onze gedachten delen. Het is ons samenzijn dat zorgt voor een wisselwerking van bescherming zoeken en bescherming geven. Van vragen stellen en vragen beantwoorden, van huilen en troosten. Het is spiritueel en ongrijpbaar, maar het is er en het functioneert.

In het jaar 2000 ontdekte ik dat mijn vader onze dochters seksueel misbruikte en brak acuut met hem. Hij was vader af en ik wilde hem nooit meer zien. Er was geen andere optie. Mijn moraliteit is één en ik ken geen andere maatstaven om aan af te meten. Zoals er van de meter een exact exemplaar bewaard wordt onder een glazen stolp in het museum in Parijs, de meter van alle meters, zo draag ik in mijn hart de enige maatstaf van moraliteit. Wie daar buiten valt, is verloren.

Niet eenvoudig, heb ik moeten ervaren. Al snel werd mijn leven een chaos en mijn gedachten een onoverzichtelijke, samengeklonterde kluwen spaghetti. Ik liep op de radicale breuk met mijn ouders vast. Ik vroeg hulp aan een psycholoog. Een persoon die me kon helpen de spaghetti te ontwarren. Iemand die mee op zoek zou gaan naar een antwoord op de brandende vraag 'waarom'.

Lange gesprekken voerden we, we konden rustig alles bespreken en we draaiden alles binnenstebuiten. Een proces dat langer duurde dan een jaar. Het was een afknapper om dit proces te moeten afsluiten met een tegenvaller. Een teleurstelling in een persoon bij wie ik mijn ziel had blootgelegd.

We stuitten op een conflict. Hij was onwankelbaar in zijn mening dat ik mijn ouders moest vergeven en een deur open moest laten voor hen. Hij was ervan overtuigd dat dit op de lange duur voor mij het beste zou zijn.

Ik was hierdoor opnieuw uit het veld geslagen. Hoe kon dit van mij worden verwacht? Hoe kan ik ooit opnieuw met mijn vader een kop koffie drinken aan dezelfde tafel, goed wetende dat hij mijn dochters gedurende jaren heeft verkracht? Hoe kan ik ooit met mijn moeder opnieuw een vertrouwelijk gesprek voeren, goed wetende dat zij volledig op de hoogte was van wat haar man met hun kleindochters deed en dat vijf jaar lang voor mij en iedereen verzweeg? De ironie van het verhaal is pijnlijk en dat is iets waar ik blijvend voor zal moeten boeten.

De grootste fout die ik in mijn leven gemaakt heb, is het geven van vertrouwen aan mijn ouders. Wat dom van mij! Ik dacht dat ik mijn ouders kon vertrouwen, zoals iedereen zijn ouders vertrouwt. Dat is een onvergeeflijke vergissing.

Lang bleef ik zitten met de gedachte: 'als je je ouders niet kunt vertrouwen, wie op de wereld dan wel?' Het is een lelijke beschadiging.

Het breken met ouders is een ontworteling die je zelf moet doen, het is moeilijk en pijnlijk. Je ziet al snel door de bomen het bos niet meer en raakt verstrikt in emoties. Emoties van alle soorten en die jou met alle heftigheid van de ene naar de andere kant slaan. Je ervaart het als de behandeling die een tennisbal krijgt tijdens een partijtje op Wimbledon.

Met wie kun je een ontworteling delen? Wie kan dat aanhoren, begrijpen en er iets zinnigs op zeggen? Dat valt niet mee, niemand doet vrijwillig een pasje vooruit bij dergelijke situaties. Het is een vervelend taboe waar niemand op zit te wachten.

Op een dag loop ik door een park met bomen van alle soorten en leeftijden en sta ik plotseling oog in oog met een boom die er triest bijstaat. Hij leunt klagend tegen een leeftijdgenoot, die stilzwijgend steunt. Ik observeer het tafereel en herken er mezelf in. Ik zie hoe ik daar krom van de innerlijke pijn tegen Fiorenzo aanhang, zoekend naar steun, zoekend naar een oplossing. Ik zie hoe de wortels uit de grond steken en voel mijn eigen ontworteling. Ik zie geen oplossing voor die prachtige boom die op ruwe wijze instabiel is geworden door een wrede storm die zich heeft afgereageerd, uitgerekend op hem.

Ik leg mijn hand op zijn stam en huil emotioneel. Niet omdat ik de boom niet kan redden, of recht kan zetten en zijn wortels weer terug kan duwen in de grond. Nee, ik huil omdat ik één word met alles en mezelf in de boom terugzie. Ik zie geen oplossing voor mezelf en ik voel dat ik zal sterven van verdriet en onmacht. Er is geen oplossing. De natuur heeft het me net ingefluisterd. Ik heb het zelf kunnen aanschouwen en ontleden.

'Stop! Niet altijd kun je op die manier ontleden!', spreek ik mezelf toe. Dit is absurd. Ik moet niet denken dat het zo is! Ik wil een oplossing voor mezelf, ik wil verder leven. Dit heb ik toch niet verdiend? Verdiend?

Niemand verdient wat er dikwijls gebeurt. Verdient die boom het? Verdient tante Elsa het om twee van haar drie kinderen te moeten gaan begraven omdat ze gestorven zijn aan kanker? Verdienen onze dochters het om slachtoffers te worden van incest? Verdient het zes maanden oude baby'tje van onze kennis het om kanker te krijgen en daaraan te overlijden? Zo kan ik eindeloos voorbeelden geven.

Natuurlijk verdient niemand tegenslagen, tegenspoed en negativiteit. Het gebeurt! Het hoort bij het leven, het helpt groeien en het geeft diepte. Blijkbaar te veel diepte, het schijnt een bodemloze put. We worden allemaal op de proef gesteld, de een eerder, de ander wat later en de een iets heftiger dan de ander. Het is de kunst, de levenskunst, om eruit te komen met zo min mogelijk kleerscheuren en met zo min mogelijk blijvend letsel. Het liefst met een dosis nieuwe wijsheid die we kunnen gebruiken om anderen te helpen met hun obstakel, probleem, verdriet en pijn.

Opnieuw loop ik door het park en ik zie mannen bezig met een kraanwagen om de boom recht te trekken. Ze hebben het gat verder uitgegraven waar de boom opnieuw zijn wortels in laat verdwijnen. Ik sta stil met een enorme glimlach op mijn gezicht. Ik kijk toe hoe de boom nieuwe grond over zijn wortels krijgt en hoe ze de grond aanduwen met de graafmachine. Ten slotte wordt de boom gespalkt.

De prachtige boom staat weer rechtop en het lijkt erop dat hij er weer vrolijk bijstaat, alsof hij beseft dat hij is gered,

De uitweg is daar. Geduld! Ik moet enkel geduld hebben! Een

oplossing verwacht ik niet voor mijn probleem, en eerlijk gezegd zie ik die niet. Ik zal een weg vinden waarop ik door kan gaan met mijn leven. Een weg die niet beslist slechter hoeft te zijn dan het pad waarop ik me bevond.

Ik zal mensen moeten missen, maar in hun plaats nieuwe mensen ontdekken. Een vader en een moeder zijn niet te vervangen. Wie zegt dat ze überhaupt vervangen moeten worden? Kan ik niet leven zonder een vader en een moeder? Ik zou immers niet de enige op de wereld zijn!

Het is triest en onnatuurlijk om te breken met ouders. Hoe mooi zou het zijn om ze oud te zien worden en te mogen leren van hun wijsheden die ze door de jaren heen hebben opgedaan? Hoe fantastisch zou het zijn om liefde te kunnen delen en ze te steunen op hun oude dag net zoals ze mij steunden? Mij steunden?

Wanneer hebben ze mij gesteund, liefgehad en zijn ze mij te vriend geweest? Wanneer? Wat is de betekenis van steunen en er voor iemand zijn, als bij de deerniswekkende ontdekking blijkt dat juist zij het zijn, jouw liefste ouders, die onbeschaamd op gruwelijke wijze jouw dochters seksueel misbruiken? Hun kleindochters! Wat betekent liefde voor hen? Toch niets anders dan een egoïstische, ziekelijke zucht naar het vervullen van duivelse lusten? Daden die zo inslaan op de psyche van de slachtoffers dat ze vastraken in een net, zoals een vis in een visnet.

Psychologisch vermoord, vervormd en onwetend van wat realiteit is en wat niet. Ze kunnen geen lijn trekken tussen wat juist of onjuist is. Slachtoffers die blind denken dat opa en oma niet het probleem zijn, maar de ouders. De moeder, om precies te zijn.

Moeder krijgt de schuld, omdat ze het eerder had moeten begrijpen en eerder had moeten ontdekken. Moeder, die in het volste vertrouwen genoot van de vriendschap die haar ouders haar eindelijk gaven, zonder te beseffen dat het dubbelspel was.

Moeder, die meteen bij het ontdekken van de misdrijven brak met haar ouders, zonder daarbij te denken aan de consequenties voor haarzelf. Moeder die vijf jaar geleefd had in de waan toffe ouders te hebben, terwijl diezelfde ouders stiekem deden wat ze deden. Een moeder die heus zelf niet perfect is en evengoed haar fouten maakt, maar die nooit immoreel gehandeld heeft jegens haar kinderen of anderen. Een moeder die voortdurend gehandeld heeft op een eerlijke en oprechte manier. Die moeder, met al haar goede bedoelingen, ja die moeder krijgt de schuld en die willen we niet meer zien!

Is dit niet om gek van te worden? Is dit niet om aan kapot te gaan?

Het is onaanvaardbaar, maar toch is het zo. Liefde is niet te koop en evenmin af te dwingen. Hun keuzes moet ik respecteren en hiermee slaat er een deur dicht tussen onze dochters en mij. De incestopa schijnt een onweerstaanbare magneet te bezitten en slachtoffers trekken daar terug naartoe. Ik kan enkel dankbaar zijn voldoende kracht te bezitten om hem voorgoed af te stoten, met iedereen die aan hem vastgeklonken zit.

De psyche is ingewikkeld. Nooit zal ik begrijpen, al doe ik nog zo mijn best, waarom tussen mijn vader en Veronica zo'n spel was ontstaan van kat en muis. In een gesprek dat ik eens voerde met mijn dochter, kwam ze bijna op voor de dader. Volgens haar heeft hij haar nooit gedwongen en het was iets dat zij altijd, op ieder moment kon stoppen! Ze legde me uit dat het voor haar een bezetenheid was geworden er alles aan te doen dat buitenstaanders niets konden merken van wat er zich werkelijk afspeelde tussen haar en opa. Ze was trots op zichzelf dat ze het toneelstuk perfect kon spelen. Ze vertelde me dat ze meer dan eens opa liet stoppen met het plegen van incest en dat het daarna gewoon weer begon. Gewoon weer begon?

Ik was geschokt dit te horen en wist me niet direct raad. Maar als ze op ieder moment kon stoppen, hoe kan het zijn dat de incest weer begon? Laat me nu niet geloven dat Veronica er zelf keer op keer opnieuw voor koos om misbruikt te worden. Het moet de sluwheid van mijn vader geweest zijn. Het verwarrende in het misbruik is het beleven van genot. Ja, als er sprake is van seksuele bevrediging, beleeft men genot. Met de hormoonhuishouding van een prille tiener is het zelfs voor een opa niet moeilijk haar op zijn hand te krijgen. Hij heeft op een doortrapte manier misbruik gemaakt van een zelf samengestelde fatale mix: machtsgebruik en het kweken van verlangen naar genot. Een genot dat een tiener niet zou moeten beleven met een opa, omdat het uiteindelijk vernietigend is.

Dat Veronica haar deel om alles te verdoezelen goed heeft gespeeld, is me duidelijk. Mij als moeder was op trefzekere manier een rad voor ogen gedraaid en nu wil zij me daarvoor straffen? Ze speelden kat en muis, ik zie het voor me, maar iets is me onduidelijk. Wie speelde er de rol van de kat en wie die van de muis?

Ik ben zover om geen negatieve emoties meer te koesteren als woede, onbegrip, haat en onmacht. Wat er na al die jaren over is, is pijn. Pijn zit er en zit diep, al is het niet meer continu. De pijn komt en gaat min of meer als bij een ontsteking. Ook met artritis leer je leven. Ik zal ermee leren leven, het zal een plaats krijgen. De pijn zal geregeld terugkomen. Dan zal ik het omarmen en koesteren omdat het de enige verbinding zal blijven met wie ooit mijn dochters waren. Hoeveel heb ik niet van ze gehouden? Dat is niet uit te wissen, nooit. Pijn moet slijten, dat zal de rest van mijn leven duren. Het zal niet de rest van mijn leven beheersen, bewust als ik ben van wat het leven me verder biedt.

Ondertussen heb ik geleerd te tellen wat ik heb en zo tel ik niet meer wat ik denk te missen.

Engeland heeft fraaie en oude bomen. Bomen zijn indrukwekkend, eerbaar en ze brengen je eenvoudig tot stilte. Hoe langer je aanschouwt, hoe duidelijker de antwoorden. Niets gebeurt zonder bedoeling. Ik blijf vertrouwen op het leven, overtuigd dat ik iemand ben en niet voor niets leef. Alles wat ik meemaak vormt me, maakt me wie ik ben en duwt me in een richting. Pas aan het einde zal alles duidelijk zijn. Zonder haast ga ik voort, wetend dat het einde ergens op me wacht.

Waar deuren dichtslaan, gaan andere deuren open. We moeten niet blijven staren naar de dichte deur, met een kwijnend hart. We kunnen beter gaan kijken naar de deuren die opengaan. Daarmee kunnen we verder en van daaruit vinden we de doorstroom in ons leven. Daar geloof ik in! Dat is moedgevend en het vormt een krachtige, nieuwe drijfveer.

Het leven hoeft niet eenvoudig te zijn en vol comfort. Het mag zijn scherpe kanten tonen, jou in diepe dalen gooien, waar je weer uit kunt klauteren. Zolang we maar nooit vergeten dat we zelf voldoende kunnen doen aan ons 'zijn'. Verwerken van de gebeurtenissen is het meest belangrijk en het meest moeilijk. Wanneer men zover is, en daar mag men ruim de tijd voor nemen, breekt er vervolgens een andere tijd aan.

De tijd dat men inziet wat de dichter John Milton zo mooi verwoordt :'The mind is its own place and in itself, can make a heaven of hell, a hell of heaven.'

De inspiratie van een kunstenaar moet komen vanuit zijn ziel. De schoonheid van het scheppen zit hem in het te werk kunnen gaan op een natuurlijke en ongedwongen manier. Aangespoord door diepe gevoelens en liefst heftige emoties. Dat mogen alle mogelijke emoties zijn: blijdschap, verdriet, frustratie, jaloezie, wrok en teleurstelling. En mits ze sterk genoeg aanwezig zijn, zullen ze een verbluffend effect hebben op de creatie zelf. De ziel is kunstig in het uiten van opvallende, rakende en diepe gevoelens die prima vertaald kunnen worden in een kunstwerk. De mooiste kunst is immers kunsteloos geschapen. Een basis van kennis over kunst en over de verschillende vormen en technieken vormt een belangrijk aanvangspunt van waaruit men kan groeien. Het hebben van aanleg is uiterst welkom en wanneer je het 'geluk' hebt minstens één keer in je leven door de hel te zijn gegaan, wordt het bijna vanzelfsprekend dat het met je kunst iets zal worden. Je moet iets te zeggen hebben.

We lopen het atelier van Martin binnen en we worden meteen getroffen door de heerlijke, kunstzinnige atmosfeer. De ruimte is royaal en vierkant. Sommigen zijn bezig met olieverf, anderen met aquarel en er is iemand die prachtig resultaat behaalt met enkel een stuk houtskool. We voelen ons thuis.

Heerlijk, die gemengde lucht van verf, terpentine en koffie. Geweldig is het idee hier uren door te brengen in gezelschap van anderen die deze passie met ons delen.

Martin is van onze leeftijd. Hij loopt in een denim tuinbroek en een T-shirt. De broek lijkt op een verlengstuk van zijn schilderspalet. Het valt me op hoe hij lacht en vrolijk op zijn blote voeten door het atelier loopt. Een broekspijp is opgerold tot halverwege zijn kuit, terwijl de andere zo lang is dat de zoom onder zijn hiel zit. Hij is goedhartig, dat kun je zien, en tegelijkertijd is hij charmant. Al snel wordt duidelijk dat hij ervan houdt om grappen te maken.

Martin en Fiorenzo praten samen over wat Fiorenzo hoopt te bereiken in de vijfentwintig lessen die hij wil volgen. Voor Martin is het belangrijk te weten op welk niveau mijn man zit, daarom stelt hij voor eerst een test te doen. Martin zal hem enkele snelle opdrachten geven om te kijken op welk niveau Fio kan instappen. Zo te zien wordt het een uiterst leerzame en interessante cursus.

Het is een totaal andere cursus dan die Fio gevolgd heeft in Italië. Door verschillende opleidingen te volgen, krijg je een breder beeld van mogelijkheden en een ruimer overzicht van diverse technieken. Fiorenzo legt me uit dat hij in de toekomst nog een opleiding zal gaan volgen en dat moet voldoende zijn om er een eigen mix van te kunnen maken. Daaraan zal hij zijn eigen ervaringen en bevindingen toevoegen. Aan zijn enthousiasme te zien doet dit hem goed. Dat maakt me blij.

Fio sluit zijn cursus bij Martin af met een stilleven: 'De drie peren'. Pas als het schilderijtje af is, krijg ik het te zien. Meteen ontroert het me. Drie fraai geschilderde peren, die beweging brengen in het stilleven. Het is liefde op het eerste gezicht! Drie gave peertjes, ongeschonden en zonder een beurse plek. Oprecht tonend wat ze zijn, niets meer en niets minder. In één ogenblik zie ik alles wat over is van onze stamboom: mijn man, mijn zoon en ik. Het is magnifiek geschilderd en door deze interpretatie krijgt het schilderij voor ons een extra dimensie.

Kunst is iets waar je je ei in kwijt kunt, het werkt als een uitlaatklep. We weten dat we niet rechttoe kunnen doen wat we allemaal zouden willen, maar dat weerhoudt ons er niet van alvast projecten te bedenken. Al onze ideeën schrijven we op en als de tijd daar is, kunnen we aan de slag zonder eerst te hoeven piekeren over hoe het ook alweer was.

Geregeld worden we 's nachts wakker met ideeën, daarom slapen we met pen en papier bij de hand. Wanneer je 's nachts een idee krijgt, moet je hem meteen vastleggen op papier. Want als je daarna in slaap valt, ben je het idee de volgende dag vergeten en weet je nergens meer van.

Het kan gebeuren dat de ideeënstroom niet ophoudt en dat je begint te schrijven en te schrijven zonder te kunnen stoppen. Je hersenen bolderen door en je hebt moeite om je gedachten bij te houden. Opvallend wat je in de nacht kunt bedenken en wat er allemaal uitkomt. De kwaliteit van het schrijven is naar mijn ervaring beter dan overdag. Waarschijnlijk door gebrek aan afleiding, waardoor je dieper in de materie komt te zitten. Nachtelijk schrijven is voor ons een waardevolle aangelegenheid geworden. Het bedenken van nieuwe projecten en het schriftelijk uitwerken ervan geeft ons een doel. De waarheid dat we meer projecten hebben dan tijd, frustreert ons.

'We moeten opschieten, we hebben al tijd genoeg verloren, Fio.' Hij kijkt me aan over zijn charmante leesbril en zwijgt. Wanneer zijn antwoord uit zwijgen bestaat, wil dat zeggen: ik ben het met je eens.

Zonder toevoegen of afromen is het dezelfde taal die we spreken. Naast onze kinderen willen we nog andere creaties van betekenis op deze wereld achterlaten. Werken aan een eigen oeuvre vormt een gewichtig en nuttig antwoord op de vragen: waarom ben ik hier en wat heeft dit leven voor zin? Vragen waar we het samen regelmatig over hebben.

Fiorenzo gaat experimenteren met iets nieuws. Er worden cursussen gegeven in live drawing. Zelf kan ik niet tekenen, ik heb er geen aanleg voor. Toch ga ik met hem mee, omdat we met alle plezier onze passies met elkaar delen. Ik bewonder mensen die met snelheid en precisie kunnen tekenen of schilderen, alsof het de gewoonste zaak van de wereld is. Dat is prachtig om te zien.

Verwachtingsvol gaan we op weg naar de live tekenles. We komen uit bij een school en volgen de pijlen die ons leiden naar de gymzaal. In het midden is een podium van een halve meter hoog en zo'n twee bij twee meter. Daaromheen staan schildersezels opgesteld waar je achter kunt gaan staan. Er zijn ook grote lage blokken die de mogelijkheid bieden om zittend te werken.

Binnen korte tijd zijn er achttien personen binnengekomen. Iedereen neemt plaats en de meester legt uit wat de bedoeling is. Vervolgens komen gekleed in ochtendjas een man en een vrouw binnen, die elkaar het podium ophelpen.

De man is ruim in de zestig, hij heeft een buikje en is half kalend. Hij is nogal groot en direct valt zijn stralende gezicht op. De vrouw moet rond de vijfendertig zijn, ze is donker van huidskleur en erg goed gebouwd. Jammer dat ze een harde uitstraling heeft die haar gezicht lelijk maakt. Het contrast tussen de man en de vrouw is interessant. De ochtendjassen gaan uit. Moedig van ze, om te midden van onbekenden poedelnaakt op een podium te gaan staan. Het is niet raar om te aanschouwen, omdat de concentratie massaal naar de eerste pose gaat die direct ingenomen wordt. Er zijn enkel twee minuten, de stopwatch loopt.

Zo start de eerste van een sessie van zes poses van ieder twee minuten. Dit wordt gezien als warming-up. Iedereen is druk in de weer en het enige geluid dat je hoort is het piepen van het houtskool op papier. Bij het aannemen van de poses wordt gebruik gemaakt van een stoel en een lange dikke stok. Stilletjes loop ik rond en bekijk de verschillende technieken en niveaus.

Er zitten uitschieters tussen die indruk op me maken. Margaret bijvoorbeeld. Ze zit ontspannen op een blok, met aan weerskanten een been. Ze is zichtbaar in haar element. Tussen haar benen ligt haar werk dat aan de bovenzijde omhoog loopt op een vlondertje, zodat het gemakkelijker werkt. Haar gekrulde, halflange blonde haren zitten samen gebonden in een kleurrijke, grof gebloemde sjaal. Een lange pluk haar is vrij en die beweegt wild op en neer voor haar gezicht bij de drukke en frequente bewegingen die ze maakt. Ik krijg de neiging om bij mezelf die pluk, die er niet zit, te fatsoeneren. Haar jeans is op de ene knie en bij het andere dijbeen gescheurd. Haar oversized en mannelijk overhemd maakt van haar een kunstzinnig geheel. Wat willekeurige verfvlekken op haar broek en overhemd verraden dat ze schildert. Zonder kapsones, vol zelfvertrouwen en ijver werkt ze stil en geconcentreerd. Ik schat haar rond de vijfendertig en ik vraag me af of ze zich bewust is van haar charme. Misschien beter van niet, ze is zo natuurlijk en onge-kunsteld. Wat ze op papier zet met dat kleine stukje houtskool is zondermeer respectabel.

In de pauze drinken we gezellig een kopje thee met elkaar en horen we dat er wekelijks live tekenlessen worden gehouden. Dat ver-klaart de ervaring en snelheid die sommigen aan de dag leggen. Na de pauze wordt er gewerkt aan een pose van vijfenveertig minuten. Het is uitermate knap van de twee modellen om de gekozen pose al die tijd te behouden. De man staat voorover gebukt met een hand in de zij en met de andere hand steunend op de lange stok die hij schuin van zich afhoudt. Hierdoor ontstaat er een interessante spierspanning in zijn rechterbovenarm, schouder en rug. De vrouw zit half onderuit gezakt op de stoel, ze is gebogen naar een zijde en heeft haar arm achter haar hoofd. Een been is uitgestrekt en het andere been houdt ze opgetrokken, terwijl ze dat laat rusten op het uitgestrekte been. Haar dij steekt daardoor bijna onnatuurlijk om-hoog. Geen voor de hand liggende posities, prima oefening. Ik ver-baas me over de resultaten. En van het werk van Fio sta ik paf, dat gaat ver boven mijn verwachting.

Het is een intense training die niet te vergelijken is met de cursus van Martin. Bij Martin word je gevolgd en gecorrigeerd of krijg je tips om mee te experimenteren. Bij deze live tekenles is geen begeleiding en er wordt geen les gegeven. Je krijgt tips van medeleerlingen en er is een levendige uitwisseling van persoonlijke ervaringen met betrekking tot het tekenen. Het draait er grotendeels om dat je kunt oefenen.

Na afloop praten we druk over onze bevindingen en ik moedig Fiorenzo aan om vaker te gaan. Laaiend enthousiast kijkt hij al uit naar de volgende week.

In dit opzicht vinden we Italië minder aantrekkelijk. De variëteit aan cursussen die we in Engeland tegenkomen kent Italië niet. Daarbij komt dat Italianen in tegenstelling tot de Britten niet de mentaliteit hebben om van elkaar te leren en om kennis onderling te delen. In Italië doet men dat minder gemakkelijk. Men denkt dat het slimmer is alles voor jezelf te houden. Zelfs ovens van pottenbakkers worden meestal niet gedeeld met anderen. Het zou de oven rendabeler maken en contact met andere pottenbakkers bevorderen. Maar nee, alles wordt afgeschermd en als je een betaalde cursus volgt, zullen de docenten nooit het volledige 'recept' geven, ze houden bewust altijd iets essentieels achter. Waar is men bang voor? Wanneer je uitblinkt in iets, moet het geen probleem zijn om jouw kennis te delen. Alsof er angst is dat de leerling een concurrent wordt, of zelfs de meester zou kunnen gaan overtreffen.

Kunst is niet alleen geweldig om er zelf mee te experimenteren, het is bovendien geweldig om te gaan bezichtigen. Bij Lorenzo in Cambridge, was het een hele ervaring voor ons om te dolen door de gebouwen van de tientallen colleges, met de betoverende, sprookjesachtige atmosfeer die daar hangt. Ik was benieuwd welke beroemdheden hier gestudeerd hadden.

Ik vond al snel antwoord op een monumentale gedenkwand vol

met studentennamen. Er staan zelfs Nobelprijswinnaars tussen, zoals James Watson. Het is bijzonder dat je door dezelfde gangen loopt, op dezelfde stoelen zit en net zo door allerlei typische zalen dwaalt als deze intussen beroemde personen.

Misschien zat ik op dezelfde bank als Bertrand Russell, die ook studeerde aan de universiteit van Cambridge en later de Nobelprijs voor de literatuur won. De Harry Potter-achtige zalen betoverden ons. Als gasten van Lorenzo lunchten we tussen honderden studenten en een twintigtal professoren, in een van die aanzienlijke zalen met prachtige schilderijen.

Na afloop zijn we gaan kijken in de indrukwekkende Kings College Chapel, waar we onverwacht een meesterwerk van Rubens ontdekten. Het hangt daar, bijna nonchalant, als altaarstuk.

In Cambridge en in London hebben we het hart op kunnen halen als liefhebbers van kunst. Opvallend hoeveel uiteenlopende kunst de Britten bezitten, zonder zelf een belangrijke kunstgeschiedenis te hebben. Engeland heeft nou eenmaal niet de geschiedenis zoals Italië, Griekenland, het Midden-Oosten en Egypte die hebben.

Engeland heeft in de tijd van de koloniën spullen verzameld en tijdens verschillende oorlogen heeft het zijn best gedaan kunst van andere landen mee te nemen als 'souvenir'. Ik stond met ongeloof te kijken bij de immense stenen beelden uit het oude Mesopotamië en ik vroeg me af hoe ze die in hemelsnaam hadden meegenomen zonder dat iemand ze tegenhield. Het kan niet onopvallend gegaan zijn.

En dan de indrukwekkende hoeveelheid beelden van het Parthenon, de Griekse marmeren tempel van Pallas Athene op de Akropolis. De Britten zijn zelfs in het bezit van mummies en het was bijzonder om plotseling oog in oog te staan met de mummie van Cleopatra.

Het Fitzwilliam Museum in Cambridge is een opvallend compleet museum, maar niet uitgesproken groot. We genoten van de kunst uit de oudheid, uit het Nabije Oosten, Griekenland, Egypte en Italië. Het Fitzwilliam Museum in combinatie met het British Museum in Londen biedt alles wat we droomden te kunnen zien uit de oudheid. Beide musea behoren absoluut tot onze favorieten.

In Cambridge hangen ook schilderijen van Europese beroemdheden en we waren verrast te zien dat er kunst hangt van de Italiaan Cima da Conegliano. Hij staat erom bekend op de achtergrond van al zijn schilderijen de heuvels van Conegliano te schilderen. Voor ons herkenbaar, omdat we daar de laatste drieëntwintig jaar hebben gewoond. Bij het zien van zijn werk was het daarom net of we ineens in Italië door het keukenraam naar buiten keken.

In het British Museum was ik verrukt door de boeken uit de oudheid. Ik vond daar op een visuele en leerzame manier de wortels van het schrijven. Dat de eerste vorm van schrijven al plaatsvond ruim drieduizend jaar voor Christus fascineert me. Er staat een plak gedroogde klei uit de oudheid, met daarop een tekst in de vorm van pictogrammen, ingekerfd door god weet wie. Dat hield me bezig. Die onbekende auteur, die persoon die ooit was begonnen met de meest krachtige manier van uitdrukken. Hij legde zo ooit de basis voor het schriftelijk informeren, communiceren en registreren. Dat is bijzonder.

Die persoon moest eens weten dat de mensheid zijn grondbeginselen zo uitgebouwd heeft! En dat de ontwikkeling die het schrijven heeft doorgemaakt en de talen die zijn ontwikkeld zo belangrijk zijn geworden. Het is indrukwekkend dat de tekstverwerkende wereld en de talen zelf nog altijd evolueren. Zou hij geweten hebben dat wat hij ooit begon, zo van belang zou zijn?

Al vijfduizend jaar schrijft de mens. En we raken maar niet uitgeschreven en uitgelezen, en dat is wat me fascineert. Dit was een stil moment waard.

Het is me opgevallen dat veel geschreven werk zich herhaalt en zelfs veelal onveranderd blijft. Of verhalen herhalen zich met een kleine informatieve toevoeging die de lezer opnieuw bewust maakt van iets dat we al wisten, maar weer 'vergeten' hadden. Bewustwording is de clou en de kunst van het leven.

Engeland bezit kunst van over de hele wereld, om je vingers bij af te likken. Het heeft indrukwekkende musea met verbluffende collecties. De Britten moeten dus van kunst houden, zou een logische redenering zijn. Opvallend dat we nergens kunst in het openbaar tegenkomen. Er zijn geen standbeelden of kunstwerken in parken of pleinen, er is eenvoudig geen enkele vorm van openbare kunstexpressie.

Naarmate we er langer wonen en bij mensen thuis komen, krijgen we de indruk dat er geen geld uitgegeven wordt aan kunst. Iets dat we in Nederland en in Italië wel gewend zijn te zien. Dit is een opmerkelijke observatie. Als ik denk aan al de koloniën die Engeland had, verwacht je toch meer kunst in de handen van de burger. Ik weet dat de Britten gerust duizend pond uitgeven voor een van de vijftig foto's die bijvoorbeeld zijn gemaakt van een beroemd schilderij. Het schijnt een tendens in opmars te zijn. Tijden veranderen. Als de eerste maker van pictogrammen zou hebben geweten dat zijn figuurlijk uitgebeelde miniverhaaltjes omgezet gingen worden in letterkundig geschrift, had hij het waarschijnlijk Spaans benauwd gekregen!

Toch speciaal. Of we nou zelf bezig zijn met expressie van kunst of rondlopen in een museum, het absorbeert onze aandacht volledig. We komen hierdoor op adem en we zijn dan bevrijd van onze zorgen. Alsof er niets is gebeurd.

Waarom doe ik mezelf dit aan? Ik dwaal door de stad en mijn keel zit dichtgesnoerd. Ik sta stil bij een vitrine van een theewinkel. Mijn blik glijdt over gebloemde theebekers die onderling verbonden zijn door een fuchsiakleurig lint. De kleur van het lint komt terug in de kleine bloemen op de bekers en dit alles vormt een plaatje. Ik tel achteloos de bekers en kom uit op vijf. Dikke tranen rollen over mijn wangen. De vijf bekers associeer ik met onze gezinsleden: Fiorenzo, Lorenzo, Marta, Veronica en ik. Dat was ook een plaatje. Nu voorgoed verleden tijd. Het is onwezenlijk en het roept opnieuw onmacht op. Een kaartje in het midden van de bekers zet vast velen aan tot kopen. Het opschrift luidt: 'For the loveliest mum ever!' Het raakt me, omdat het is wat ik wil zijn, maar waarin ik word belemmerd.

Ik loop verder en krijg een folder in mijn hand gedrukt. Instinctief weet ik dat het betrekking op Moederdag zal hebben en toch lees ik het. Goed wetende dat ik mezelf pijn doe.

Waarom besloot ik het foldertje aan te nemen? Wil ik pijn? Misschien wil ik proberen over de pijngrens heen te gaan. Net zoals bij een aft in je mond. Die kan irritant pijnlijk zijn, tot je er hard met je scherpe nagel in drukt en dat een tiental seconden volhoudt. De pijn blijft daarna weg voor langere tijd. Zou het op deze manier werken? Als ik mezelf door de pijngrens duw, ben ik dan voor lange tijd vrij van pijn?

Ik weet het niet. Misschien ben ik op zoek naar wat ik mis: mijn gezin, de huiselijkheid, mijn groepje mensen, die elkaar lief hadden en elkaar steunden. Die onderlinge band, elkaar veiligheid en bescherming bieden. Dat eens zo gezellige gezin waarin men elkaar stimuleerde, aanmoedigde in studie, reizen, muziek, sport en creativiteit. Ik zoek die atmosfeer die er was op dagen zoals Moederdag. Al de voorafgaande jaren was ik bekroond als de mooiste, de liefste, de grappigste, de beste-in-alles-moeder.

Nu ineens ben ik dit niet meer? Wacht even! Dit alles ben ik niet meer voor Marta en Veronica, maar Lorenzo is ook mijn kind! En die denkt daar anders over. Voor hem ben ik de allerliefste moeder. Waarom zit ik met drie kinderen en deze kloof? Hoe vaak heb ik niet gezocht naar mijn schuld in dit verhaal? Ik ben niet perfect en ik heb mijn eigenaardigheden, maar schuld? Schuld is zo'n groot woord. Geen enkele van mijn tekortkomingen is ooit geboren uit slechte bedoelingen.

Het spijt me oprecht als ik iemand gekrenkt heb, te bot ben overgekomen, te snel iets eruit geflapt heb. Ik ben niet zonder fouten, zoals niemand foutloos is. Maar schuld past bij iemand die zijn kleindochters seksueel misbruikt. Schuld past bij iemand die dat aanziet en er niets tegen doet. Waarom moet schuld horen bij iemand die een dergelijke vicieuze cirkel juist doorbreekt? Hoe kun je schuld hangen om de nek van diegene die het rad van afschuw stopt?

Had ik het moeten weten dat mijn vader zo was? Mijn vader zat aan andere vrouwen en daardoor was er regelmatig spanning tussen mijn ouders. We hebben ruzies genoeg aangehoord tussen hen vanwege andere vrouwen, maar dat waren altijd volwassen vrouwen geweest. Het ging mij ook niet direct aan. Als mijn moeder steeds mijn vader vergeeft, kan ik mijn vader toch niet aan de deur zetten? Het is fout en het is erg, toch vormde het geen gegronde basis om hem hiervoor definitief uit mijn leven te bannen. Die verantwoording lag bij mijn moeder.

Ja, het is waar. Toen ik klein was heeft mijn vader één keer iets met mij geprobeerd. Soms kroop ik 's morgens tussen mijn vader en moeder in bed, om samen rustig wakker te worden. Het was gezellig kletsen en lachen. De aandacht die ik kreeg maakte me blij, omdat die er overdag niet was. Op een keer glipte mijn moeder uit het bed om naar de badkamer te gaan. Mijn vader pakte onder de dekens mijn hand en leidde die al kletsend naar zijn geslachtsdeel. Hij vroeg me erin te knijpen. Op het moment dat mijn hand met zijn geslacht in aanraking kwam, begreep ik meteen dat het fout was. Dit was niet normaal. Mijn 'nee' was luid en duidelijk. Terwijl ik me loswrong en meteen het bed uitvloog, maakte ik hem uit voor vies en vuil. Ik besloot nooit meer bij hen in bed te kruipen. Mijn reactie was dusdanig dat vader nooit meer een hand naar me heeft uitgestoken!

Eén aanraking, een kort en geïsoleerd moment was voor mij een shock. Deze traumatische ervaring zorgde voor schaamte en teleurstelling. Automatisch sloot ik deze ervaring op in een denkbeeldig doosje diep in mijn binnenste. Achter slot en grendel, alsof het zo voorgoed werd gewist. Het was niet moeilijk mijn vader te vergeven, omdat hij me nooit meer heeft aangeraakt. Het was blijkbaar een eenmalige fout, waar we het niet meer over hadden.

Juist omdat mijn vader geen hand meer naar me heeft uitgestoken en er nooit meer iets was voorgevallen tussen ons, heb ik argeloos gedacht dat hij geen gevaar voor kinderen zou zijn. Na het voorval was ik regelmatig met hem mee gegaan om stukadoorswerkzaamheden op te gaan meten bij klanten thuis. Na het avondeten reden we naar de klant, terwijl we liedjes zongen en grappen maakten. We hadden plezier. In die periode was ik tien, elf jaar oud. Nooit meer is er zoiets vervelends of verkeerds gebeurd.

Jaren later, enkele jaren voordat mijn vader zich ging vergrijpen aan onze dochters, speelde de omvangrijke incestaffaire in Epe. Herhaaldelijk had hij woedend gebulderd dat de daders tegen een muur moesten. Dit gedrag hielp eraan mee om hem nergens van te verdenken. Iemand die zo agressief tekeergaat tegen de plegers van pedofilie en incest, kan onmogelijk een kind kwaad doen. Dat is de boodschap die binnenkomt en zich in je opslaat.

Dat mijn vader zich zou vergrijpen aan kinderen, daar was niets over bekend. Wel was bekend dat hij niet van volwassen vrouwen kon afblijven. Nooit heeft mijn vader bij mij de suggestie gewekt dat hij een pedofiel is en evenmin dat hij mijn kinderen kwaad zou kunnen doen.

Wanneer voor de zoveelste keer aan het licht kwam dat hij zijn handen niet kon afhouden van mijn volwassen schoonzus, was ik even bang voor de toekomst van mijn dochters. Bang voor het moment dat zij, op hun beurt, volwassen zouden zijn en hij misschien iets zou kunnen gaan proberen. Ja, met mijn zevenentwintig jaar was ik te naïef en onwetend er andere gedachten bij te hebben. Ik kon niet bedenken dat een man, mijn vader, van in de zestig zulk onzedelijk gedrag zou kunnen vertonen jegens kinderen, mijn kinderen! Het is onbegrijpelijk dat een opa dit zijn kleinkinderen aandoet. Ik had de indruk dat mijn vader en mijn moeder te veel van ons gezinnetje hielden om ooit zo'n zonde te kunnen bedenken, laat staan begaan. Dit had ik nooit gedacht of achter hem gezocht.

Schuld is zo'n groot woord. Niemand is zonder schuld. Ik zal mijn schuld bekennen, door de fout van mijn leven op te biechten. Een fout waar ik de rest van mijn leven voor zal moeten boeten! Ik heb mijn ouders vertrouwd! Een onvergeeflijke fout, waarvoor de complete verantwoordelijkheid bij mij ligt. Ik heb spijt.

Nooit had ik mijn ouders moeten vertrouwen en ik had met mijn negen jaar moeten inzien hoe mijn vader was. Ik had van huis weg moeten lopen. Alleen dan had ik de rest kunnen voorkomen.

Deze ironie laat me voelen hoe absurd en oneerlijk deze vorm van denken is. Als negenjarige ben je afhankelijk van ouders, je gaat niet weg. Als ik de schuld krijg omdat ik had moeten begrijpen hoe mijn vader was en daardoor de ellende had kunnen voorkomen, zeg me meteen hoe ik dat had kunnen doen.

Ik had voortijdig met mijn vader moeten breken. Dat klinkt eenvoudiger dan het is. Voortijdig, wanneer? Toen ik ging trouwen? Botweg tegen mijn vader zeggen, terwijl ik door hem naar het altaar werd gebracht: 'Vader, je bent mijn vader niet meer omdat er een kans bestaat dat je dat in de toekomst niet meer waard zult zijn. Daarom wil ik je alvast vanaf nu niet meer zien.'

Wat had dat voor effect op mijn familie, mijn vrienden en op mezelf gehad? Alleen al bij het idee voel ik me ongemakkelijk en oneerlijk. Had ik de knoop moeten doorhakken bij de geboorte van ons eerste kind, hun eerste kleinkind? Ik had mijn vader, de blijmoedige, kersverse opa, aan moeten kijken en moeten zeggen: 'Nu Veronica geboren is, wil ik jou nooit meer zien vader, omdat ik bang ben dat er een kans bestaat dat je eventueel ooit haar iets kwaads zou kunnen doen. Ik ben bang dat je haar misschien onzedelijk gaat betasten, haar gaat tongzoenen en ik moet er niet aan denken dat je haar zou kunnen gaan verkrachten. Ik vind het vervelend voor je dat ik die angsten heb, maar er kan altijd ergens een mogelijkheid zijn, dus daar is de deur!'

Toen Veronica werd geboren, was het feest en was er vertrouwen op een mooie toekomst. Wie had op het idee kunnen komen om opa en oma hiervan buiten te sluiten? Er was geen aanleiding toe.

Zo werkt het ook niet. Het is irreëel om van mij te verwachten op dergelijke momenten met mijn ouders te breken. Moet ik nu, nadat ik hierin heb gefaald, alle schuld dragen? Alle schulden van iedereen? Ben ik de eeuwige zondebok?

Wie legt me uit, als je je ouders niet kunt vertrouwen, wie je dan wel kunt vertrouwen op de wereld? Waar ligt mijn verantwoording in dit drama precies? Hoe kan het dat mijn man en ik als ouders ineens geschrapt worden op basis van een dergelijke oneerlijke gedachtegang, en hoe kan het dat een broer ineens geen broer meer mag zijn? Wat heeft Lorenzo misdaan? Wat is zijn rol in dit drama? Ik kan het niet meer volgen.

Ik heb mijn kinderen altijd zo hecht gezien tijdens hun opgroeien en het heeft me altijd vertederd als ze opkwamen voor elkaar. Waar is dat gebleven, het kan toch niet plotseling in mist zijn opgegaan?

Het doet pijn. Ik wil geen breuk met mijn kinderen en ook geen breuk tussen mijn kinderen onderling. Onenigheid is overal en daar kan ik tegen, zolang er maar openheid in de conversatie blijft. Deuren dichttrappen is definitief, destructief en niet opbouwend. Was dat nodig in ons geval?

Ik begrijp niet wat onze dochters hiermee denken te winnen. Ik voel me teleurgesteld over de zwart-wit houding die ze tegenover mijn man, Lorenzo en mij aangenomen hebben. Waarschijnlijk verleggen ze op deze manier de verantwoordelijkheid die ze zelf voor beslissingen hebben gehad. Dit kan hen tijdelijk helpen, maar is er voor deze tijdelijke oplossing niet te veel op het spel gezet?

Dit valt buiten de noemer 'geef me tijd, ik moet de gelegenheid krijgen om aan mezelf te werken'. Ruim twaalf jaar hebben we geduld gehad en begrip getoond, zonder dat de dochters ooit begonnen aan een reëel verwerken. Omdat we altijd gericht bleven op dialoog en op het luisteren naar elkaar, had ik verwacht dat we er ook dit keer al pratende uit zouden komen.

Sinds het moment dat we ontdekten dat mijn vader onze dochters seksueel misbruikte, is iedere vorm van gesprek tussen ons en onze dochters gecompliceerd. Vanaf dat moment ontstonden er moeilijkheden. Er ontstond een dilemma tussen praten en zwijgen. Uiteindelijk kozen de dochters voor zwijgen. Ze klapten dicht als een boek. Een boek vol horror, dat ze enkel voor zichzelf wilden houden. Ik ben teleurgesteld omdat er geen gebruik is gemaakt van de vele voorzieningen die we hebben aangereikt. Er is op alle mogelijke manieren hulp geboden, direct en indirect.

Teleurgesteld omdat Veronica, die voor psychologe studeerde, haar studie in eerste instantie niet gebruikte om zichzelf en anderen te helpen, maar als verdedigings- en aanvalswapen. Ik voel me teleurgesteld, omdat ik weet hoe intelligent onze dochters zijn en hoe krachtig ze hun intelligentie gebruiken op een foutieve manier. Een slachtoffer die bewust is van de situatie en die begrijpt dat het fout is wat er is gebeurd, zal erkennen. Dat betekend niet dat ze daarmee klaar zijn en de rest van hun leven kunnen blijven hangen in slachtofferschap. Zich te blijven schuilen achter slachtoffergedrag is de gemakkelijkste weg. Het is de verantwoordelijkheid en de taak van het slachtoffer zelf om de beschadigingen zo goed mogelijk te helen en met de littekens en al verder te leren gaan. Het leven gaat zowel voor het slachtoffer als voor de omstaanders gewoon verder. Met al de erkenning, troost, steun die er meteen geboden werd, hadden onze dochters, met de nodige discipline die daar voor nodig was, hun leven weer in de hand moeten nemen. Zonder daarbij schade te berokkenen aan anderen. Dit is niet gebeurd. Daarin ben ik teleurgesteld.

Ik zie hoe ongrijpbaar alles is geworden, ik heb hen niet kunnen helpen en dit doet me pijn. Ik wil mijn moederrol blijven spelen, maar ik vergeet nooit dat mijn moederrol door hen geweigerd is. Voor dit alles zal er ooit een rekening komen die zwaar zal vallen, wat mijn hart verscheurt. Ik lijd onder die gedachten, ik ben bezorgd en bang dat ze straks de rekening niet kunnen betalen. Dit geeft aan dat ik nog altijd van ze houd.

Ja, ik houd van mijn kinderen, dat zal ik nooit ontkennen. Ze zijn mijn vlees en bloed. Ik zal van mijn kinderen houden tot aan mijn dood, dat is het probleem niet, dat gaat moeiteloos en spontaan op natuurlijke wijze.

Het punt is dat de relatie tussen mij en mijn dochters kapot is. Die is vertrapt, ontwricht, vergiftigd en onherstelbaar vernietigd. Nooit zal ik weten waarom dit zo is gegaan, wat het doel was en wat hun

voordeel hiervan was. De gevolgen kunnen voor hen fataal worden, net zoals het fataal had kunnen worden voor Fiorenzo en mij.
Ik hoop oprecht dat tegen de tijd dat onze dochters een realistisch
beeld krijgen, ze de kracht zullen vinden om hiermee voor zichzelf
in het reine te komen. Dat ze een weg zullen vinden om verder te
kunnen gaan met hun leven.

Ik veeg mijn tranen weg en lees in de folder over arrangementen
op een beautyfarm, die je kunt bestellen voor je moeder om haar
eens lekker te laten verwennen voor Moederdag. Ik gooi de folder
zonder na te denken in de eerstvolgende afvalbak.

Alle etalages staan in het teken van Moederdag en langzaam
maar zeker komen ze op me af. Wat loop ik hier te doen, kan ik
niet beter thuis wat gaan lezen of iets gaan bakken?

Ik was boos weggegaan, omdat ik mijn lastige verdriet samen
met mijn lastige overgangshormonen niet onder controle had weten te houden. De aanloop naar Moederdag is al weken aan de gang
en drijft de mensen naar een climax. Het werd me te veel, het
roerde te hard in mijn ziel.

Ik voel me schuldig tegenover Fiorenzo, hij heeft ontiegelijk veel
geduld en kracht. Hoe doet hij het allemaal, de moed erin houden,
positief denken, opbouwend praten en troosten? Hij is sterk en ik
bewonder hem om zijn kracht en rust, die hij overbrengt op mij.

Fiorenzo reageert meestal pas op iets nadat hij zijn gedachten in
stilte heeft laten uitrazen. Ik ben daarentegen meestal direct en vol
emotie die ik meteen eruit moet gooien. Pas later lukt het me om
rustig te worden en mijn verstand bij mijn gevoel te voegen.

Prettig dat we hierin niet hetzelfde zijn. Deze situatie word je
niet de baas als we beiden steeds direct en heftig zouden reageren.
Wat is het leven toch gecompliceerd, terwijl het in feite eenvoudig
zou kunnen zijn.

Bij de pub The Mary Shelley probeer ik tot rust te komen. Bij het raam staan hoge krukken aan een hoge tafel en ik besluit om daar te gaan zitten. Mijn koffie bestel ik aan de bar en ik kies er een aantrekkelijk stukje Victoria sponge cake bij. Dat kan geen kwaad, praat ik mezelf aan, met al de kilometers die ik dagelijks loop.

Als ik weer bij het raam zit en mijn best doe me te concentreren op de tekst van een lokale krant, komt er met een hoop bombarie een groepje mensen binnen. Ik kijk op en observeer wat ze doen. Het klinkt zo vrolijk en lacherig dat het alle aandacht verdient. Ik zie een jong moedertje dat haar geblondeerde haren heeft opgestoken in de populaire donut knot. Ze is druk in de weer met de kinderwagen, waar blijkbaar een baby in ligt. Op de bak van de kinderwagen is een zitje bevestigd met daarin een tweede kindje. Achter haar aan loopt een vrouw van ongeveer mijn leeftijd, ongetwijfeld haar moeder, met in haar hand een grote tas van The House of Fraser, een warenhuis in het centrum.

Ze zijn eindelijk gaan zitten en het tafereel is zo hartverwarmend om te zien dat ik in tranen ben. Mijn dochters hebben de leeftijd om moeder te worden. Wie weet is een van hen al zwanger! Dat zal ik niet te horen krijgen. Ook ik zou dolgraag op een dag met mijn dochters en kleinkinderen de stad ingaan om allerlei leuke dingen te doen. Ik spiegel mezelf in de scene van dit gelukkige tafereel van moeder, dochter en kleinkinderen en het maakt me emotioneel. Ik ben niet jaloers, dat is een emotie die ik niet heb ontwikkeld. Ik ben blij voor hen, ik gun het ze van harte. Ik lees hun geluk af aan de manier waarop ze met elkaar en met de kleintjes omgaan, het is prachtig.

Mijn tranen komen door het gemis. Ik mis mijn dochters, ik mis bij dit aanzien de toekomst die er voor mij had kunnen zijn. Ik mis al deze mogelijkheden waarvoor ik de basis had gelegd en waar ik met liefde in heb geïnvesteerd. Nooit had ik kunnen denken dat mijn pad zo afgesneden zou kunnen worden.

Ik huil omdat naast het missen van mijn dochters nog iets een rol speelt. Ik weet dat mijn ziel door het abrupte verbreken van ieder contact automatisch over is gegaan tot een rouwproces. Dat klinkt raar, toch werkt het zo. Ik kan hierbij niet eens zeggen wat erger is, rouwen om iemand die gestorven is, of rouwen om iemand die je niet meer zal zien.

Sterven is definitief en onomkeerbaar. Het rouwen is een proces dat wel twee jaar kan duren. Het sterfgeval moet een plaats krijgen in jouw leven, de overledene zal je voorgoed missen, diens leven is gestopt. Je kunt niet anders dan accepteren dat het deel is van de natuurlijke kringloop, hoe slecht de dood ook uitkomt.

Als je personen niet meer mag zien, doorloop je ook een rouwproces omdat het contact abrupt verbroken wordt. Het is absurd, omdat die personen wél verder leven, ouder worden, kinderen krijgen, van uiterlijk veranderen. En daarvan ben je afgesneden, je wordt buitengesloten. Ik zie mijn meiden in alles terug. Soms denk ik dat ik ze op een afstand of in een flits zie. In scènes van films zie ik ze terug, of ik herken ze in muziek. Ik zie ze in de theebekers in de vitrine, ik zie ze in de mensen hier in de pub.

Alles leidt terug naar mijn dochters, hoe ze vroeger waren, wie ze nu zijn en ze morgen zullen worden. Ik raak nooit uitgerouwd, omdat ze leven, omdat ze verder leven zonder mij, mijn man en onze zoon.

De gedachte dat elke dag onze afstand vergroot en er steeds meer wederzijdse, onbetaalbare momenten gemist worden, geeft de indruk dat het nooit meer op te lossen valt. Omdat het nooit meer in te halen is, of te herbeleven. Kan ik dit aan?

Fiorenzo zegt dat er tijd voor nodig is, tijd om te accepteren, tijd om te leren hoe je met zoiets om moet gaan in je verdere leven. Hij heeft gelijk, de tijd heelt immers alle wonden. Het is duidelijk dat ik vertrouwen verloren heb in het leven, in mezelf en in de toekomst. Deze observatie laat me niet onverschillig. Dit vertrouwen moet terug opgebouwd worden. Er is geen alternatief, hiermee moet ik aan de slag. De weg is lang. Toch voel ik me vastberaden en ik wil deze weg inslaan. De tijd is mijn nieuwe vriend, ik ga hem benutten, omdat hij na verloop van tijd alle wonden heelt.

Tevreden over mijn slotconclusie sta ik op en voordat ik naar buiten ga, loop ik langs de jonge moeder, haar kinderen en hun oma. Ik stop, kijk hen aan en geef een gemeend compliment voor het prachtige clubje. Ze nemen het in dank aan terwijl ze trots stralen van geluk. Het is hartverwarmend om te zien, ik knik en loop tevreden door naar buiten. Het lijkt alsof ik de wereld anders zie. In het diepst van mijn verdriet heb ik opnieuw een geluksmoment weten te creëren en ik geniet er intens van.

Ik weet het zeker omdat ik het voel: ik groei! Steeds win ik een stukje vertrouwen. Dit geeft me de bevestiging dat het goed kan komen, ook zonder mijn dochters.

Op de terugweg kom ik opnieuw langs de etalage van de theewinkel en weer valt mijn blik op de gebloemde bekers die verbonden zijn door dat fuchsiakleurige lint. Het kaartje staat nog altijd in het midden van de bekers. Zonder na te denken vertaal ik spontaan de tekst naar eigen goeddunken: voor de gezelligste moeder. En ineens weet ik het zeker. Dat ben ik!

Ik loop naar binnen en koop trots en vol van vreugde de vijf prachtige bekers. Ik bedenk dat twee bekers zullen zijn voor Fio en mij, twee bekers stuur ik op naar Lorenzo en zijn vriendin Sabina en de laatste beker geef ik aan Kate, een collega.

Kate is een lieve jonge vrouw van tweeëndertig jaar. Ze is getrouwd en moeder van een tweejarige tweeling. Haar moeder was alles voor haar. Ze hielp Kate bij het opvangen van de kinderen, bij de was, de boodschappen en ze was voor Kate als een vriendin. Iedere keer wist ze goede raad te geven en als het nodig was, was ze voor Kate een steun in de rug. Een uiterst positieve moeder, die we allemaal zo graag willen zijn. Twee maanden geleden heeft Kate haar moeder begraven. Onverwacht was haar moeder tijdens haar slaap getroffen door een hersenbloeding en is daaraan overleden. De wereld zit vol drama en iedere familie heeft er wel een. En al is het ene drama groter dan het andere, verdriet is overal. Hoeveel moeders en dochters zitten op een dag als Moederdag niet in zak en as?

Het is juist om bij zoiets eens stil te staan. Ik heb bewondering voor Kate, hoe ze vecht met dit verlies. Daarom zal ik haar de beker geven, de vijfde beker van de set.

Ik ben onder de indruk van wat er in de afgelopen drie uurtjes met me is gebeurd. Van een onredelijk conflict met mijn man, weglopen uit frustratie, woede, onmacht en verdriet, mezelf door de pijn duwen, naar ten slotte alles ombuigen naar een krachtig en positief platform voor nieuwe ideeën en nieuwe invulling. Het is een goed staaltje werk, een voorbeeld van hoe ik het met de rest van mijn leven moet gaan doen.

Alles is weer overzichtelijk, bereikbaar en zonnig. Ik voel me trots en blijmoedig, omdat het me gelukt is uit de put van vandaag te kruipen. Onderweg naar huis stop ik bij een taartenbakker en koop er twee dikke punten vruchtentaart. En nu ga ik naar huis, naar mijn lieve man. Daar ga ik koffie zetten en het gezellig maken, want ik ben en ik blijf de gezelligste moeder van de wereld!

Onderweg naar huis zing en fluit ik en groet vrolijk iedereen die ik tegenkom. Iedereen groet vriendelijk terug en dat heeft een heerlijk effect op me. Het effect is vergelijkbaar met het hebben van de wind in de rug tijdens het fietsen. Het werkt als een prettig en stimulerend duwtje in de goede richting.

Opgelaten kom ik thuis en daarmee verbaas ik Fiorenzo. Hij had me boos en vol onmacht zien vertrekken en nu zingt zijn vrouw haar hoogste lied! Gelukkig pikt hij het meteen goed op en is hij zichtbaar blij en opgelucht me te zien stralen, omdat hij weet hoe pijnlijk een dag als Moederdag voor me is.

We zetten koffie en drinken die uit de nieuwe bekers, we smullen van de zalige punten taart, terwijl ik denk: morgen is het Moederdag, ook voor hen!

De golven kletsen met een behoorlijke kracht tegen de palen van de pier waarop ik ben gaan zitten. Mijn benen bungelen tussen de pier en de wilde zee. Soms voel ik wat spetters fris zeewater tegen mijn onderbenen en voeten. Ik geniet. De wind en de zon in mijn snoet. De rust en de tijd die ik neem geven me een vakantiegevoel. Vroeger brachten we onze vakanties door aan zee. Onze kinderen hadden drieënhalve maand zomervakantie, zoals alle kinderen in Italië. We hadden een bungalowtent en daarmee stond ik anderhalve maand aan zee met onze kinderen. Fiorenzo had meestal drie weken vakantie en de overige weken pendelde hij tussen werk en de camping, ruim een uur rijden. Zo kon hij na zijn werk toch met de kinderen de zee in duiken en genieten van de avond. Het waren prachtige jaren waar we bewust van hebben genoten. Wat zijn de jaren toch omgevlogen.

Ik staar in de golven en dat roept de herinnering op aan de weeën die ik kreeg bij de geboorte van Lorenzo. Dat is bijna vijfentwintig jaar geleden. Het was een prettige bevalling en als ik zo terugdenk, zie ik dat hij vanaf het begin positieve invloed heeft gehad op Fio en mij. Wanneer ik zwanger raakte van Lorenzo, zaten we net met een faillissement en we waren daardoor dakloos. Er waren geen andere opties dan tijdelijk intrekken bij mijn ouders. Achteraf was het niet nodig geweest om failliet te gaan met onze prachtige ijssalon. Het was ons gelukt voldoende geld te lenen om verder te kunnen. De omzet was intussen prachtig. We hadden alleen geen rekening gehouden met de aanlooptijd van ons bedrijfje, en daardoor hadden we achterstand opgelopen. Het was mijn vader die erop had gehamerd en aangedrongen om zelf ons faillissement aan te vragen. Hij adviseerde ons om het geleende geld niet in het bedrijf te pompen. Juist hij, die voor zijn aannemerswerk voor de ijssalon al een fiks bedrag in zijn broekzak had! We waren door het knokken aan het einde van onze Latijn en in plaats van steun kregen we tegenwerking van ouders en broers.

We namen de verkeerde beslissing, dat is onze eigen verantwoordelijkheid geweest. We vroegen ons faillissement aan met alle problematische gevolgen van dien. Vlak voordat we het pand uitgingen, waarin we werkten en woonden, raakte ik zwanger. Toen we bij mijn ouders inwoonden werd er stevig tegen Fiorenzo aangetrapt. Voor mijn ouders was hij schuldig aan het faillissement. Eens failliet, altijd failliet, werd er steeds herhaald. Mijn moeder riep dagelijks tegen mij: 'Ga toch van hem af, het wordt nooit meer iets met hem, ga toch scheiden.'

Ik riep mijn moeder toe dat ze beter lief kon zijn omdat ze voor de tweede keer oma zou worden, maar thuis werd het een hel. Mijn ouders maakten ruzie met elkaar hierover, zo heftig dat mijn vader voor een paar dagen vertrok. Mijn moeder bulderde tegen ons dat we onverantwoord bezig waren zo vlak voor onze scheiding. Vlak voor onze scheiding? Zelf wisten we van niets!

Het was een oneerlijke en onrechtvaardige situatie. Ondanks alles waren Fio en ik nog steeds verliefd op elkaar. We hadden nog altijd een gezamenlijke toekomst voor ogen en dat gaf ons kracht. Na drie maanden inwonen kregen we eindelijk een huisje toegewezen door de woningbouwvereniging. Dolgelukkig spraken we bij voorbaat af dat we het huis zouden accepteren, waar het ook zou staan.

Een faillissement is geen lachertje. Het is een uiterst moeilijk, vervelend en vernederend proces waarin je alles wordt ontnomen, zelfs je eigenwaarde. De komst van Lorenzo heeft ons de juiste afleiding gegeven en zijn komst heeft ertoe geleid dat we opnieuw zijn gaan vechten voor ons gezin en onze toekomst. Nu zie ik hoe apart het is dat Lorenzo ons altijd heeft geholpen tijdens moeilijke periodes in ons leven. Hij verzon iets en het werkte altijd! Deze gedachten doen me terugdenken aan de tijd dat we marktjes deden en aan de verschillende projecten waar we met hart en ziel aan hebben gewerkt. Het zijn periodes van grote betekenis. Dat we besloten om naar Engeland te gaan, was uiteindelijk net zo goed om los te komen van problemen en ook om weer afleiding vinden. Dat hebben we achteraf gezien geleerd van onze zoon. Ik voel me trots en dankbaar.

Plotseling komt er iemand naast me zitten, ik kijk en zie dat het Fio is. Hij slaat een arm om me heen en trekt me tegen zich aan.
'Hoe is het schatteke? Ben je verdrietig?'
'Het gaat en ik ben niet verdrietig, enkel dankbaar.'
Ik leg Fiorenzo uit wat ik zat te denken en hij geniet van de wijze waarop ik de dingen belicht.
'Lorenzo is inderdaad altijd al een apart manneke met een speciale betekenis voor ons geweest. We hebben het nooit zo achter elkaar gezet, het is mooi dat je dat doet.'
'Dat is onbewust zo gegaan. Mijn gedachten begonnen bij zijn geboorte en mijn hersenen hebben de rest aan elkaar geregen.'
'Ik was bang dat je verdrietig was, omdat hij morgen jarig is en we elkaar niet kunnen zien terwijl we allemaal in Engeland zijn.'
'Het is inderdaad jammer, maar ook begrijpelijk. Hij zit midden in een groepsproject en wij kunnen nog geen vakantie nemen van ons werk. Weet je wat ik morgen doe?'
'Nou, vertel!'
'Ik koop een doos gebak en zet die op kantoor en ik versier mijn bureau en stoel met slingers en ballonnen.'
'Dan denken ze dat jij jarig bent!'
'Ik zal ze zeggen hoe het zit, het kan me overigens niet schelen wat ze denken, feest zal het zijn!'

Vroeger vonden we Engeland niet aantrekkelijk. Waarschijnlijk door vooroordelen die ontstonden door het zien van stijve Engelse televisieseries als 'Are You Being Served' en 'The Onedin line'. Ook wat we te zien kregen van de Britse koningin met haar stijve protocollen en haar manier van kleden en bewegen, droeg daaraan een steentje bij. De indrukken die Thatcher achterliet bij ons hebben de rest gedaan. Engeland stond voor ons voor stijf, tuttig en ouderwets. Dit negatieve beeld werd aangevuld met onze overtuiging dat het klimaat er grijs, winderig en regenachtig is. De UK was aantrekkelijk om zijn muziek, zijn taal en de muffins. Dat zijn van die conventionele denkwijzen die een mens over andere landen creëert. In het buitenland wordt Nederland geassocieerd met: drugs, prostituees, kaas, tulpen, klompen en windmolens. En aan Italië koppelt men: maffia, paus, pizza, spaghetti, corruptie, wijn en de mandoline. Het feit dat Lorenzo in Engeland woont voor de komende jaren heeft invloed gehad op onze uiteindelijke keuze hierheen te gaan.

Voordat Lorenzo naar Engeland ging, studeerde hij af aan de universiteit van Triëst, waar hij vijf jaar fysica studeerde. Hij was daarna druk bezig met het zoeken van een interessante plek voor zijn PhD, zijn doctoraat. Hij droomde ervan een plek te krijgen op de universiteit van Cambridge. Toch probeerde hij ook andere universiteiten, zoals die van Lausanne in Zwitserland, omdat hij wist hoe klein de kans was om een plek te bemachtigen in Cambridge. Iedereen wil daar naartoe en er zijn zeer weinig plaatsen beschikbaar. De universiteit van Triëst had hem al een plaats voor zijn doctoraat aangeboden. Hij was er door gevlijd, maar wilde in zijn hart liever nieuwe ervaringen opdoen. Hij zocht een andere universiteit in een andere omgeving met andere mensen en in een ander land. Hij wilde uit zijn comfortzone stappen. Het was feest toen de brief van de universiteit van Cambridge binnenkwam en we lazen dat de vrije plek voor Lorenzo was! Om toegelaten te worden, moest hij enkel nog een examen Engels afleggen op academisch niveau. Dit alles maakte die zomer bewogen en spannend. Talen zijn voor een fysicus een nachtmerrie. Het werd vechten tegen de klok, omdat de datum van het examen snel dichterbij kwam. Daardoor brak het klamme zweet hem uit. Hij moest minimaal een bepaald puntenaantal halen, simpel slagen was niet voldoende. De eerste poging deed Lorenzo in Padua, waar hij niet het vereiste puntenaantal haalde. De tweede keer ging hij voor het examen naar de mooie stad Trento, waar hij weer niet aan het puntenaantal kwam. De stress liep op en het idee dat het halen van dit examen een toelatingseis was voor Cambridge, maakte alles verschrikkelijk belangrijk. Wij konden als ouders enkel meeleven, steunen en aanmoedigen. We waren hoogst verbaasd, toen onze zoon moest kiezen tussen een intensieve cursus Engels in Engeland en drie weken met twee vrienden naar Cambodja en hij zijn keuze op Cambodja liet vallen! Als hij daarvan terugkwam had hij enkel twee kansen om dat examen te doen, voordat het universitaire jaar begon.

Vele ouders zouden hierop anders gereageerd hebben dan wij en soms vraag ik me af of we misschien meer verantwoordelijkheid hadden moeten nemen op bepaalde beslissende momenten voor onze kinderen. We wilden zo graag op onze kinderen overbrengen dat we vertrouwen hadden in hun keuzes. Dit was een op het eerste oog onbegrijpelijke keuze, waar enorme moed voor nodig is. Onze zoon, zal heus weten wat hij op het spel zet. En wij zijn zeker van het lot dat de mens drijft op zijn pad. Tenslotte hadden we vertrouwen in het effect dat zo'n reis en vakantie heeft op korte en lange termijn. Ooit lazen we boeken van Tiziano Terzani en we wisten dat ook Lorenzo die gelezen had. Die schrijver beweert dat iemand meer leert door eropuit te trekken met een rugzak, dan door in de schoolbanken te zitten. Lorenzo was vierentwintig jaar en besloot dit zelfstandig, zonder te vragen wat wij ervan dachten. Het was aan ons om dit te willen begrijpen, respecteren en goed te keuren. Ik vond ons flink om hem zelfs aan te moedigen, omdat een dergelijke reis een hele onderneming is. Het betrof namelijk een ongeorganiseerde reis. De drie jongens zouden zelfstandig door Cambodja reizen. Hij vertrok en wij wuifden hem en zijn vrienden uit met een glimlach vol liefde en een gelaatsuitdrukking vol vertrouwen, een hart vol trots en ergens goed verstopt bezorgdheid. Een gezonde dosis ouderlijke bezorgdheid, waarvan we niet toestonden dat het een schaduw zou werpen op de keuze van Lorenzo. Voor het vertrek hadden we een open gesprek gevoerd met hem en zijn twee vrienden. Dat was voor ons voldoende.

Het was bij zijn thuiskomst heerlijk te horen dat het een bijzondere, onvergetelijke ervaring was. Dat zal hij nooit meer vergeten. We genoten van zijn wonderbaarlijke verhalen, en bij het zien van de foto's konden we ons aardig inleven in wat deze reis voor hem betekend had.

Het was een ontiegelijke opluchting dat de derde keer opgaan voor het examen scheepsrecht was. Die derde poging had hij toevallig in Cambridge gedaan. De favoriete plek voor zijn doctoraat zat nu in zijn broekzak! Nu moest er een heleboel geregeld gaan worden: inschrijven bij een college, zorgen voor woonruimte en de verhuizing van Italië naar Engeland. Dit alles heeft hij zelfstandig aangepakt en geregeld. Zijn vertrek was een emotioneel moment. We brachten hem naar het vliegveld in Treviso en ik was helemaal van de kaart. Het was vijfentwintig september 2012 en mijn huilen heeft dagen geduurd. Die gemengde gevoelens over het loslaten van m'n kind, werd een proces dat tijd vergde. Er vloeide ook tranen van dankbaarheid voor de voldoening die hij ons gaf. Vol trots wuifde we ons manneke uit die flink en zelfverzekerd de wereld instapte. Het besef dat onze oudertaak nu radicaal veranderde deed de rest.

We hadden kunnen wennen, omdat hij al vijf jaar studeerde in

Triëst. De eerste jaren kwam hij in het weekend thuis, later werd dat beduidend minder. Hij genoot van zijn zelfstandigheid en zijn eigen leventje. Geregeld bezochten wij hem daar en geregeld kwam hij nog een weekend thuis, maar meestal was hij druk met zijn leven, studie en vrienden. Hij functioneerde er prima, wat hij uitstraalde door zijn blakende gezondheid, zijn stralende ogen en de opmerkelijke resultaten. Toch was dat allemaal niet zo zwart-wit als zijn vertrek naar Engeland. Triëst ligt op honderdvijftig kilometer van Conegliano. Dat is redelijk naast de deur. Nu ging hij naar een ander land en er zat zelfs een zee tussen! Het klonk drastisch en het had iets definitiefs. Ik besefte dat dit proeven van een ander land, een andere cultuur en andere gewoonten, een enkele reis zou kunnen worden. Italië heeft niets te bieden aan studenten met zo'n knappe kop. Het is daarom verstandig dat hij is gegaan. Ik had enkel tijd nodig om los te laten. Ik hou van mijn kinderen en als ze goed functioneren en gelukkig zijn dan ben ik dat ook. Dit is deel van een gezonde groei in het leven, een normale ontwikkeling tussen ouders en kind.

We lieten hem settelen en een begin maken in zijn nieuwe omgeving, en wanneer we hem opzochten, was ik niet voor niets blij, ongeduldig, nieuwsgierig en opgewonden. We liepen door Cambridge en we waren meteen verkocht. Het is zo'n sprookjesachtig stadje met al zijn colleges en smalle straten die je de indruk geven terug te stappen in de tijd. Het bruist er van de jongeren en dat geeft de stad contrast, stijl en allure. De vele pubs en winkels, de markt die dagelijks gehouden wordt, studenten die zingen op straat of muziek spelen en anderen die tekenen of kunst maken. Er wordt werkelijk van alles verzonnen door studenten om wat bij te verdienen. Al die mobiele eetkraampjes of koffiewagens bieden allerlei verschillende specialiteiten. Betoverend anders dan de realiteit die we kennen en waarin we gewend zijn te leven. De mensen zijn vriendelijk en beleefd. Als je je daar bewust van bent, merk je hoe snel het overslaat op je en dat je mede daardoor jouw gedrag aanpast. Beleefdheden als: 'excuse me', 'I am sorry', 'please', en 'thank you' werden al snel aan ons taalgebruik toegevoegd.

Het is een wereld apart en het moet voor Lorenzo een belevenis zijn om hier te mogen wonen, studeren en werken. Op een avond waren we uitgenodigd om deel te nemen aan een formeel diner dat gehouden werd in zo'n Harry Potter-zaal. De vrouwen in het lang en de mannen in pak met stropdas. Voorafgaand aan het diner namen we deel aan een concert in de kerk van het college. We zijn Lorenzo erkentelijk voor dit alles, omdat dit meebeleven zo bijzonder is. Ik keek geëmotioneerd naar onze zoon in pak met stropdas, terwijl hij zijn toga omsloeg. Zijn halflange haar en zijn baardje van ongeveer een week, zorgden voor een contrast waar ik gek op ben, omdat hij daarmee zo herkenbaar zichzelf is. Wat is hij toch uitgegroeid tot een volwassen, toffe man! Van hem kan ik leren. Zijn bescheidenheid charmeert me. Hij zou zich trotser mogen uiten. Maar dat doet hij nooit, hij houdt niet van pochen of opscheppen. Dat benijd ik. Soms ben ik geneigd te overdrijven met aandacht vestigen op mezelf en hoog van de toren te blazen, op zoek naar erkenning en waardering. Lorenzo heeft me daarvan bewust gemaakt en uitgelegd dat het niet nodig is. Nu ik hiervan bewust ben erger ik me eraan. Het liefst zou ik daarin veranderen.

Van kleins af aan is Lorenzo apart. Zijn vragen waren vaak bijzonder voor zijn leeftijd en uiterst interessant. Normaal gesproken weten ouders de meeste antwoorden op vragen van hun kinderen. Bij Lorenzo wisten we het geregeld niet.
'Mam, wat is er buiten het heelal?'
'Niets geloof ik, Lorenzo.'
'Dat kan niet. Er moet toch iets omheen zitten, een andere lucht, een andere ruimte?'
'Hm dat klinkt interessant, ik zou het niet weten. Maar nu ik er met jou over praat, lijkt het me inderdaad onmogelijk dat er niet iets

om ons heelal heen zit.'

'En daar omheen zit weer iets, oneindig. Maar waar stopt het heelal, wat is de laatste ruimte die alles omsluit?'

Ik keek verbaasd omlaag naar de kleine Lorenzo en stond met mijn mond vol tanden.

Hij was lief en behulpzaam voor zijn zussen en vroeger speelde hij altijd op een eerlijke manier. Alleen onrecht kan hem drijven tot woede. Hij was gek op mijn verzonnen verhalen en op het samen zingen van kinderliedjes. Zijn creativiteit en handvaardigheid waren opvallend voor zijn leeftijd. En leergierig als hij was, wilde hij samen met zijn vader schilderen met olieverf op een doek, of mij helpen in de keuken met koken. Ook hij wilde een lap, naald en draad als ik aan het naaien was. Het was Lorenzo op zijn twaalfde jaar, die me ertoe aanzette om een moestuin aan te leggen en hij hielp mij met het onderhoud. We vermaakten ons met het bouwen van een kippenhok en het aanleggen van een omheining zodat onze kippen, ganzen, eenden en parelhoenders een veilige plek kregen. Van hout maakten we allerlei grappige constructies voor de dieren, waarmee ze zich konden vermaken. Zijn manier van denken en doen is niet doorsnee en dat maakt van hem een boeiende persoonlijkheid.

Wanneer ouders een bepaalde verwachting hebben over de toekomst van hun kinderen, gebeurt meestal het tegenovergestelde. Zo is dat, al is het door omstandigheden, ook met onze twee dochters gegaan. Het is evenzo goed mogelijk dat een kind boven de verwachtingen van ouders uitstijgt. Dat geeft voldoening en een boost aan het leven.

Lorenzo weet wat hij wil en wat zijn doel is. We zien hem vastbesloten en hij straalt aan alle kanten uit dat hij het naar zijn zin heeft. Hij zegt ons dat wij als ouders veel voor hem betekenen en dat hij alles te danken heeft aan de opvoeding die we hem hebben gegeven. Natuurlijk zal dat ook een rol spelen, maar hij vecht zelf om te behalen wat hij zich oplegt. Hij toont karakter en doorzettingsvermogen, wat wij in hem waarderen.

Ook voor hem is de huidige gezinssituatie verdrietig. Ons gezin is uit elkaar gevallen. En dat is onbegrijpelijk, gecompliceerd en verwarrend. Lorenzo zegt dat zijn zussen zijn geruïneerd door externe factoren en dat ze daarom een scheef beeld hebben van de werkelijkheid. Het is nogal synthetisch samengevat, toch slaat hij hiermee de spijker op de kop. Op momenten dat er onoverzichtelijke problemen zijn, is het jezelf ervan afwenden het beste. Het helpt je om op de been te blijven. Dit perspectief is ons door Lorenzo aangereikt, en we hebben er sindsdien op gedoseerde wijze gebruik van gemaakt.

Op cruciale momenten draagt hij ideeën aan en brengt die met zo'n overtuiging en enthousiasme dat we meerdere malen zijn meegegaan in zijn plannen voor ons. Niet dat het plan dat hij dan had altijd zo overtuigend was. Door erin te springen, schiepen wij de mogelijkheid om afstand te nemen van de problematiek. We zouden ons op die manier, losrukken uit het situatie waarin we vastzaten en er geen deel meer van uitmaken. Zo konden we op afstand beter naar het probleem kijken om eraan te kunnen werken. Dat deden we op geïsoleerde momenten, onderbroken door momenten dat we druk bezig zouden zijn. Dat maakt dat je energieker aan je probleem werkt, beter focust door tijdsdruk en helder kunt zien wat de stappen zijn die je kunt zetten. Het systeem is doeltreffend. Om een prachtig voorbeeld hiervan te geven: we hebben ons op een uitzinnige manier vermaakt met het ontwerpen en produceren van allerlei tassen, kussens, tafelkleden, harten en houten artikelen. Op het moment dat we voldoende spullen hadden gemaakt om een kraam te kunnen bevoorraden, zijn we deel gaan nemen aan marktjes die in Noord Italië gehouden worden. We stonden op prachtige pleinen, tussen creatieve collega's en we reisden van het Garda-meer tot de Dolomieten, van villaparken in Verona tot Abano Terme en van Jesolo tot Grado. Wat een ervaring, die vergeten we ons leven niet meer! Het was een perfecte afleiding, die we in die periode uitstekend konden gebruiken. Het effect op ons was ver-bluffend, het haalde ons uit de negatieve spiraal waarin we verzeild waren geraakt. Dat nadat Veronica opnieuw met laaiende ruzie op een onbegrijpelijke en onredelijke manier het huis had verlaten, net weer twee dagen voor Kerstmis. Op deze manier hadden we geen tijd meer om te doemdenken, want we hadden het druk met ont-werpen, plannen en inkopen van hout, verf, stoffen en garen. Ook moesten we kleurenthema's samenstellen en ons bezighouden met het bedenken en ontwerpen van nieuwe artikelen. Alles lukte zoals we dat hoopten en ons eerste marktje was een spannende en onver-getelijke gebeurtenis.

Het was in Palmanova, waar ik mijn eerste zelfontworpen en zelf-gemaakte tas verkocht. Wat was ik trots! Lorenzo, die op de uni-versiteit in Triëst zat, had beloofd om op zijn scooter naar ons toe te komen. Hij was zo enthousiast en trots op ons. Hij moest komen kijken, het was tenslotte dankzij hem dat we er stonden. Hij had één opmerking: 'Die visjes!' Die stomme houten vissen, wie gaat zoiets kopen?

Ik vond ze het einde en geloofde erin dat het een commercieel artikel was. Ik voelde me niet begrepen door mijn mannen en was beledigd. Omdat Fiorenzo het met Lorenzo eens was, moest ik me sterk maken. Ik wilde me niet door de heren onder laten sneeuwen. Daarom voorspelde ik ze dat de eerste de beste klant die de kraam zou benaderen, een visje zou kopen.

De heren die op een stoel achter in de kraam plaats hadden ge-nomen, rolden om van het lachen. Ik werd er woest van, maar zag tegelijkertijd dat het enorme plein waar we met een dertigtal kra-men omheen stonden, uitgestorven was. Er was geen mens! We hadden de kramen net helemaal klaar en het was zondagochtend half negen.

Toch duurde het niet lang voordat er twee dames onze kraam naderden. Ze liepen aandachtig om de kraam heen en waren duidelijk vermaakt bij het zien van al het handgemaakte spul. Tot een van de dames plotseling met haar hoofd tegen een busseltje vissen aan liep. Die had ik her en der aan de kraam gehangen.
'Ha ha, zie die vissen nou eens, die zijn geinig!'
'Ho, ho dames, dat zijn geen gewone vissen. Het zijn geluksvissen! Ze brengen namelijk geluk.'
'Geluk?'
'Ja, ik kom oorspronkelijk uit Nederland en daar brengen houten vissen geluk. Je hangt ze bij de deur, in de badkamer, slaapkamer, keuken of waar je wilt, en dat brengt voorspoed.'
De dames glimlachten en keken elkaar aan. Ze vroegen de prijs en kochten elk een visje, want geluk konden ze prima gebruiken. Ik pakte de visjes in en zij rekenden vrolijk, vol tevredenheid af. Toen ze wegliepen keek ik over mijn schouder naar achter, waar ik nog net zag hoe de heren hun opengevallen monden sloten.
'Zo jongens, dat is enkel het begin!'
Inderdaad zijn die geluksvisjes een rage geworden, want iedereen wilde ze hebben. Er was een klant die er een kocht uit sympathie en het niet na kon laten om op te merken: 'Ze zijn enig, toch vraag ik me af wie ze meer geluk brengen, de koper of de verkoper?'
Waarop ik met een knipoog antwoordde dat ze beiden geluk zouden brengen, de visjes hebben immers twee kanten.

Deze hele ervaring met de marktjes vonden we zo leerzaam en verrijkend dat we het met liefde en plezier ruim een jaar gedaan hebben. Voor we het weten gooit Lorenzo vast weer een of ander balletje op. Laat het maar gebeuren. We zijn er klaar voor! Ik hoop dat we nog lang van elkaar mogen genieten.

De voldoening die we van Lorenzo krijgen is niet zozeer omdat hij buitengewoon presteert, maar omdat hij de bedoeling van onze levensboodschap heeft begrepen en er bovendien iets mee doet. Prachtig voor ons om te zien hoe kunstig hij die kennisoverdracht gebruikt en door zijn bestaan weeft. Zijn voortreffelijke functioneren, zijn gemakkelijke bewegen in de maatschappij en over de wereld, zijn krachtige doorzettingsvermogen, zijn vastbeslotenheid samen met zijn lef vormen voor ons het grootste cadeau dat hij ons kan geven.

Geregeld zien we hem onder druk en kunnen we bezorgd zijn. Opmerkelijk hoe volwassen en verstandig hij zijn werkdruk uitbalanceert. Weloverwogen last hij zijn pauzes in, die variëren van een tochtje roeien met zijn vriendin op de rivier de Cam, een avond uit met vrienden, het uitproberen van nieuwe sporten tot het reizen door Cambodja, Armenië of een ander interessant land. Hij is zich ervan bewust dat het leven in beweging is. De tijd gaat verder en dat zorgt ervoor dat hij gulzig pakt wat er zich op zijn pad voordoet. Benijdenswaardig te zien met wat een nonchalance en op wat voor natuurlijke wijze hij dat kan doen. Iets dat we zelf om een onverklaarbare reden niet kunnen. Maar we zijn nooit te oud om te leren. Het zou voldoende zijn om wat minder verantwoordelijkheid te dragen en wat durf te hebben. We vinden heus een weg want de wil is er!

Fiorenzo helpt me overeind. Ik ben stijf van het lange zitten. Er volgt een 'abbraccio forte'.
'An, voel jij je ook zo speciaal als we het over Lorenzo hebben?'
'Ja, dat heb ik ook. Ik hou zoveel van hem.'
'Ik vond het fijn om het over hem te hebben met jou. Ook ik hou enorm van hem.'
'Weet je wat we morgenavond gaan doen om zijn verjaardag te vieren? We gaan Japans eten!'
'Dat is een formidabel idee, past helemaal in het verhaal. Hij is gek op Japans eten en op Japan.'

Tevreden lopen we naar huis, waar Fiorenzo onze kamer heeft

versierd met slingers, zoals we dat altijd doen als bij ons iemand verjaart. En al is hij niet thuis, we vieren morgen onze jarige job!

De chauffeur streept de naam van Fiorenzo af op de passagierslijst en zet zijn koffer onder in het ruim van de touringcar. We geven elkaar een 'abbraccio forte' terwijl ik mijn uiterste best doe mezelf in te houden om niet te gaan huilen. Aan de manier waarop we elkaar vasthouden, voel ik dat Fiorenzo niet blij is met de situatie. 'Anneke, ik baal hiervan. Flink zijn, ik kom zo snel mogelijk terug.'
Zijn stem klinkt aangedaan, hij heeft moeite om weg te gaan en mij alleen in Engeland achter te laten. De chauffeur roept dat hij wil vertrekken, we laten elkaar los en Fiorenzo stapt in. De touringcar komt in beweging en ik zwaai hem uit zo lang ik hem kan zien.

Ik voel me belast en bevreesd. Fio vliegt naar Italië omdat hij zaken moet regelen in verband met de rechtszaak tegen zijn broer. Hij zal meteen van deze situatie gebruik maken om ons huis te controleren en om langs wat tantes te gaan. Lorenzo is op het moment ook in Italië. Hij is bezig op de Elettra Syncrotrone in Triëst met het maken van wetenschappelijke experimenten. Hij zou tijd maken had hij gezegd, om samen met zijn vader en een advocaat als consulent een schets te maken van de situatie. Ze zouden bekijken wat voor legale stappen Fio zou kunnen zetten om zijn rechten te doen gelden.

Ugo en zijn advocaat hadden ruim vijf maanden gezwaaid met een valse revocatie waarmee ze probeerden een testament ongeldig te maken. De advocaat van Ugo heeft uiteindelijk geantwoord dat het voor hen zo belangrijke document een fotokopie, en dus ongeldig, is. Het testament van moeder blijft daarmee van kracht en dat zorgt ervoor dat de huidige waarde van de destijds gedane schenking van onroerend goed terugvalt in de erfenis. Moeder wilde geen onderscheid tussen haar zoons maken. Dat is op zijn pootjes terechtgekomen.

Blijft staan dat we niet geloven dat het gaat om een kopie. Fio, die tot nu toe het document nog niet zelf heeft mogen zien, blijft vragen om een duidelijker exemplaar. Het exemplaar dat ze toestuurde per e-mail was met een beschadigde scan gescand en is onvoldoende duidelijk om te kunnen zien of het hier gaat om een kopie of een vervalsing. Een vervalsing waarvan ze blijkbaar de aandacht willen afleiden. Een strafbaar feit waaraan een advocaat meewerkt, doet onze haren rechtovereind staan. De weigering om een duidelijker exemplaar toe te sturen is voor ons een bevestiging van ons vermoeden. Hoe zou hij anders aan een kopie zijn gekomen van een revocatie, zogenaamd door moeder geschreven, vijf en een halve maand na haar dood?

Zelf kon ik geen vrij krijgen om mee te gaan en eerlijk gezegd zou ik nu niet naar Italië willen. Ons vertrek ligt nog vers in mijn geheugen. Ik wil niet opnieuw door die emoties heen.

Het is vroeg en donker, Fiorenzo had daarom liever gehad dat ik thuis was gebleven. Ik wilde hem beslist uitzwaaien en ben tevreden dat ik dat heb gedaan. Ik stap stevig door met mijn telefoontje in de hand, wat me een beschermd gevoel geeft. Al snel komt het eerste sms'je binnen: 'Ik mis je.', lees ik tussen mijn tranen door en het doet me denken aan toen we net verkering hadden. Het waren door hem geschreven briefjes die op mijn schoolbank terechtkwamen, met korte duidelijke boodschappen zoals deze. Hij is niets veranderd.

Alles wat ik moet doen en regelen gaat door mijn hoofd tijdens de veertig minuten die ik moet lopen om weer thuis te komen. Nu heb ik de verantwoording op mijn schouders. Op zich is het prachtig wanneer partners alles samen doen, toch is dat minder handig wanneer je ineens op jezelf aangewezen bent. Ik merk nu hoe afhankelijk je wordt van elkaar in een situatie als die van ons. We doen werkelijk alles samen en al was dat altijd al zo, er is toch een verschil. Omdat we broos en geknakt zijn en omdat onze gewoonten doorbroken zijn, hebben we ons afgesloten. Hierdoor voeren we onze gesprekken, die veelal over onze problemen gaan, alleen met elkaar.

Bijna niets van onze zorgen of moeilijkheden brengen we naar buiten en dat heeft aan de ene kant voordelen voor ons. Hierdoor kunnen we ons namelijk vrijer en luchtiger bewegen. Aan de andere kant is het nadeel dat we ons terughoudend opstellen en dat we enkel als partners weet hebben van onze problemen.

Normaal stap ik overal moeiteloos op af en kan ik zelfstandig beslissingen nemen. Nu is dat niet zo. Door mijn gebrek aan zelfvertrouwen heb ik moeite met bepaalde dingen. Doordat ik het idee heb dat Fiorenzo sterker is dan ik, ben ik geneigd op hem te steunen. Veel laat ik aan hem over. Momenteel blijf ik het liefst in mijn comfortzone hangen. Net alsof ik veilig op en neer bungel in een hangmat. Het denkbeeldig zachtjes bungelen kalmeert. Op die manier kan ik me volledig concentreren op mijn persoonlijke gevecht met ons familiedrama. Het klinkt egoïstisch en daar voel ik me schuldig over. Ik kan er eenvoudig niets bij hebben. Het is een vervelende realiteit, dat de sterksten het meest moeten dragen. Fiorenzo vindt dat ik overdrijf en dat hij juist steun krijgt van mij. Hij is blij dat ik steeds met hem meedenk en hem help bij het schrijven van de brieven. Het schrijven van die brieven en het er met mij over kunnen praten, ervaart hij als een vorm om alles te kunnen verwerken. Volgens hem geef ik hem alle aandacht en toon ik begrip, terwijl ik ook nog dingen zeg waar hij iets mee kan. Misschien heeft hij gelijk en is het enkel mijn idee dat ik alle aandacht opeis.

Af en toe komt mijn pittige karakter weer naar de oppervlakte. Het zijn allemaal vlagen en momenten die wisselen, net als mijn stemmingen. Alles blijkt onbestuurbaar en het zorgt voor onaangename situaties.

Regelmatig overkomt het me dat ik overmand word door paniek die niet thuis te brengen is. Laatst waren we in een supermarkt onze boodschappen aan het doen en werd ik weer overvallen. Het liefst doen we onze boodschappen zonder lijstje, omdat we ons met alle plezier laten inspireren door de diversiteit aan producten. Fiorenzo krijgt soms zomaar een idee en gaat plotseling op zoek naar dat artikel in de enorme supermarkt. Dat gebeurt meestal als ik te veel tijd nodig heb bij het beslissen over een aankoop van iets. Het is onverklaarbaar dat het meestal gaat over de meest onnozele dingen zoals het kiezen tussen drie soorten citroenen, de kleur van een badmat of de smaak van de jam. Het is dwaas, want besluitenloosheid past helemaal niet bij mij. Nu heb ik daar last van, zelfs met de kleine dagelijkse dingen.

Wanneer ik ontdek dat Fiorenzo en de kar weg zijn, begin ik met zoeken. Als ik hem niet snel genoeg weer in het vizier krijg, begin ik me druk te maken. Mijn hart slaat op hol en ik snak naar adem. Het zweet breekt me uit en de paniek begint de overhand te nemen. Zenuwachtig loop ik van de ene naar de andere kant, terwijl iedereen naar mij kijkt.

De situatie wordt onwezenlijk en alles en iedereen komt op me af. Ik blijf vervolgens als aan de grond genageld staan en begin me duizelig te voelen. Het lijkt alsof mijn voeten door de bodem zakken. Mijn hart klopt snel en onregelmatig, wat de angst nog meer in de hand werkt. Zodra ik Fio weer zie, barst ik uit in een ongecontroleerde huilbui. Pas als we de winkel uit zijn, ebt het weg en ben ik bekaf. Ik begrijp niet waar dit vandaan komt, nooit eerder heb ik dit gehad. Gaat dit vanzelf over? Het maakt me onzeker.

Fiorenzo loopt iedere morgen met me mee naar mijn werk en loopt dan door naar zijn kantoor. Zijn werk begint later dan dat van mij en hij is meestal eerder klaar dan ik. We wachten elkaar altijd op in de stad als we klaar zijn met werken. Meestal voordat we naar huis lopen, gaan we iets drinken. Het stomme is dat ik die dagelijkse wandeling zo geconcentreerd ben op het luisteren naar Fio en op mijn eigen gekakel, dat ik nooit oplet waar we precies lopen. Dit is wat ik bedoel met afhankelijk worden van elkaar. Fiorenzo weet de weg. Ik loop vrolijk mee en geloof het allemaal wel. Nu is hij vertrokken en moet ik zelf van huis naar mijn werk zien te komen en ook weer terug. De laatste werkdag voor zijn vertrek heb ik extra goed opgelet en zelfs een paar aantekeningen gemaakt. Vandaag is het de vraag of ik op tijd of überhaupt op mijn werk aankom. Alles zal ik deze week zelfstandig moeten doen: de boodschappen, naar huis gaan, eten maken, naar de sportschool, de bibliotheek enzovoort. En alleen slapen. Slapen in een woning die ik deel met een tiental relatief onbekende mensen.

Als ik thuiskom, open ik de deur van onze kamer en het eerste wat ik doe is neerploffen op bed met mijn jas nog aan. Ik laat mezelf gaan omdat het niet meer weg te slikken is. Stel dat er iets gebeurt met Fio en onze zoon en dat ze niet meer terugkomen. Ik moet er niet aan denken om alleen naar Italië te moeten gaan. De chaotische situatie die we daar hebben is voor mij niet iets om alleen tot een goed einde te brengen.

Ik besef hoe kwetsbaar we zijn en hoe dramatisch alles zou worden als er iets met de een of de ander zou gebeuren. Door de situatie waarin we terecht zijn gekomen worden we teruggeworpen op onszelf en hebben we ons automatisch aan elkaar vastgeklampt.

Dat aan elkaar vastklampen is een laagje bescherming geworden, dat op deze manier wordt weggerukt. De verbondenheid die is ontstaan tussen Fiorenzo en mij creëert veiligheid. Het voelt aan alsof je die geborgenheid bezit en daarom produceert het tijdelijke vertrek van Fio angst om dat weer te verliezen.

Omdat ook Lorenzo momenteel in Italië is, voel ik me alleen

achtergelaten en helemaal op mezelf aangewezen op dit grote eiland. Het is voor het eerst dat ik Engeland ervaar als een eiland. Ik ben omringd door water en het idee dat er zee zit tussen mijn man, zoon en mij maakt alles nogal dramatisch. Ik wil er niet aan denken dat er een van ons drie iets zou overkomen, daarom sta ik op en ga me voorbereiden om naar mijn werk te gaan.

'Ik ben geen klein kind meer', praat ik mezelf in.

'Nu moet ik tonen dat ik body heb. Hm, het is mijn hele leven al dat ik body en ruggengraat toon.'

Ik snotter als een schijtlijster.

'Nu moet het klaar zijn!'

Ik loop naar de spiegel, veeg mijn gezicht af en ik kijk mezelf aan.

'An, stoppen met janken! Ik weet beter dan een ander dat er engelen bestaan. Ze omringen Fio, Lorenzo en mij. Ze beschermen ons, er zal daarom niets gebeuren.'

Bemoedigend glimlach ik naar mezelf en slaak een diepe zucht. Dat lucht op. Het geloof in mijn eigen woorden geeft kracht en moed.

Met mijn briefje in de hand loop ik naar mijn werk. Een enkel keertje moet ik spieken, omdat ik bij een kruising twijfel. Trots en sterker dan ooit kom ik op tijd aan op kantoor. Dat geeft een boost aan mijn zelfvertrouwen en dat werkt door in het resultaat van mijn werk. Meermaals schalt mijn claxon door het kantoor. Ik voel me beresterk en zeg dat ook hardop, waarbij het me niet interesseert wat anderen daarvan denken.

Poole is een prachtig havenstadje op ruim acht kilometer van Bournemouth. Ik ben er in anderhalf uur tijd naartoe gelopen, omdat ik mezelf wil bewijzen dat ik dat alleen kan. Dit was niet gemakkelijk voor me en ondanks mijn onzekerheid is het me toch gelukt. Dit is een prima manier om mijn zelfvertrouwen weer op te bouwen.

Terwijl ik op de kade zit te genieten van mijn zicht en mijn broodje, blijven de gedachten kabbelen in mijn hoofd, zoals het water om de boten heen.

Waarom heeft Veronica nooit eerder wat gezegd tegen ons? Wij
hadden de kinderen van kleins af aan regelmatig in begrijpelijke
kindertaal gezegd dat er nooit mensen mogen zijn die iets met hen
doen wat ze zelf niet prettig vinden. Nooit mag er iemand zijn die
je plassertje aanraakt of je billen of je kont. Ook niet als je gewoon
je kleren aanhebt. Dat is niet normaal en als dat wel gebeurt dan
kom je dat snel zeggen bij je moeder of je vader. Er mag niemand
zijn die zoiets doet. Dus ook niet de sportleraar op school bijvoorbeeld, of een oom, een tante, de buurman of de buurvrouw, grotere
kinderen van school, de godsdienstleraar of wie dan ook. Niemand,
echt helemaal niemand mag jullie tussen de benen aanraken of ont-
kleden. Omdat dat verkeerd is en niet hoort.

Waarom duurt het toch ruim vijf jaar voordat Veronica haar
mond opendoet? Haar antwoord hierop was dat ze ons wilde beschermen. Ze wist dat als ze dit naar buiten zou brengen, de relatie
tussen ons en mijn ouders kapot zou gaan. Wat was de plotselinge
aanleiding om het alsnog te vertellen?

Fiorenzo en ik waren voorbereid op onze zakelijke reis die we
zouden maken naar Nederland en Duitsland om bestellingen voor
mijn winkel te gaan doen voor het nieuwe modeseizoen. We hadden pas een dames kledingzaak voor mij geopend en daarvoor gingen we twee keer per jaar naar de grootste Europese kledingbeurs
in Düsseldorf. Het was een intensieve week zonder de kinderen,
die dan logeerden bij tante Elsa en ome Toni. Zij woonden vlakbij
en zo konden de kinderen in de winter gewoon naar school blijven
gaan. Nu was Veronica bijna vijftien jaar en toonde interesse in de
winkel. Ze vond mode leuk en had gehoord over de modeshows
die we zagen, de catwalks en de organisatie eromheen. Het was
zomervakantie en ze wilde graag een keer met ons mee. Dat hadden we meteen geregeld. Fio en ik vonden het leerzaam voor haar,
het moest daarom kunnen. Lorenzo en Marta zouden in Nederland

bij opa en oma blijven logeren totdat we klaar zouden zijn op de beurs. Dan kwamen we ze ophalen en zouden we een reis maken door Denemarken, Oost Duitsland en Tsjechië. Mijn ouders woonden ondertussen in een klein appartement, er was één logeerkamer en als Fio en ik zouden aankomen, was die voor ons. De kinderen zouden slapen op matrassen in de woonkamer. Het was maar voor twee nachten. Onze kinderen waren al een kleine week eerder naar Nederland gegaan met mijn ouders, die intussen ook een appartement in Italië hadden gekocht. Daar kwamen ze steeds om de zes weken voor een paar weekjes. Ze waren ons weer komen opzoeken en ik hoor het ze nog zeggen: 'Jullie moeten nog zoveel regelen voor het vertrek en als wij de kinderen alvast meenemen, kunnen jullie alles op het gemak doen en komen jullie niet oververmoeid aan.' Het was fantastisch om ouders te hebben die zo met je meedenken en er alles aan doen om je te ontlasten. De avond dat Fio en ik in Nederland aankwamen was gezellig en alles scheen normaal te zijn. Mijn moeder had ons lievelingskostje gemaakt en de kinderen waren lief en gedroegen zich blij. Toen het kinderbedtijd werd en om ze de kans te geven tanden te poetsen, naar het toilet te gaan en zich in de pyjama te steken, gingen wij met mijn ouders bij het café op de hoek een borreltje drinken. Na een uurtje kwamen we terug in de hoop dat ze sliepen, zodat wij nu ook naar bed konden gaan. Natuurlijk gaat een moeder kijken of alles in orde is. Ik had het al geen fantastisch idee gevonden om in het café een borreltje te gaan drinken en hen, drie minderjarigen, thuis achter te laten. Het was wel op steenworp afstand, maar toch. Dit had ik nog nooit gedaan en het beviel me niet. Langzaam deed ik de deur van de woonkamer open en liet mijn blik glijden over de bedden. Voorzichtig kwam het hoofdje omhoog van Veronica.

'Mam, pap,' fluisterde ze, 'we moeten jullie iets heel ergs vertellen.'

Mijn vader stond meteen achter ons en vroeg op een dominante, intimiderende toon wat er aan de hand was. Het eerste waar ik aan denken moest was dat er iets kapot gegaan was en dat ze dat ons nu zouden vertellen. Het zijn kinderen van tien tot veertien jaar en ik weet hoe levendig ze kunnen zijn.

Ik zag het voor me: een kussengevecht! Daarbij hebben ze vast een lamp of een vaas aan diggelen gegooid. Mijn vader drong aan en wilde zich naar binnen wringen. Ik weigerde dat en zei hem dat hij het wel te horen zou krijgen als er iets kapot gemaakt was en dat we het heus wel zouden betalen. Fio en ik duwden mijn vader naar buiten en sloten de deur.

Veronica nam het woord: 'Pa en ma, we moeten wat heel ergs vertellen.'

'Ok, dat is geen enkel probleem, vertel het maar gerust.'

'Marta heeft gezegd dat opa een vies en vuil varken is.'

'Ah, en hoezo is dat dan?'

'Hij laat boeren en scheten wanneer hij dat maar wil.'

'Inderdaad, dat is allesbehalve netjes.'

'En… hij raakt Marta aan waar het niet mag en geeft kussen op de mond en dringt zijn tong naar binnen en zo.'

'Wat?'

Gevoelsmatig was het of ik keihard met een stalen koekenpan in mijn gezicht geslagen werd. Een korte stilte, en dan mijn directe vraag: 'En heeft hij dat ook met jou gedaan, Veronica?'

'Nee mamma, met mij niet, echt niet!'

'Weet je dat zeker?'

'Ja, heel zeker.'

'Heeft opa jou nooit aangeraakt, tongzoenen gegeven? Helemaal nooit? Hier moet je niet om liegen Veronica, je moet de waarheid zeggen.'

Ze brak en barstte in tranen uit.

'Ja mamma, het is waar. Opa doet dat ook met mij!'

Pas later kwamen er meer details van wat mijn vader allemaal gedaan had met hen, maar voor nu was dit voldoende om de puzzelstukken in elkaar te laten vallen. Want enkel de laatste weken hadden we een vreemd gedrag opgemerkt bij onze dochters. Marta was begonnen om zichzelf pijn te doen. Geregeld zag ik een blauwe plek of in de schelp van haar oor een diepe punt met een bloederig korstje, waarvan ze me later vertelde die te maken met een vlijmscherp potlood of met de priknaald die bij de knutselspullen lag. Ik zag Marta een keer boos op zichzelf en ze wilde me niet zeggen waarom. Ze sloeg zichzelf meermaals en hard voor haar hoofd. Daar schrok ik van en dit was aanleiding voor mij te begrijpen dat er iets niet klopte.

Veronica daarentegen had de laatste weken een schrikreactie als ik haar aanraakte, als ik mijn hand op haar schouder legde of op haar hand. Dat was nooit zo geweest en ik wilde dit niet wijten aan de puberteit. Ik vond het raar. Ik had hierover individueel met beide dochters gesproken, maar er was niets uitgekomen. Ik wilde het er niet bij laten zitten en had met Fio afgesproken dat we deze feiten tijdens onze vakantie bespreekbaar zouden maken. Als we er niet zouden uitkomen, zouden we een afspraak op school maken om hierover te praten met de leerkrachten.

Nu was alles in één klap duidelijk. Ik keek mijn dochters aan en zei hun dat ze er goed aan hadden gedaan te praten en dat ze nu veilig waren.

'Pappa helpt jullie aankleden en alle spullen verzamelen, zodat we meteen vertrekken en mamma gaat nu iets doen wat grote gevolgen zal gaan krijgen, maar het moet. Maak jullie niet druk, het is niet jullie fout. Jullie hebben niets misdaan. Opa heeft zich verkeerd gedragen en hij is schuld aan alles. Jullie moeten je nooit schuldig voelen over wat er hier gebeurt.'

Ik aaide ze beiden over het hoofd en stond op.

Verdoofd door de klap liep ik naar de slaapkamer van mijn ouders en ging aan het voeteneind van hun bed staan. Mijn vader lag links en mijn moeder lag rechts. Op een onverklaarbaar rustige toon wendde ik me tot mijn vader: 'Vader, is het waar wat ik zo-juist vernomen heb van onze dochters? Is het waar dat je ze aan-raakt op intieme plekken en ze tongzoenen geeft? Is dit waar, va-der?'

'Ja, dat klopt.'

'Nee nee, houdt stil! Zeg dat het niet waar is, zeg haar dat het niet waar is!', schreeuwde mijn moeder ertussendoor.

'Vader?'

'Het klopt, dat heb ik gedaan, maar vergeef me - ik vraag je om vergeving - ik bied je duizendmaal mijn excuses, dit zal nooit meer geb-'

Mijn vader gleed tijdens zijn woorden uit bed en trok zijn broek aan. Ik onderbrak hem en sprak luid en duidelijk:

'Jij bent vanaf nu mijn vader niet meer, je bent vader-af. Hiervoor zijn geen excuses mogelijk en dit wordt je niet vergeven, nooit! Vanaf nu wil ik je nooit meer zien en zal ik ervoor zorgen dat je de kleinkinderen ook nooit meer ziet.'

'Vergeef me, mijn excuses, echt duizendmaal, ik zal het nooit meer doen, ik beloof het, laat me even met de kleindochters praten, dan komt alles goed.'

'Het is afgelopen ventje, je bent uit mijn leven. Je moet blij zijn dat ik kalm blijf en dat ik je niet oppak en over de reling van de galerij naar beneden flikker.'

Ik draaide om en liep de slaapkamer uit. Onverwacht had ik mijn ouders verloren, als in een dodelijk auto-ongeluk.

Mijn gedachten kabbelen terug in de tijd en uit sommige vraag-stukken kom ik niet uit. Waarom kon Veronica na vijf jaar mis-bruik, ineens haar mond opendoen en kon ze plotseling haar schaamte en angsten doorbreken? Wat was daarvoor de trigger? Marta? Was het omdat ze nu niet meer speciaal was voor opa, om-dat hij begonnen was met Marta te misbruiken? Ze wilde in eerste instantie enkel over opa en Marta praten en verzwijgen wat er tussen haar en opa was gebeurd. Ik had aangedrongen, totdat ze brak. Had ze daar niet op gerekend? Had ze gedacht Marta uit te schakelen en haar relatie met opa te behouden? Was ze jaloers dat opa Marta deze vorm van aandacht gaf? Het schaamrood komt op mijn wangen door dit mezelf af te vragen, maar ik kom er niet uit.

Nooit in die vijf jaar misbruik heeft Veronica iets laten merken of heeft ze iets willen zeggen. Niemand had ze ooit iets toevertrouwd. Zelfs haar beste vriendinnetje, of de lieve juf op school, haar tante Elsa op wie ze gek was, haar broer, zus of ouders niet. Niemand, helemaal niemand. En nu kon ze plotseling het woord doen?

Ik stop ermee. Dit is het verhaal, zo is het gegaan. Er is tenslotte maar één persoon verantwoordelijk voor alle ellende. Mijn vader had met zijn poten van onze dochters moeten afblijven. Basta!

Maar zoals ook ik mezelf heb onderworpen aan de schuldvraag: wat is mijn verantwoording in dit familiedrama?, zo zouden de incestslachtoffers zelf ook aan het werk moeten gaan met de vraag: waarom heeft dit kunnen gebeuren? Door zichzelf die vraag te stellen doorboren ze alle mogelijke verantwoording die ze zich zouden kunnen toedelen. Een moeilijk en pijnlijk proces waaraan ze serieus aandacht moeten besteden. Omdat ze leren begrijpen hoe het incest-mechanisme werkt en waar ze in de val gelopen zijn. Hoe verantwoordelijk is een haas ervoor dat hij in een val is gelopen die gezet is door de stroper? Ze moeten zelf uitvinden dat de aanvankelijke verantwoording bij de dader ligt, het aannemen van die stelling is niet voldoende.

Ik help mezelf omhoog en zie dat het tijd is om terug te gaan. De zon is aan het zakken en ik wil niet in het donker lopen.

Ik sta ervan versteld hoe vlot de dagen gaan en hoe lekker alles op rolletjes loopt. In huis zijn de huisgenoten lief en extra behulpzaam voor me. Jeff wilt me naar mijn werk brengen, Joe wil de boodschappen met me doen, Toni wil dat ik met hem mee-eet en Rose zet geregeld thee en koffie, zodat we bij kunnen praten. En zo gaat het voortdurend. Het is apart wat er gebeurt als je laat merken dat je het moeilijk hebt bij een verandering in het leven, hoe klein en kort van duur deze ook kan zijn.

Door eerlijk te zeggen dat ik het er niet gemakkelijk mee heb, komen er direct reacties van mensen om me heen die me willen beschermen en steunen. Het verbaast me dat het me is gelukt om er eerlijk over te zijn. Eenvoudig mijn mond houden en gewoon mijn lasten dragen, dat is wat ik gewend ben te doen. Dit is een stap vooruit. Blijkbaar is mijn kar dusdanig afgeladen met zorgen dat ik wat uitbesteden moest. Bovendien heb ik ontdekt dat wanneer ik me kwetsbaar opstel, ik daarmee ruimte maak voor anderen om dat ook te doen. Ineens krijg je van anderen te horen wat hun kwetsbaarheden zijn. Die erkenning en openheid zijn prettig. Het lucht op.

In ieder geval gaat het uitstekend. Fijn dat het met mijn mannen ook naar tevredenheid gaat. Het is bemoedigend dat we elkaar een paar keer per dag spreken, zodat we op de hoogte blijven van elkaars ontwikkelingen. En het is fijn om elkaars stemmen te kunnen horen. Met het aftellen van de dagen was ik al begonnen toen Fio net vertrokken was. Ik bind mijn schort voor en bedenk dat ik iets moet regelen voor wanneer hij weer thuiskomt. Het vervelende is dat hij nogal laat in de nacht aankomt en ik die ochtend normaal naar mijn werk moet. We zien wel, ik heb voldoende tijd om iets te verzinnen.

Rose komt zingend de keuken in met haar IPad in haar handen. Ze zingt een liedje mee van Adele en al snel staan we samen te zingen. Ze slaat een arm om me heen en zegt dat ik een moderne moeder ben. Ik geniet van het compliment, terwijl ik haar zeg dat het wel meevalt. Ze had mijn dochter kunnen zijn.

Ze is een jonge vrouw van achtentwintig, ongeveer dezelfde leeftijd als onze oudste dochter. Als we uitgezongen zijn gaan we aan de slag. We maken pasta en vanavond zijn onze huisgenoten uitgenodigd om te komen proeven.

Het grote schoolbord dat Fiorenzo en ik in de keuken hebben opgehangen voor interne communicatie, was er vanaf gisteravond al mee volgeschreven en ik zag tot mijn plezier dat er al acht namen onder stonden geschreven.

Ik ben begonnen met het klaarzetten van de benodigdheden en Rose kijkt verbaasd op als ik haar uitleg dat we rode pasta gaan maken met de tomatenpuree, groene met spinazie en gele met kurkuma. Ze is er verrukt over en geeft me spontaan een kus op de wang. De pasta gemaakt met eieren wordt voor de lasagne en de tortellini. Daarna zullen we eenvoudig met water de normale basisspaghetti maken. Ze pakt haar pastamachientje met de hulpstukken uit de doos en zegt me dat het nooit gebruikt is.
'Ik zal dit spul eerst afwassen voor we het gaan gebruiken.'
'Nee, echt niet, Rose! Je mag nooit de pastamachine of de hulpstukken nat maken! Je mag het enkel met wat bloem bestrooien en na afloop met een droog borsteltje de boel schoonvegen. Ten slotte altijd droog wegzetten. Anders blijft de pasta kleven in het apparaat.'
Ze knikt alsof ze het heeft begrepen en ik besef hoe weinig keukenervaring ze heeft en dat het inderdaad een goed idee is om dit samen te doen. Het was anders al verkeerd begonnen met een natte pastamachine. Al doende vraagt ze me het hemd van het lijf en ik vind het geweldig om haar op alles te kunnen antwoorden. Ze vraagt me of ik weet hoe je zwarte pasta kunt maken. Ik weet dat het gemaakt wordt met het zakje inkt van de inktvis en als ik haar dat uitleg, schiet ze in de lach. Dit vindt ze een origineel antwoord, maar ze wil het niet voor waar aannemen. Ik kijk haar verbaasd aan, ik ben namelijk serieus. Ze zegt dat niemand een inktvis bij

de hand heeft en dat het daarom onzin is wat ik zeg. Ik leg haar uit dat in Italië inktvis regelmatig gegeten wordt en dat de combinatie met spaghetti juist daarom perfect is. Het zakje inkt moet je sowieso verwijderen uit de vis, dus kun je dat prima gebruiken om er de pasta mee te kleuren. Ze vindt dat ik fantaseer en dat het heus niet waar zal zijn. Ik pak daarop mijn IPad en lever snel het bewijs. Ze moet het nu wel aannemen en ze is er de rest van de middag van onder de indruk, ze vindt Italië maar een eigenaardig land.

De middag verloopt gezellig en we genieten van het resultaat dat we hebben bereikt. De keuken ligt vol bloem, maar we hebben nu ook de Lasagne gemaakt. Die doen we in een ovenschaal. En voor de Bolognesesaus hebben we Quorn gebruikt in plaats van gehakt, omdat Jeff en ik geen vlees eten. De tortellini hebben we gevuld met ricotta en spinazie. Tot slot hangen er vier kleuren spaghetti te drogen. Daarvoor hebben we een houten bezemsteel tussen twee stoelen gestoken.

De spaghetti zullen we afmaken met een kleurloze maar smaakvolle saus van knoflook, Spaanse peper en olijfolie (aglio, olio e peperoncino), zodat de kleuren van de pasta de show zullen stelen. Omdat we zo verrukkelijk onder de bloem zitten, maken we een gezamenlijke selfie. Zingend ruimen we de keuken op en daarna hebben we nog mooi de tijd om onszelf te douchen en op te tutten.

Het avondeten is een succes. We zijn met elf personen, want uiteindelijk is iedereen gekomen! Jammer dat Fiorenzo dit moet missen. We plagen Toni en Jeff door te beweren dat ze het meest gegeten hebben en daarom de afwas moeten doen. Ten slotte gaat het allemaal uiterst relaxt en gemoedelijk en helpen we elkaar mee. Na afloop blijven we met een klein groepje tot laat in de keuken plakken, met wat wijn en een berg plezier.

Het is zover. Ik moet opschieten, want Fio komt thuis! Omdat hij midden in de nacht aankomt, zou ik in eerste instantie thuis op hem wachten. Zonder het er met hem over te hebben heb ik besloten om er toch te staan. Slapen doe ik nu toch niet. Ik ben trots op mezelf omdat ik me door deze week heen heb geworsteld. Ik voel me beresterk en dat heb ik me regelmatig voorgehouden.

Fiorenzo die zolang ik hem ken, door mij de troetelnaam 'Beer' draagt, had meerdere keren bevestigd tijdens onze telefoongesprekken dat ik zelf een sterk beertje was geworden. Daar sta ik, met een grote, rode, hartvormige ballon in mijn hand, waarop ik met een stift 'Happy' geschreven heb. Wat echter meer opvalt, is het berenpak waarin ik verstopt zit. Intussen staat er een lacherige menigte om me heen, en als Fio uit de bus stapt, herkent hij me meteen. Hij omhelst de beer en houdt die stevig vast, hij bekent dat hij het uitermate knap vindt dat ik hem na al die jaren nog steeds kan verrassen. Dit had hij nooit verwacht.

We lopen opgetogen naar huis, opgelucht dat alles goed is gegaan en blij omdat we plezier hebben om het berenpak. We zijn gelukkig omdat we weer samen zijn. Fiorenzo heeft ook een verrassing. Hij heeft tickets geregeld voor Londen, de stad waar ik dolgraag ben. '*London, is the place to be*', zing ik dankbaar, terwijl ik dolle sprongetjes maak in mijn berenpak.

Regelmatig zijn we te vinden in Londen, omdat we verliefd zijn geworden op die stad en zijn musea. Het is zo'n typische plaats waar je niet uitgekeken raakt. Levendig, glorieus en invloedrijk. Het is raar maar waar, nu we weer samen zijn, voelen we ons direct weer veilig en beschermd. Laat ons maar heerlijk in de waan samen zo sterk te zijn als een beer.

Ik lig ongemakkelijk, schuin op de grond omdat ik weer door ons bed gezakt ben. Dat gebeurt meestal als ik de kamer heb schoongemaakt en daarbij ons bed heb verschoven. De latten van de lattenbodem zitten daarna te veel naar één kant, met als gevolg dat bij de eerste de beste keer dat ik me omdraai, ik door de bodem van het bed zak. Normaal wordt Fiorenzo daar wakker van en moeten we de matras eraf halen om de latten te kunnen herschikken. Nu trekt hij half wakker het kussen over zijn hoofd en slaapt verder. We moeten hier iets op verzinnen, want het is niet meer grappig. De eerste keren moesten we er hartelijk om lachen, het is komisch om op onze leeftijd door het bed te zakken.

Het komt in ons huis bij iedereen voor, omdat het een defect van de bedden is. Het is hilarisch en vermakelijk, omdat we elkaar ermee plagen. Het is onmogelijk door het bed te zakken zonder dat de huisgenoten daar iets van merken. Er zijn overal houten vloeren die het geluid van de klap versterken en de muren zijn te dun om het geluid te dempen. Vervelend dat het meestal 's nachts voorkomt. Het is zo'n gedoe om met een slaperig hoofd de matras eraf te halen en de latten terug te zetten in een kamertje waar je jezelf al niet kunt keren.

Fio reageert niet op mijn aantikken, hij is te moe. De afgelopen drie nachten hebben we slecht geslapen omdat we weer hard aan het vechten zijn voor onze rechten. De briefwisseling tussen Fio en de advocaat van zijn broer is werkelijk iets om de haren bij uit je hoofd te trekken. De intimiderende toon, de arrogantie en het enkel willen handelen onder hun voorwaarden nemen extreme vormen aan.

Fiorenzo heeft duidelijk gezegd dat hij de door hen gepleegde strafbare feiten heeft aangegeven en dat er proces-verbaal is opgemaakt. Nu is het wachten op de onderzoeken van justitie en de gevolgen die het zal hebben als eenmaal de wet wordt toegepast. De advocaat van zijn broer blijkt dit niet te geloven. Hij vindt namelijk geen geregistreerde aangifte op naam van zijn cliënt en daarom gaat hij zonder enige schroom door met intimiderende correspondentie en zelfs met het maken van wettelijke overtredingen. Wat zij niet kunnen weten is dat de aangifte een ander verloop heeft gekregen dan verwacht.

Op dit moment worden we weer overmand door onmacht en woede en vechten we opnieuw met de vraag: waarom? Fiorenzo had zijn broer Ugo gebeld en voor de zoveelste keer geprobeerd een eerlijk gesprek met hem aan te gaan. Hij had Ugo gevraagd om samen met hem om de tafel te gaan, zodat ze er serieus en met de rechtsgeldige documenten konden proberen uit te komen.
'Nee', was het korte en botte antwoord van Ugo geweest. Met als vervolg: 'Als je nog wat te communiceren hebt, neem je maar contact op met mijn advocaat.'

Het gaat Fiorenzo in de eerste plaats om de wens van zijn moeder die niet wordt nageleefd. Fio eist dat haar testament wordt gerespecteerd en hij zal daarvoor blijven vechten.

Ons gezin en de familieband zijn verspeeld. Wat kan er van grotere waarde zijn dan dat? Triest hoe alles draait om materialisme en wraak. We zouden het onderling fijn kunnen hebben en niemand zou financieel iets tekortkomen. Er was genoeg voor allemaal. De voortdurende leugens, het wangedrag, de fraude en de overtredingen, zoals vervalsen van testamentaire documenten, vervullen ons van ongeloof en verbijstering. Het heeft deze week naast ons werk behoorlijk wat energie geëist en ik ben daarom blij dat de brief de deur uit is, zodat we alles kunnen loslaten. De bal ligt bij de tegenpartij en daarom waren we gisteravond gemakkelijk in slaap gevallen.

Na een uurtje schuin liggen voel ik dat ik moet plassen. Ik baal ervan dat ik Fio moet wekken, maar ik kan zo niet langer blijven liggen. Overigens zakt Fio steeds verder mijn kant op. Ik krabbel me met inspanning overeind. Ik wil over hem heen rollen om uit het bed te gaan en dat gaat niet onopgemerkt. Hij houdt me vast en vraagt waar de reis naartoe gaat. Ik antwoord dat ik nodig moet en op dat moment zakken we door zijn kant van het bed en zwiept aan mijn kant de matras op. De matras rust nu enkel nog op de balk in het midden. Het wordt toch weer onbeheerst lachen en dat spijt me voor de huisgenoten. Morgen zullen we weer flink geplaagd worden.

Met moeite lukt het me om op tijd bij het toilet te komen. En als ik terugkom, is Fio al bezig met het herstellen van ons bed. De matras hangt half tegen de tafel en de stoel en zolang dat zo is, blijf ik in de deuropening staan. Spoedig kan de matras terug en rol ik opnieuw over Fio heen om in bed te komen.
'Gezellig hè An, zo'n doorzak-bed.'
'Ik vind er niet zoveel aan om eerlijk te zijn en ik zal beslist geen heimwee naar dit bed hebben. Ben jij daar maar niet bang voor.'
'Ik denk dat we straks juist dit plezier zullen missen.'
'Ach kom op Fio, er zijn genoeg andere manieren om pret te maken, daar hoef ik niet speciaal voor door een bed te zakken hoor.'
Hij mompelt bijna onverstaanbaar dat ik het niet snap. Het wordt stil en kort daarna hoor ik hem zachtjes snurken, iets dat hij uitsluitend doet wanneer hij flink moe is.

De slaap kan ik niet meer vatten. Ik voel me gebroken en tegelijkertijd onrustig. Ik weet waar de schoen wringt, het is gister al begonnen. Ik zit met mijn gedachten bij aanstaande zaterdag. Want dan wordt Veronica achtentwintig jaar. Ik moet denken aan wanneer ik zwanger was van haar en hoe trots ik daarop was. Het was ons eerste kindje. Ik verslond boeken over zwangerschap en omdat ik niet werkte, had ik alle tijd voor mezelf en mijn groeiende buik.

Ik ging naar zwangerschapsgymnastiek, Fio en ik deden aan haptonomie en we zongen liedjes waarop de baby in mijn buik inderdaad reageerde.

Een onvergetelijke tijd. En wat waren we blij met haar geboorte! Ik, die altijd een zus had willen hebben, had nu een dochter! Het lijkt erop dat ik haar leven in flitsen terug zie. Het doet pijn, omdat het zo mooi is. Absurd hoe wij als moeder en dochter zijn geëindigd. Ik kan het niet geloven. Bij mijn weten was er zoveel liefde en goeds. Het is onmogelijk dat het allemaal de lucht in is gegaan. En dit omdat mijn dochter me de schuld wil geven van iets waar ik geen schuld aan heb.

Ik heb haar liefgehad, verzorgd en heb voortdurend voor haar klaargestaan. Ik heb haar beschermd waar mogelijk. Dat mijn vader zijn gruwelijkheden heeft uitgehaald met mijn dochters is iets dat ik niet heb kunnen voorzien en niet heb kunnen voorkomen. Het is niet eerlijk vol te willen houden dat dat wel zo is.

Iemand kan door een auto worden overreden. Wil dat zeggen dat je daarom bij voorbaat nooit meer het huis uit zult gaan en dat je nooit meer een straat zult oversteken? Het is dezelfde onzin die er van mij verwacht werd om voortijdig te breken met mijn ouders, met het oog op de eventualiteit dat ze misschien iets zouden kunnen doen dat onvergeeflijk is. Niemand zou nog een leven kunnen leiden.

Hoe kan mijn dochter, met deze mentaliteit, inwonen bij mensen zonder dat ze iets over hen weet? Ze ging pas een paar maanden met hun zoon om en hun familie was bij ons onbekend. Onbegrijpelijk! Hoe kan ze zich zo snel veilig voelen? En hoe zit dat als mijn dochter later zelf kinderen zal krijgen, zullen die vervolgens niet hun opa's en oma's mogen zien?

Met ons heeft ze al korte metten gemaakt uit woede en wraak. En haar schoonouders zouden een bewogen verleden kunnen hebben waar je nog lelijk van zou opkijken. Wat garandeert haar dat zij niet een potentieel gevaar voor haar kinderen zullen zijn? Of is plotseling in dit geval onwetendheid, geweten dekkend? Als dat zo is, wordt er gemeten met meerdere maten. Eerlijkheid en coherentie duren het langst.

Op verjaardagen versierden we, zoals we dat nog altijd doen, het huis met ballonnen en slingers. Er werd uitgebreid aandacht besteed aan het bakken van de taart. En de kaarsjes erop, die ontbraken nooit. Tijdens de periode dat ik de winkel had, bakte ik meestal de snelle appeltaart. Want die slaagde in ieder geval. Daar kon Veronica hard op reageren. Er zal een dag komen dat ze ernaar zal terugverlangen en zal beseffen dat het tenslotte nog niet zo'n slechte taart was. Er was in ieder geval een moeder die, druk of niet druk, tijd en aandacht besteedde aan de verjaardagen van haar kinderen. En dat is niet vanzelfsprekend.

Er wordt gezegd dat kinderen tegen de mensen aantrappen van wie ze het meeste houden. Als dat zo zou zijn, zouden onze dochters onmeetbaar veel van ons gehouden hebben! Ze hebben ons kapot getrapt! Het verhaal ligt anders. Het gaat hier over een mechanisme dat is ingetreden nadat de incest werd stopgezet en geopenbaard. Dit valt niet onder een gezond afzetten tegen de ouders, hier zit een trauma achter. Een vervormd beeld over hoe dingen in de werkelijkheid zijn. Onmacht uit angst en woede die, door de beschadiging van hun eigen ik, op de verkeerde persoon worden gericht.

De wekker loopt af en ik kan het ding wel door de kamer gooien! Ik was net in slaap gevallen en droomde dat ik op een luchtbed in de branding lag van een exotische zee, met een Pina Colada in mijn hand. Vraag me niet hoe ik daarvan kan dromen, waarschijnlijk zijn mijn hersenen toe aan vakantie en hunker ik in mijn onderbewustzijn naar de warmte van de zon.

Fiorenzo zet de radio aan, dat is een goede zet. Muziek heeft een prettig effect op mij, daar ga ik blij van kijken. Ik trek het gordijn open en zie dat de regen tegen het raam slaat dat het een lieve lust is. Als we in de keuken onze vruchten-smoothie maken voor het ontbijt, komt Jeffrey de keuken in wandelen met een grijns van oor tot oor. Hij vraagt onbescheiden wat we voor spelletjes doen als het donker is. Ik schiet wat nerveus in de lach en besluit dat ik hem zijn plezier wil gunnen.

'Als het donker is kleden we ons uit en spelen we om de beurt de stier voor ons rodeo-spel en dat kan het stomme bed gewoon niet hebben, Jeff!'

Fiorenzo schiet in de lach en ik zie in de ogen van Jeff verbazing vermengd met verlegenheid. Hij kent ons nog niet zo lang en heeft dit pronte antwoord blijkbaar niet verwacht. Ik geef hem geruststellend een paar klopjes op zijn schouder en zeg hem bloedserieus dat we eenmaal veilig op de grond gelukkig ons spel konden beeindigen. Je kunt duidelijk aan hem zien dat hij moeite heeft om te onderscheiden of het hier gaat om de waarheid of een grap. Het lukt hem niet om mij in te schatten en daarbij komt dat Fiorenzo op dit soort momenten het spel prima meespeelt.

Rose stuift de keuken in, ze is doorgaans te laat. Ze trekt de koelkast met een ruk open en door de snelheid valt er een fles tomatenpuree uit de deur. Op de betegelde vloer gaat de fles aan diggelen en de broek van Jeff zit vol dikke spetters. Ook de rok van Rose wordt niet gespaard. Binnen korte tijd staat de keuken op zijn kop en is het een complete chaos. Jeff gaat zich mopperend omkleden, hij snapt dat er geen eer meer aan zijn broek te behalen valt, ook niet met een nat doekje. Rose rent eveneens de keuken weer uit om een andere rok te gaan aantrekken.

Miriam komt de keuken in met haar dochtertje Miranda en bij het zien van de vloer verschiet ze van kleur. Ze vloekt hemel en aarde bij elkaar en maakt de boel alleen maar chaotischer. Joe werkt 's nachts en hij ligt nu in zijn eerste slaap, daarom is het respectloos om op dit moment alles bij elkaar te schreeuwen. Ik probeer haar te sussen, wat geen vat op haar heeft.

Ik zet het lege glas van mijn smoothie op tafel en pak een trekker uit de werkkast, waarmee ik de tomatensmurrie en de glasscherven bij elkaar trek. Van de lege doos die in de hal staat scheur ik een stuk af en laat dat als blik dienen. In een korte tijd heb ik de boel onder controle en kan iedereen zijn gang weer gaan.

'sﾠAvonds tijdens het omkleden om naar de sportschool te gaan, wordt er op onze deur geklopt. Snel trek ik mijn T-shirt aan en op blote voeten doe ik open. Daar staat Rose met een prachtig bosje bloemen, ze bedankt me voor de hulp van vanmorgen en biedt excuses aan voor de gecreëerde janboel. Wat schattig! Het is lief dat ze me een bosje bloemen geeft. Ze heeft dat bosje bewust uitgekozen met mij in gedachten.

Het is me het dagje wel. Vanmorgen kwam Alice, een collega, op kantoor met een doosje bonbons naar me toe, omdat ze dankbaar was dat ik haar geholpen had met haar werk. Vanmiddag kreeg ik een prachtige e-mail van Chris, een andere collega, die me bedankte voor de tip die gewerkt had. Tijdens het sporten, als ik op het roeiapparaat zit, denk ik hierover na. Het kan te maken hebben met de Britse 'politeness', die overdreven beleefdheid. Toch raakt het me diep dat ik voor zo weinig zoveel goeds terugkrijg.

Rose heeft me gevraagd of ik haar wil leren broodbakken. Dat vind ik geweldig en natuurlijk ga ik dat doen. Het zijn activiteiten die ik graag met mijn dochters had gedaan. Geregeld had ik het voorgesteld, steeds hadden ze dat afgewezen door gebrek aan interesse of omdat ze er geen tijd voor konden maken.

Als we klaar zijn met sporten en naar huis lopen, heb ik het erover met Fiorenzo. Hij begrijpt dat ik weer een sentimentele bui heb, waarin het huilen me nader staat dan het lachen.

Dagen als deze hangen aan een gelegenheid die onrustig roert in de hele brij. De verjaardag van Veronica heeft me stevig in de houdgreep. Het houdt me bezig en ik zie voor me hoe ze met een vriendinnetje in de keuken aan de slag was om samen een taart te bakken. Ze was een jaar of tien en het moet een feest geweest zijn voor de meisjes. Temeer omdat de taart uitstekend lukte en bovendien heerlijk smaakte. Ik zie de trotse gezichtjes weer voor me alsof het gister was. En zelf was ik niet minder trots.

Zonder daar enige moeite voor te doen komen er op een schofterige manier allerlei prachtige herinneringen boven drijven. Hoe meer ik er herleef, hoe meer ik me ervan overtuig dat de huidige situatie haaks staat op ons verleden. Mijn lijden wordt daar niet minder van. Blijkbaar heb ik het niet in de hand en gaan mijn hersenen op brute wijze hun eigen gang.

Het moet een foutje zijn. Normaal zetten we op zaterdag geen wekker omdat we vrij zijn. Doordeweeks gaat de wekker af om half zes en op zaterdag en zondag willen we hem liever niet horen, tenzij we gepland hebben ergens naartoe te gaan. Fiorenzo slaapt prinsheerlijk verder, ik geef een klap op dat ding en aangezien de wekker aan zijn kant staat, is hij meteen wakker. Geërgerd vraag ik hem waarom de wekker is gezet. Ik snap er niets van. Met gefronste wenkbrauwen zie ik dat het negen uur is. De wekker wordt nooit op dat uur ingesteld.

Hij kijkt me aan en zegt dat het een gedenkwaardige dag is. Ik slik en vind het geen leuke opmerking. Liever had ik het er niet over willen hebben. Vol onmacht en verdriet heb ik genoeg gehuild en getierd, zoekend naar een antwoord op het waarom. Een antwoord dat er niet is. Fiorenzo haalt zachtjes een hand door mijn haren.

'We gaan er een speciale dag van maken Anneke, omdat het een speciale dag is die we moeten vieren.'

Ik kijk hem aan terwijl mijn ogen al wazig zien en hoor aan zijn stem dat hij het goed bedoelt. Ik kan het toch niet volgen en vraag hem waar hij op doelt. Fiorenzo kust me zachtjes op mijn behuilde gezicht.

'Jij en ik, wij zijn vandaag achtentwintig jaar ouders en we zijn al die tijd ouders op onze beste manier. We hebben achtentwintig jaar alles met liefde gedaan voor ons gezin. We zijn nog steeds verliefd op elkaar en samen hebben we gedaan wat we konden. Daarover zijn we het toch eens?'

Ik snotter terwijl ik bevestigend een knikje geef.

'Dat gaan wij vieren. Eerst gaan we naar de kapper en daarna laat jij jezelf gezellig opmaken bij de House of Fraser. En dan gaan we naar die tearoom aan zee, weet je nog wel? Daar gaan we genieten van een uitgebreide afternoon tea.'

Ik kan alleen nog maar stralen door mijn tranen heen. Hij heeft gelijk, we mogen trots op onszelf zijn, daar zijn genoeg redenen voor.

We zitten bij het grote raam en kijken uit over de zee. Onze haren en mijn nieuwe make-up doen wonderen, we zien er geweldig uit. Ik kijk naar Fio en zie hoe hij straalt. Hij doet zijn best om mij door mijn slechte periodes heen te helpen en ik ben hem daar dankbaar voor. Alles wat Fio verzint heeft een wonderbaarlijk effect op me.

Ze komen eraan met een pot thee en twee theekoppen. De theepot wordt op een lichtje gezet. De tafel is gedekt met een schitterend tafelkleed waarvan de neutrale kleuren op een geraffineerde manier zijn afgestemd op de rest van het interieur. Nadat de regen was opgehouden, hadden we een fijne wandeling gemaakt over het strand. Het is me zelfs gelukt om een klad te schrijven van een gedicht. Alles voelt zo goed en opnieuw lukt het ons in al het verdriet een happy moment te beleven.

We glunderen als ze aankomen met een indrukwekkende etagère, die midden op de tafel komt te staan. We geven onze ogen eerst maar eens goed de kost. Wat een variëteit aan lekkers! Op het bovenste bord liggen kleine gebakjes, sommige met vers fruit en sommige met crème. Daaronder liggen de scones met clotted cream en jam en op het onderste bord liggen vier verschillende soorten sandwiches. Allemaal op basis van groenten en vis, omdat we dat zo besteld hebben. Het is oogstrelend en nadat we alles hebben zitten bewonderen, proeven we van al de hapjes. Het is gezellig en natuurlijk maken we tussendoor wat foto's.

'Hiervan moeten we traditie maken, Fio. Ook als we weer terug in Italië zullen zijn. Het lijkt me ook zo tof om zoiets zelf te maken.'

'Zeker weten houden we the afternoon tea erin als gewoonte, ik ben het roerend met je eens.'

We laten ons uitleggen wat het verschil is tussen high tea en afternoon tea en waarom ze zo gemakkelijk worden verward.

Engeland houdt er interessante tradities op na en het is geweldig dat ze er alles aan doen om ze in stand te houden. We zijn al aardig geïnfecteerd met verschillende Britse tradities en daarmee is er ondertussen een aantrekkelijke mix van drie culturen ontstaan. Stiekem hoopten we dat dit zou gaan gebeuren. Engeland zal terug te vinden zijn in de rest van ons leven, dit land heeft voor ons namelijk een aanzienlijke betekenis gekregen.

We slenteren door het prachtige park richting huis. Even staan we stil bij mijn speciale boom. We houden elkaar stevig vast in onze 'abbraccio forte' en spreken hetzelfde uit tegen elkaar: we hopen oprecht en van harte dat onze dochter net zo'n mooie dag heeft gehad als wij.

Er wordt op de deur gebonkt.

'Mamita, ben je er? Stoor ik?'

Ik loop naar de deur en doe open. Toni staat keurig gekleed in zijn overhemd, sokken en boxershort. Hij toont me naast zijn overdreven maar onweerstaanbare glimlach zijn jeans.

'Please mamita, kun je me helpen met het repareren van mijn broekzak? Het is mijn favoriete jeans en straks heb ik mijn eerste afspraakje met Nicole!'

Toni is van de leeftijd van Lorenzo, en net zo als hij me aanziet voor moedertje, zie ik hem als een denkbare zoon. Hij vraagt ons regelmatig om advies en begint gesprekken die je kunt verwachten van een jongeman. Soms noemen we hem plagerig 'ruffiano', dat voor vleier staat. Hij weet namelijk exact hoe hij iets gedaan kan krijgen, net als nu. Hij slaat een arm om mijn schouders en kijkt me smekend aan.

'Dan bak ik morgenavond voor jullie een Spaanse tortilla met aardappelen, please?'

Ik kijk naar zijn broek en schud glimlachend mijn hoofd. Ik pak de jeans uit zijn handen en ga op zoek naar mijn mini naai-etui.

Toni zet de muziek die ik aan heb staan harder en begint aanstellerig te dansen op *'Dancing Queen'* van ABBA. Hij staat voor de spiegel van onze kast en ik heb het idee te moeten ingrijpen zoals iedere moeder dat zou doen. Ik loop richting Toni om hem in zijn boxershort, sokken en overhemd de kamer uit te duwen met de mededeling dat hij voor mij beter een oploskoffie kan gaan maken. Op dat moment komt Fiorenzo de lange hal inlopen met een bos tulpen in zijn hand. Ik zet de muziek weer normaal en sluit de deur achter de rug van Fio. Hij kijkt me aan en zegt dat we ons best

moeten blijven doen om speciale momenten te herinneren.
'Het is drieëndertig jaar geleden schat, dat we verkering kregen.'
We feliciteren elkaar met een omhelzing. We waren vijftien en zestien jaar, waar is de tijd gebleven!
'We gaan sushi eten om het te vieren!'

Terwijl ik de voering van de broekzak herstel, perforeert Fio de tulpen met een naald pal onder de bloemknoppen alvorens hij ze in het water zet. De deur zwaait open en Toni komt binnen met drie bekers koffie en een schaaltje brownies. Hij vraagt aan Fiorenzo wat hij in hemelsnaam met de bloemen aan het doen is. Als Fio hem uitlegt dat het is om te voorkomen dat de tulpen hun kop laten hangen, kijkt Toni me aan voor een bevestiging.

Ik frons achter de rug van Fio mijn wenkbrauwen en haal mijn schouders op, om aan te geven dat ik het vreemd vind wat hij zegt, goed wetend dat het klopt. Toni begint daarom Fiorenzo in de maling te nemen, wat precies mijn bedoeling is en al snel ontstaat er hilariteit in de kamer.

Jeff steekt voorzichtig zijn hoofd door de deuropening en mengt zich in de plagerij. Het is onverklaarbaar, maar als Fiorenzo en ik moeten lachen, raken we zo in de slappe lach dat het onmogelijk is te stoppen. Het lijkt dat alle grappen versterken en het wordt bijna gevaarlijk omdat ik meer lucht eruit gooi dan ik kan inademen. Ik zou kunnen stikken van het lachen!

Dit overkomt ons regelmatig, vooral wanneer we op televisie naar bloopers kijken. Als een van ons twee begint te lachen, dan is er geen houden meer aan. Vaker hebben Toni, Jeff en de andere huisgenoten moeten aanhoren hoe onbeheerst we lachen en gieren. En dat om de meest onbenullige dingen. Nu waren ze zelf van de partij.

Het is bizar om vanuit zwarte momenten van somberheid en verdriet om te kunnen slaan in een onbedaarlijke lachstuip. Het is dwaas, omdat we op zo'n moment schuddebuiken en tranen huilen van plezier. Onbegrijpelijk, omdat we wezenlijk plezier hebben en dat er geen verbinding is met het negatieve.

Als we uitgeschaterd zijn, wat soms wel een kwartier of twintig minuten kan duren, zijn we volledig uitgeput, maar opgelucht. Meer dan eens heb ik een kramp in mijn buikspieren gekregen en werkelijk paniek ervaren door het gebrek aan zuurstof.

Het is de machteloosheid die steeds terugkeert en het breekt me op. Onmacht, omdat ik wil dat alles anders is. Onmacht, omdat ik niet terug kan gaan in de tijd met de wetenschap van nu. En onmacht omdat noch ik, noch iemand anders iets kan doen om dit alles ongedaan te maken. Ik zit in een val en zak weg in een poel van drijfzand, waar ik blind van vertrouwen ingelopen ben. De schreeuw van mijn ziel is evident: 'IK WIL DIT NIET!' De schreeuw van mijn ziel die niet afneemt en blijft herhalen wat hij te zeggen heeft. Keer op keer wordt mijn gemoed gekneveld en komt er antwoord van god weet wie: 'Je hebt helemaal niets te willen! Wees stil en leer aanvaarden!'

Het onderdrukt me en drijft me op in mijn machteloosheid, omdat ik niet kán of eerlijker gezegd, niet wíl aanvaarden. Mijn hart is verpulverd, door mijn ouders, broers en dochters. Het lijkt niet voldoende te zijn. Nu blijkt mijn ziel de prooi en ik ben in gevecht met iets of iemand die ergens op afstand het lot bepaalt.

Ik noem het God, al is het niet per definitie die God die men verkoopt bij een of andere religie. Ik voel angst, omdat ik het idee krijg dat er niets van mij overblijft. Die sterke, vrolijke, sociale en liefdevolle vrouw is gebroken, verdrietig en eenzaam geworden. Overgelaten aan haar lot, zonder gunstige vooruitzichten.

Ja, ik wil dat het anders is en anders wordt en ik wil dat het niet waar is wat er allemaal is gebeurd. Ik wil alles kunnen uitwissen. Ik wil lieve betrouwbare ouders en ik wil vriendschap van mijn broers. Bovendien wil ik dat mijn dochters mijn liefde accepteren en zien wat en wie ik werkelijk ben. Het irritante stemmetje hamert maar door bij alles wat ik wil en het blijft herhalen dat ik niets te willen heb.

Het is niet mijn stijl om medelijden te hebben met mezelf en om in een hoekje te gaan zitten jammeren. Zo nu en dan overvalt het me en laat ik me gaan. Ik zit op zo'n moment flink in mijn slachtofferrol en beklaag alles wat ik kan beklagen. Ik ben een mens als ieder ander, niets meer en niets minder. Het eindigt meestal in een dialoog met mijn 'God', die onomstotelijk wint en ik moet begrijpen dat ik niets te willen heb.

Ik voel me zwaarder toegetakeld dan enkel geknakt zijn. Ik ben verpulverd. Alsof ik kapot moet. Welke engel is er verantwoordelijk voor mijn vechtdrang? Wie roept me toe, wanneer ik me op mijn knieën laat vallen en mijn handen opricht naar de hemel, terwijl ik krijs in mijn totale wanhoop:

> 'Heer, ik ben niet waardig,
> ik ben niemand, ik ben niets.
> Meer kan ik niet geven.
> U nam mijn ouders, broers en dochters,
> U nam de glans weg van mijn leven.
> Wat wilt U nog meer?
> Mijn man en mijn zoon?
> Mijn redenen om te leven?
> Neem direct mij, hier ben ik.
> Ik geef me over.
> U heeft gewonnen.
> Neem me maar mee.'

Het lijkt alsof mijn handen de hemel raken en dat mijn oerkreet de engelen beroert. Langzaam kom ik tot mezelf als ik ze hoor zeggen dat ik beter kan bedaren en dat ik moet vertrouwen. Vertrouwen op de tijd. Ze zweven als een dikke beschermlaag tussen mij en mijn God, ik voel me terugkeren in mezelf en ja, verpulverd blijf ik bonzen.

We zitten in de bibliotheek waar we met grote regelmaat zijn. Daar lezen en schrijven we en kunnen we zoeken naar antwoorden en informatie. Door onze brede algemene interesse hebben we altijd honger naar informatie over de meest uiteenlopende onderwerpen.

Vandaag ben ik op zoek naar persoonlijke antwoorden. Al weken zit ik op de bodem van een put. Dit is de ideale omstandigheid om mezelf te kunnen afzetten om uit de put te kunnen komen. Het schijnt dat ik klaar ben met afzakken en dat ik niet dieper kan. Het punt is dat mijn benen aanvoelen alsof ze verlamd zijn en daardoor heb ik geen kracht.

Hoe kan ik aanvaarden? Als ik hierop geen antwoord vind, zal ik geen kracht vinden om mezelf af te kunnen zetten, met alle consequenties van dien. Uren, zelfs dagen besteed ik eraan om te vinden wat ik zoek. Er bestaat geen klip en klaar antwoord. Het is een proces dat je moet doormaken en daarvoor heb je goede wil en tijd nodig.

Dit zou een onderdeel van de meditatiethema's kunnen worden die ik op een rijtje aan het zetten ben met het oog op onze pelgrimstocht volgend jaar. Net zoals het loslaten, ook zo'n brandend onderwerp dat deel uitmaakt van een hevig innerlijk gevecht. Hoe kun je ouders, broers en dochters voorgoed en met overtuiging loslaten? Er bestaat geen handleiding om je naasten voorgoed uit je leven te bannen. Zij maken deel uit van mijn geschiedenis. Ik kan ze niet uitwissen. En wat doe ik met de liefde die ik voor hen voel? Moet ik daarin stikken?

Fiorenzo en ik hebben daar iets op bedacht. Onze liefde en warmte kunnen we gebruiken voor andere mensen, die dit graag ontvangen en weten te waarderen. Daarmee zijn we van start gegaan en daarop blijven we ons concentreren.

Laatst las ik in een boek over mijn angst die geregeld de basis vormt voor de paniekaanvallen die ik meestal in een drukke omgeving krijg. Deze blijken te ontstaan uit herinneringen aan negatieve ervaringen waar ik onbewust gewicht aan hang door krachtig te verlangen naar hoe de situatie had moeten zijn. Dit is het vastklampen aan verbondenheid, dat het niet aanvaarden van de omstandigheden is. Dat verklaart mijn gevecht. Mijn verstand zegt: accepteren. Mijn hart staat dat in de weg. Hoe kom ik hier uit?

In moeilijke situaties moet je leren om de feiten minder gewichtig te maken. Dat lijkt me iets waar ik wat mee kan. Ik moet voorkomen dat ik terug gezogen wordt in de berg onrecht, de problemen en de machteloosheid. Mijn focus moet blijven op al het andere.

De theorie is eenvoudiger dan de praktijk, er zijn zoveel omstandigheden die me terugtrekken in het gemis. Het kan al iets zijn dat we zeggen tegen elkaar of de tekst van een liedje op de radio. Een scene uit een film of uit het dagelijkse leven kan herinneringen oproepen of emoties losmaken. En soms is een opmerking van iemand voor mij voldoende om terug te vallen in het gemis. Er is zoveel dat me herinnerd aan mijn ouders, broers en dochters, dat het hard werken is om steeds opnieuw mijn focus te verplaatsen. Het kost behoorlijk energie.

Nu ik bewust ben van deze formule, moet ik eraan blijven werken totdat het me lukt. Alles moet en zal van minder belang worden en ik zal beslist iets verzinnen dat juist belangrijk is voor mij, zodat daar mijn aandacht naartoe gaat en blijft.

Ik sta met mijn bast tegen de bast van mijn favoriete boom en heb mijn armen zo ver als ik kan om hem heen geslagen. Net als wanneer ik klein was probeer ik het hart te horen kloppen en voel ik hoe rustig ik word.

Eén worden met de boom is een speciale ervaring. Het lukt me niet altijd. We communiceren zuiver met onze gedachten en het is een wonderbaarlijk aanvoelen van elkaar. Hij laat me voelen dat alles en iedereen met elkaar verbonden is en dat hij daarom is wat ik wil.

Hij is mijn moeder en tegelijkertijd mijn dochters en zo gauw ik merk dat hij eveneens volledig mij geworden is, vindt er een verscheuring plaats.

Ik ben moeder zonder dochters en ik ben dochter zonder moeder. Ik ben enkel nog ik. Het doet pijn, onbeschrijfelijk veel pijn. Ik realiseer me niets en niemand te zijn.

Rustig ga ik zitten op de grond met mijn rug tegen de boom en voel zijn ruwe, ongelijkmatige schors door mijn spijkerjasje. Een rilling gaat door me heen. Bezonnen adem ik diep in en uit, terwijl ik me erop concentreer niet te gaan gillen. Hysterisch zou ik kunnen worden van de innerlijke pijn en onmacht.

Een herfstblad dwarrelt op mijn hoofd en ik open mijn ogen zonder te beseffen waar ik ben en wat ik doe. Ik pak het blad van mijn hoofd en houd het tegen het licht. Zouden de nerven in het blad dezelfde betekenis hebben als de lijnen in onze handpalm? Wat zou er op de bladeren van de boom beschreven staan?

Mijn blik verplaatst zich naar mijn handen en terwijl ik ze aandachtig bekijk, zie ik dat de huid zijn veerkracht aan het verliezen is. De eerste tekenen die erop wijzen dat ik ouder word. Wanneer ik rustig mijn handen alle kanten opdraai, roepen ze allerlei betekenissen op. Ze voelen krachtig en liefdevol aan, ze zijn warm en teder en met een zachte tinteling reageren ze op aanraking.

Mijn handen stralen liefde uit, daarom lukt bijna alles wat ik aanpak. Of het nou het bereiden van een maaltijd is, het bakken van brood, de moestuin, handwerken, het dekken van de tafel, het creeren van sfeer in huis, het lukt allemaal door de liefde die erachter zit. Alles wat je met liefde doet brengt resultaat. Zo zou het moeten zijn. Het is een natuurlijk en logisch verloop van de dingen waar wij mensen iets mee kunnen.

Stel je voor dat je met toewijding en liefde soep maakt of brood bakt, en het is niet te eten. Denk eens in dat je met rust en passie iets breit en het mislukt. Wat zou het zijn als je met liefde moeder bent en het gaat mis?

Gelukkig kan dat niet, dat is uitstekend bedacht. Op hier en daar een uitzondering na. En akkoord, soms kunnen invloeden van buitenaf de boel verpesten, maar over het algemeen gaat het meestal goed als er liefde aanwezig is.

Mijn rechterhand omklemt mijn linkerhand en tussen mijn rechter duim en wijsvinger zit mijn trouwring, die ik ronddraai. Het verzacht meteen mijn gedachten en ik kijk opnieuw naar mijn handen. De trouwring doet me plotseling beseffen dat ik meer ben dan enkel dochter en moeder van mijn dochters.

Ja, ik ben de vrouw van Fiorenzo en de moeder van Lorenzo. Ik ben nicht, ik ben vriendin, ik ben collega, ik ben buurvrouw, ik ben huisgenoot, ik ben een heleboel! Deze gedachte neemt een stuk van de verscheuring weg en dat maakt me krachtiger. Dit inzicht is juist, het bevestigt dat ik wél iemand ben en dat ik iets voorstel in deze wereld. Er is nog zoveel meer dan zwart en wit.

Niet altijd gaat een negatieve vlaag snel over en niet altijd kunnen Fiorenzo en ik elkaar opvangen. Stukken van het gevecht doen we ieder voor zich.

We lopen gebogen tegen de harde wind in, die het onmogelijk maakt met elkaar te communiceren. Waterproof windjacks zijn nu geen luxe en we hebben zelfs de capuchons op, die we stevig hebben vastgemaakt. Alles wat buiten onze jassen valt is door en door nat omdat het onbedaarlijk hard regent. Het is al dagen aan een stuk slecht weer en dat heeft zijn effect op ons.

Het is bizar om jezelf zo nat te laten regenen, het loopt zwaar en het voelt stram. Het is de vertoornde wind die onze gemoedstoestand weerspiegelt. De wind raast en zet ons aan tot razen. We rennen en ketteren, krijsen, schelden en we spartelen van woede totdat we uitgeput en uitgestormd neervallen op het natte strand. We blijven liggen onder de stromende regen met open armen en benen, terwijl we onze ogen gesloten houden tot het besef komt van nat en koud. Dan pas staan we op om door het park richting huis te lopen.

Het heeft ons goed gedaan, geven we elkaar aan als we onder de warme douche vandaan komen. Een beker warme chocolademelk gaat er nu wel in. Als we even later op ons bed zitten, kukelen we achterover en vallen we in een diepe slaap.

Het duurt enkele uren voordat we wakker worden. Het is Jeff die vol goede moed op zijn jammerhoutje begint te spelen. Hij oefent dagelijks zijn half uurtje en op zich vind ik dat wel plezierig, omdat het een aparte sfeer creëert. Hij speelt namelijk hoofdzakelijk Keltische muziek. Ik druk me inderdaad niet sympathiek uit om het fluitje een jammerhoutje te noemen, maar dat komt omdat ik nu liever doorgeslapen had om bij te kunnen tanken.

Ik heb een idee! Laatst in de bibliotheek las ik uitgebreid over het effect van kleuren op de mens. Het intrigeerde me omdat ik op zoek ben naar iets dat ons humeur zou kunnen ombuigen. Ik herkende ons erin omdat we ons voornamelijk en het liefst in het zwart kleden, tot en met de sokken en het ondergoed. Het lijkt of we vastzitten in de pijn en de onmacht.

Nu blijkt dit te betekenen dat wij met rust gelaten willen worden, wat enigszins klopt.

Kleuren hebben effect op je stemming. Daar iets in veranderen kan bijdragen om uit de sombere bui te komen. Je stemming is te beïnvloeden door kleuren aan te brengen in je kleding, woon- en leefsituatie. Laten we de kleding voorlopig bij wat die is, want ons rustig voelen en onopvallend zijn is alleen maar fijn in ons geval. Voor het dragen van een opzichtig gekleurde trui hebben we meer zelfvertrouwen nodig. Onze kamer is bijzonder klein en biedt weinig mogelijkheden om er kleur in aan te brengen. Natuurlijk kunnen we niet de deur of de muren gaan verven. Het grootste vlak dat op de kamer overblijft en waar we iets mee kunnen doen, is het bed.

'Firenz, heb je zin om mee te gaan?'

'Heb je nog niet genoeg gehad?'

Ik kijk bedenkelijk naar het beregende raam.

'We pakken de bus en we gaan naar Wilkinson!'

'Naar Wilkinson?'

'Ja, we gaan op zoek naar een vrolijker dekbedovertrek. Ik had je toch verteld wat ik gelezen had over kleurtherapie in de bieb? Dus kom, we gaan er iets mee doen.'

'Is dit wat we op bed hebben liggen dan zo triest?'

'Nou ja, ik vind donkerblauw gestreept met donkergroen en zandkleur niet direct een fleurig en vrolijk geheel. Ga nou mee!'

Fiorenzo krabbelt overeind en kijkt op de klok.

'Wat voor alternatief heb je in je hoofd, als ik vragen mag?'

Ik had gelezen dat geel de kleur bij uitstek is als het gaat over vrolijkheid, maar eerlijk gezegd zie ik een geel dekbedovertrek niet zitten. Daarom zeg ik meteen zonder twijfel dat de vrolijkste kleur met het beste effect 'fuchsia' is. Hij laat zich weer achterovervallen op het bed.

'Ja, met roosjes erop zeker, net als die fantastische theebekers van ons. Je gelooft toch niet dat ik onder een fuchsiakleurig dekbed ga liggen? Doe me een plezier!'

Het beeld dat ik al van onze kamer gevormd had, zie ik vervliegen en ik ben geraakt door die opmerking over de theebekers.

'Ik voel me beledigd.'

'Doe niet zo flauw. Die bekers zijn leuk. Ik wil eenvoudig niet zo'n zelfde dekbed, sokken en stropdas als je het niet erg vindt. Dat is alles.'

Ik schiet ervan in de lach omdat ik het idee wel zie zitten van die sokken in combinatie met die stropdas en een serieus pak. Op kantoor heb ik gezien dat het in is om als man je sokken met je stropdas te combineren. Ik had met zoiets al in mijn handen gestaan en getwijfeld. En omdat Fio het waarschijnlijk niet zou willen had ik ze terug gelegd. Ik begin er maar niet over.

'Het zal in ieder geval eenvoudig zijn om een kleur of een design te vinden die wat leven brengt in de kamer en de boel wat vrolijker maakt. Ik ben voorstander dat we gaan, kom je?'

Spoedig staan we voor het uitgebreide rek van dekbedovertrekken en lakens. Wat een keuze! Om elkaar te plagen, pakken we er de meest ongebruikelijke kleuren en motieven tussenuit. Fiorenzo komt aanlopen met een paars overtrek, bezaaid met knalgele ballen. In Engeland is dat gestipte gedoe een rage, wat ik mooi vind, mits het met stijl wordt toegepast. Niet zoals bij dit dekbedovertrek. Al moet ik zeggen, het is vrolijk. Ik heb er daarna een te pakken met een uiterst kleurrijk kabouter- en elfentafereel. Het duurt gewoon even voordat we serieus gaan kiezen.

Mijn aandacht wordt getrokken door een dekbedovertrek die aan een kant fuchsiakleurig is en aan de andere kant gestreept met drie kleuren grijs. De gestreepte kant is bezaaid met fuchsiakleurige vlinders. Het is een prachtig 'eye-catchertje'. Ik kijk Fio vragend aan omdat ik het helemaal zie zitten. Hij zegt me dat ik ermee op moet houden omdat hij niet onder die kleur gaat liggen. Ik heb het begrepen. Er is niets aan te doen, ik moet een alternatief zoeken.

Uiteindelijk worden we het eens over een overtrek die overwegend heldergroen van kleur is. Er zitten contrasterende banen in die bedrukt zijn met een vrolijke print van heren- en damesfietsen. En de damesfietsen hebben een mandje aan het stuur. Het is grappig, fris en heeft absoluut een vrolijke uitstraling. Zoiets zouden we normaal nooit gekocht hebben, omdat het niet onze smaak is.

Wat kan het ons trouwens schelen, het is echt geen keuze voor het leven, het is voor nu! Een bevrijdend gevoel overvalt ons. We kunnen doen wat we willen en nu willen we opvrolijken.

Ik kan het niet laten om snel te googelen wat de kleur groen voor effect heeft en tot mijn verbazing zie ik dat groen ook te maken heeft met aanvaarding. Kan het mooier? We zijn dik tevreden en vinden dit een uitstekende reden om te vieren. We belanden in de tearoom aan de overkant, waar we onszelf trakteren op thee en een scone met clotted cream en jam.

'Morgen worden we beslist vrolijk wakker', Plaagt Fiorenzo, terwijl hij zijn scone opensnijdt.

'Dat kan gewoon niet anders!'

'Ja, we zullen vast opstaan met de vrolijke eenvoud alles in een ogenblik te kunnen aanvaarden. Zodat we daarna onszelf kunnen verwijten dat we deze dekbedovertrek niet eerder hebben gekocht.'

Aan een kant zijn we sceptisch, aan de andere kant willen we dit toch uitproberen. Maar al te graag willen we geloven in de effectiviteit ervan.

'Dit is nou voor mij een teken Fio, dat we zoeken naar een positieve wending. We zijn welwillend aan het vechten. Het is mooi dat we ons best doen erop te vertrouwen dat het in de toekomst weer goed kan komen met ons, vind je niet?'

Fiorenzo knikt bevestigend, terwijl hij het zichtbaar druk heeft met zijn scone. Met spijt in zijn ogen likt hij de laatste kruimels en jam van zijn vingers. De lekkerbek.

Verheugd kijk ik om me heen wanneer we door de winkelstraat lopen. Mijn hart gaat sneller kloppen. Waar komt het gezang vandaan? Ik kijk wantrouwig naar de ingang van Debenhams, een warenhuis met drie verdiepingen. Als ik door de menigte in die richting loop, wordt het geluid steeds sterker. Ik kijk automatisch rechts van de dubbele deuren van de ingang waar ik een brede stenen trap zie. Op die trap staat een vijftigtal mensen, keurig verdeeld over de treden. Het zijn overwegend vrouwen en ze zingen geweldig. De begeleidende muziek stemt iedereen blijmoedig. Door de emotie springen er tranen in mijn ogen. Als het zou kunnen dan voegde ik me meteen tussen de koorleden om mee te zingen. Net als de andere toeschouwers dein ik mee op de muziek. Zachtjes begin ik te zingen en mijn hart swingt. Het repertoire is niet moeilijk, het is popmuziek uit de jaren tachtig. Onmiddellijk begrijp ik wat ik de laatste tijd zo gemist heb: het zingen in een koor! Voor jaren zong ik met immens plezier in een gemengd polyfonisch koor. Dat was voor Italië bijzonder. Want meestal betreft het een kerkkoor als het over een zangvereniging gaat.

Als het koor pauzeert, loop ik naar de dirigent en vraag of ze een visitekaartje hebben of een e-mailadres. Wat een teleurstelling! Over een paar weken verhuizen we naar Great Dunmow. We woonden hier al een hele poos, waarom uitgerekend nu moest ik het koor pas ontdekken? Thuis ga ik googelen om te zien of er een koor te vinden is in Great Dunmow. Verdomd, het is waar, hoop doet leven. Fantaserend loop ik verder.

Eenmaal thuisgekomen zet ik de waterkoker aan voor thee en ga daarna met mijn IPad op ons bed zitten. Al snel kom ik erachter dat het United Kingdom Rock Choir een organisatie is met driehonderdzestig koren die een netwerk vormen door Engeland. Opgewonden tik ik nu de plaats Great Dunmow in het zoekvenstertje van de site, gevolgd door een kwieke tik op enter. Even sluit ik mijn ogen, terwijl ik denk: laat het waar zijn, laat het waar zijn!
'Joepie, An, je hebt geluk!'
Ik open verrukt mijn ogen en zie dat er inderdaad een Rock Choir is in Great Dunmow. Door het dolle heen vlieg ik Fio om de nek. We springen en zingen van vreugde.
'Hebben jullie de loterij gewonnen?'
'Zoiets, Jeff! Moet je hier kijken. Is dit niet hartstikke tof?'
Jeff loopt onze kamer binnen en ik laat hem enthousiast zien wat ik gegoogeld heb. Hij fronst zijn wenkbrauwen.

'Is dit alles? Overdreven zeg!'

Ik duw hem de kamer uit en geef hem daarbij speels wat schopjes onder zijn achterste en sluit de deur. Dit moment laat ik niet verpesten, ik ben zo verschrikkelijk blij!

Het eerste dat ik ga doen als we straks in Great Dunmow wonen, is mezelf inschrijven bij dit koor. De voorpret is aanzienlijk, ik kijk er nu al naar uit en ook al heb ik geleerd om niet al te hoge verwachtingen te hebben, ik zie bepaalde scènes al levendig voor me. Fiorenzo geniet van mijn blijdschap. Hij hangt de theezakjes in onze bekers en glimlacht vermaakt.

De wortels van de kerstboom zitten dieper dan ik dacht. Bournemouth ademt een kerstachtige sfeer en naarmate de stad zich tooit word ik verdrietiger. Naast de etalages van de winkels zijn zelfs de parken en de palmen voorzien van kerstversieringen. Ik strijd tegen mijn verdriet. Ik wist immers dat het gewoon weer Kerst zou worden. Het leven gaat ongestoord verder. We zijn ver weg van ons eens zo gezellige huis en ons gezin ligt uit elkaar. Wat kan Kerstmis voor ons dit jaar betekenen?

Kerst is een belangrijk familiefeest, waar ik uitgebreid aandacht aan besteed. Daarom is het een moeilijk punt voor me. De sfeer die ik maakte in huis, de lekkere dingen die ik in december bakte, onze kerstboom die tot ons drie meter hoge plafond reikte en de uitgebreide, antieke kerststal die ooit van mijn oma was. Ik mis het. Alles deed ik eraan om tradities voort te zetten. Met geduld zorgde ik ervoor dat we onderling verdraagzaam, liefdevol en gezellig waren en dat we juist in december een extra oog hadden voor de mensen om ons heen. In de keuken had ik het aangenaam druk en er verspreidden zich doorlopend verrukkelijke geuren van vers gebakken brood, koekjes en gebak.

Wat is kerst zonder vrede? Wat is Kerst als er geen kerstboom is, geen cadeautjes worden gekocht, geen diner wordt samengesteld, als er geen kerststal is en er geen visites komen, omdat we niet eens thuis zijn? Steeds beter lukt het me om in kaart te brengen wat de schade is van wat er is gebeurd. Iedere keer dijt het verdriet uit en bij alles komt weer duidelijk in beeld wat de basis is van mijn verdriet. Ik herhaal het nog eens: 'Ik mis mijn gezin!' We waren ook zo hecht, we deden zoveel samen. Daarom is er zoveel dat me doet terugdenken en terugverlangen.

De oplossing voor dit jaar is de beste. Beter dan zo hadden we het ons niet kunnen wensen. Mijn neef en zijn vrouw hebben ons en Lorenzo uitgenodigd om Kerst bij hen in Nederland te vieren. Het zijn bijzondere mensen voor ons. Ze hebben ons vaker opgevangen en omringd met rust, steun en warmte. We zijn ze dankbaar. Over de uitnodiging hoefden we geen twee keer na te denken. Het neemt niet weg dat deze periode hard is voor ons. Ruim dertig jaar verzorgden wij de kerstdagen voor ouders, familie en onze kinderen. Kerst was een gezellige tour de force en we slaagden er keer op keer in om het tot een succes te maken. De kerstboom stond altijd al voor vijf december, omdat hij het weekend voor pakjesavond werd opgetuigd. Om de paar jaar veranderde ik de inhoud van de boom, het was amusant om hiermee de gezinsleden en de gasten te verrassen. Voor de eerste keer in dertig jaar dus niet. Er komt geen boom. En de tranen lopen over mijn wangen.

Ik ben niet kinderachtig, het zijn de wortels die dieper zitten dan ik ooit had kunnen denken. De kerstboom is belangrijk voor me, het roept zoveel op. Ik mis de compleetheid van ons gezin en ons samenzijn. We waren met vijf en nu vallen er twee dochters weg. Dat doet pijn, zo heftig dat ik dreig terug te zakken in die donkere put. Het is al een aantal dagen dat ik geen hap door mijn keel krijg, niet zing, niet praat en dat ik een onbestemd gevoel heb. Ik voel me weer slachtoffer en vraag me af waar ik het allemaal aan verdien. Ik zit op de rand van het bed met mijn gezicht in mijn handen. Tranen stromen en mijn lichaam schokt van de emoties. Al mijn spieren zijn gespannen en de pijn is zo heftig dat ik die zelfs inwendig voel. Mijn hart verkrampt en voor het eerst beleef ik de letterlijke betekenis van het woord hartzeer. Tot nu toe had ik uitsluitend de poëtische betekenis ervan gekend. Nu weet ik dat het bestaat.

Fiorenzo weet dat het geen zin heeft om mij te kalmeren wanneer ik troosteloos huil. Het is verstandig om op dergelijke momenten niet te zeggen dat het mijn hormonen zijn die opspringen. Hij weet wanneer ik stoom moet afblazen. Als de emmer overloopt, moet het verdriet eruit.

Moedeloos vraag ik me af of nu al die wandelingen en gesprekken teniet zijn gedaan. Alles wat we tot nu toe gedaan hebben om eruit te komen, wordt dat nu ineens weggevaagd door die stomme Kerst?

Ik staar in het niets en mijn gedachten gaan over naar goede herinneringen van onze wandelingen aan de zee. Het brengt me tot bedaren. Gedachten gaan hun eigen weg en ineens moet ik denken aan mensen die ook lijden tijdens deze feestdagen. Wanneer ik denk aan mijn man, die intens van me houdt, aan onze zoon die graag bij ons is, mijn neef en zijn vrouw met hun gezin die oprecht van ons houden en goed voor ons zorgen, dan schaam ik me. En niet dat ik me aan het leed van anderen omhoog wil trekken, maar ik wil me er van bewust zijn dat ik niet de enige ben die lijdt. Het is goed om stil te staan bij de medemens die ook zijn problemen, verdriet en onmacht kent. Alle daklozen, iedereen die zijn of haar partner moet missen, of al die mensen die een van hun geliefde naasten hebben verloren. Hoeveel mensen zijn ernstig ziek of terminaal en vieren hun laatste Kerst met familie? Nee, dit jaar is niet voor niets geweest. Niet ons hele verwerkingsproces gaat kopje onder door het ontbreken van een kerstboom. Dat bestaat niet. Ik voel de hand van Fio op mijn schouder en het geeft me kracht. We kijken elkaar aan, hij snapt dat ik vecht met mijn gevoelens rond de feestdagen. Hij lijdt het hardst wanneer hij mij ziet lijden. Daarom moet ik flink zijn, ik wil hem geen extra pijn doen. Dit is nou eenmaal de situatie.

Focus verleggen, zoeken naar afleiding en naar vervanging van wat is weggevallen. Dat zijn gegevens om iets mee te doen. Het gat moet opgevuld, wil je de leegte minder voelen. Het leven is drastisch veranderd en ik herhaal voor mezelf dat de verandering niet noodzakelijkerwijs slecht hoeft te zijn. Mijn gedachten worden verstoord door vragen die opkomen. Waar is mijn creativiteit gebleven? Ik, die telkens iedereen verrast met aparte ideeën. Waar zit dat stukje nou van mij? Het frustreert me. Fiorenzo, die met onze jassen in zijn hand terug de kamer inkomt, hoort me agressief 'rot op' tegen mijn engelbewaarder zeggen. Hij fronst zijn wenkbrauwen en ik zeg hem meteen dat het niet voor hem is bedoeld. Hij glimlacht begripvol.

'Kom, ga je mee? We gaan langs de zee lopen. Even uitwaaien, het zal ons goed doen.'

Ik dwing mijn troosteloze gezicht tot een glimlach en laat me in mijn jas helpen.

'Als we doorlopen naar die tweede strandbar, trakteren we ons op een warme chocomel.'

Het duurt niet lang voor we over het strand lopen. Eerst zijn we een poos met elkaar in gesprek, maar het lukt niet elkaar te verstaan. Beiden vechten we met opspelende emoties. De moordende machteloosheid is om gek van te worden. Er bestaat geen toverspreuk, er is geen oplossing. Dit is de koek en er is geen alternatief.

Er staat een flinke wind en de golven zijn onstuimig. Het pakt me iedere keer weer. De zee is zo imponerend, zo roerend, zo krachtig. Het ruisen en kolken van de wilde golven laat me opnieuw huilen. Het maakt zoveel in me los. Ik ben onrustig, verward, woedend en ongecontroleerd, precies zoals de zee. Machteloos en eenzaam voel ik me drenkeling in mijn verdriet. Mijn gedachten gaan snel en worden aangewakkerd door de wind die raast. De natuur leert me zoveel. Het kan de zee zijn met zijn schuimige golven, het zand dat wegglijdt tussen mijn wanhopig knijpende vingers, de krijsende meeuwen of de huilende wind. Praten met de natuur is sensationeel. Dat leer je op geen school, dat leer je door het te doen. Gedreven door wat dan ook, verdriet, wanhoop of teleurstelling, dat maakt niet uit. Wie het probeert zal de pracht ervan beleven. Het is uit de kunst, zoals de natuur er voor ons is. Die oerkracht van de wind en de golven is zo indrukwekkend dat het me groot en krachtig maakt. Ik adem het in en draag het bij me en ik kan steeds gratis bijtanken.

Fiorenzo is een geweldige man, die er altijd voor mij is. We kunnen elkaar vertrouwen en we weten wat we aan elkaar hebben. Ondanks onze verbondenheid beken ik dat ik soms toch eenzaam kan zijn. Er zijn momenten dat ik voel: hier kan hij niet met me mee, hier sta ik alleen. Dit heeft verschillende redenen. We zijn een man en een vrouw en dat betekent dat er verschillen zijn in onze beleving. We hebben ook niet hetzelfde tempo bij het verwerken van gebeurtenissen. En bepaalde dingen kunnen voor de een belangrijk zijn en voor de ander een stuk minder. Dit zijn verschillen die geregeld de dialoog tussen ons bemoeilijken. Het is daarom fijn dat we elkaar hierin kunnen respecteren en loslaten, zodat we stukken van het verwerkingsproces zelfstandig kunnen doen. De vrijheid om zonder invloed van de ander te kunnen worstelen met onze eigen emoties en gedachten zorgt ervoor dat we onszelf niet verliezen. Het is belangrijk dat we als koppel steeds opnieuw terug in balans komen. Deze eenzame momenten ervaren we pas achteraf als constructief en waardevol. Tijdens zo'n verwijdering van elkaar zijn we eenzaam en hebben we juist sterk de behoefte aan troost en liefde van de ander. Dat tegenstrijdige maakt het extra moeilijk en vervelend. Het is nieuw voor ons om zo op onszelf teruggeworpen te zijn zonder het in feite te willen. De eerste keren dat dit gebeurde, voelden we paniek en waren we bang elkaar te verliezen. We begrepen niet waarom we elkaar niet konden verstaan en steunen. Het heeft maanden geduurd voordat we hiermee konden omgaan en voordat we inzagen welk positief effect het uiteindelijk had. Het maakt ons sterker, het is beter voor ons zelfvertrouwen en het geeft een stuk eigenwaarde. Het werkt als een dubbele groei om naderhand onze bevindingen met elkaar te delen. Het beste van ieder kunnen we samenvoegen. Als we dit soort eenzame momenten beleven, geef ik me het liefst over aan de natuur.

De natuur dringt door alle gedachten heen en soms, als ik nog niet zo ver ben, doorboort het op brute wijze de denkbeeldige wond om het pus, het verdriet, eruit te laten lopen. Dit verkort het heling-proces op krachtige wijze. Het praten met de natuur is op een na-tuurlijke, spontane wijze begonnen. Wanneer ik loop, kan ik mijn gedachten de vrije loop laten. Als ik lang loop, wordt het meditatie. Wanneer ik ga mediteren, komen er vragen in me op en sta ik stil bij de feiten. Omdat ik zoek naar antwoorden, concentreer ik me op wat ik om me heen zie. Eerst zie ik niets bijzonders, vervolgens begin ik steeds meer details te ontdekken, totdat ik de natuur zo in me opneem, dat het voelt alsof we één geworden zijn. Meestal zijn het de details die zorgen voor antwoorden. Je moet ervoor open staan. Als vanzelf ga je filosoferen en belicht je de dingen van alle kanten. Dan lukt het om uit het probleem te stappen en er van een afstand naar te kijken. Je verplaatst je in anderen die te maken heb-ben met het probleem. De mogelijkheid bestaat dat je zelfs zover komt dat je beweegredenen van de daders kunt snappen. Begrijpen is mogelijk, maar als het goed is zal je nooit redenen vinden die als een vrijbrief voor hun wangedrag kunnen dienen. Het gaat erom dat je eerlijk bent. Eerlijk en objectief, om zo jezelf de kans te ge-ven woede, verdriet, angst en alle andere emoties die boven komen te uiten. Daarom loop ik het allerliefst in de natuur, zonder dat er anderen zijn die me uit de concentratie kunnen halen of voor wie ik me zou inhouden als een emotie opspeelt.

Na uren lopen langs de kust komen we emotioneel uitgeput aan bij een strandbar. Voordat we naar binnen gaan, geven we elkaar een 'abbraccio forte'. We zijn bekaf, leeg, maar ook behoorlijk opge-lucht. Het is fijn om na zo'n eenzaam gevecht tegen elkaar aan te staan. Wat hebben we elkaar nodig!

De warme chocolademelk komt eraan en ik flap eruit dat ik een schitterend idee heb.

'An heeft een idee. Dat werd tijd! Kom maar op, ik ben een en al oor.'

'Dit jaar zetten we wél een kerstboom, omdat ik dat besloten heb.'

Fiorenzo fronst nu één wenkbrauw en dat vind ik een van zijn meest sexy gelaatsuitdrukkingen.

'Zeg vrouwke, ik wil geen roet in het eten gooien, maar hoe had je gedacht dat te gaan doen? Onze kamer is nog geen zeven vierkante meter. Er kan geen kerstboom staan, niet eens een in een foto-lijstje.'

Ondanks dat ik doorgaans problemen heb met het inschatten van afmetingen, had ik dat zelf al ingezien. Het heeft sowieso geen zin om een kerstboom op onze kamer te zetten als we met de kerstda-gen en de jaarwisseling in Nederland zijn. Nee, ik heb daar al ge-noeg over nagedacht, gepuzzeld en gedroomd. Dat is een onmoge-lijke zaak. Nu heb ik toch een oplossing gevonden. Misschien zelfs zo tof dat het een echte boom zou kunnen overtreffen.

'Morgen gaan we weer naar het strand, en omdat we eerst door de parken en over de kliffen lopen, zullen we er deze keer van alles plukken en verzamelen wat we mooi vinden. Eenmaal op het strand gaan we schelpen zoeken tot we materiaal genoeg verza-meld hebben. We zullen een kolossale kerstboom tekenen in het zand en die versieren met alles wat we hebben verzameld. En zo zetten wij dit jaar in nieuwe stijl onze kerstboom!'

Fio klapt enthousiast in zijn handen en ik zie hoe zijn ogen glinste-ren van voorpret.

'Dit is een geweldig idee! Dat gaan we doen Anneke, en als we daarna eenmaal thuis op bed liggen, zal de zee de boom erkentelijk opslokken.'

'Inderdaad, het zal een 'eendagsboom' zijn, juist daarom intens beleefd, waardoor hij voor altijd in ons geheugen zal blijven.'

De zee en het strand zijn dit jaar zo belangrijk voor ons, dat we het een uitstekend en symbolisch plan vinden. Fiorenzo krijgt al inspi-ratie over hoe we het kunnen realiseren. Hij glundert terwijl hij zijn ideeën aandraagt die ik op mijn beurt weer aanvul of overtref. Dit project, de dampende chocolademelk en de appeltaart zorgen ervoor dat we het gezellig hebben. Druk praten we erover.

'We moeten er wel rekening mee houden dat alles waarmee we willen versieren uit de natuur moet komen, omdat het uiteindelijk in de zee zal eindigen.'

Onze accu laadt weer op. Die avond slapen we in zonder moeite en het is een poosje geleden dat we zo'n goede en rustige nachtrust hebben gehad. Wat een plan met een mens kan doen. Of was het doordat we zo hebben lopen razen langs de kust? Ach, wat maakt het uit.

Gewapend met ieder een plastic zak struinen we door de duinen en de parken om materiaal te verzamelen. Voor half december is het weertype geweldig. We boffen. Engeland heeft de naam dat het er aanzienlijk regent, dat er dikwijls een grijze lucht is en er behoorlijk wat wind staat. De wind heeft zijn mannetje gestaan, maar de regen en het grijs zijn ons alleszins meegevallen.

Waarschijnlijk is het weer hier net zo ontregeld als in de rest van de wereld. In Italië valt blijkbaar de regen die hier had moeten vallen.

'Dat ligt anders, Anja. Kijk, het zit zo, waar jij en ik gaan, daar schijnt de zon!'

Ik glimlach en weiger de ironie ervan in te zien, het klinkt zo positief. We staan tegen elkaar aan met onze blik gericht op moeder oceaan. Dat kijken naar de zee, het horen van haar kracht, het opsnuiven van haar penetrante zilte lucht kalmeert ons en geeft tegelijkertijd energie, kracht en inspiratie.

We zijn enthousiast en verwonderd over de natuurschatten die we ontdekken. Hoe vaak hebben we hier gelopen? Nu zien we alles met andere ogen. We zien de bijzonderheden. Volop versieringen! En het is gezellig om te zoeken en te vinden. De tassen raken aardig vol. We zakken af naar de zee, waar we schelpen vinden en tegelijk zoeken naar een geschikt stuk strand. De keuze moet gemaakt worden tussen drie opties. Uiteindelijk besluiten we tot onze meest speciale plek. Met een stok tekent Fio onze kerstboom. Het maakt me blij en tegelijkertijd ontroert het me om te zien met welke ijver hij bezig is. Hij tekent zelfs kaarsjes op de takken. Kaarsjes, die voor ons zo belangrijk zijn, omdat ze staan voor liefde en warmte. Zolang we getrouwd zijn eten we bij kaarslicht. Dat doen we alle dagen van de week, tijdens iedere lunch en ieder avondeten, met of zonder gasten. Onze kinderen weten niet beter, ze zijn ermee opgegroeid.

'Prima Fio,' moedig ik aan, 'liefde en warmte mogen niet ontbreken.'

Ook dat vaandel houden we hoog, denk ik tevreden. Omdat we erin geloven.

'Schat, volgens mij wordt dit de mooiste kerstboom die we ooit gehad hebben.'

'Ik geloof dat je gelijk krijgt, het ziet er nu al geweldig uit en we moeten hem nog gaan versieren!'

Het is heerlijk samen bezig te zijn in het zand, met de nieuwsgierige golven achter ons, die steeds proberen wat dichterbij te komen. We zingen het lied: '*O dennenboom*' en automatisch volgen er andere kerstliederen. Tijdens het versieren van de boom en naarmate ons werkstuk vordert, voelen we onze dankbaarheid groeien, omdat we ons vermaken en omdat we werkelijk de sensatie beleven een kerstboom te zetten. De kerststemming zit erin! Niets merken we van de snijdende koude wind. We merken amper dat de zon ondergaat. Dit hele gebeuren geeft ons voldoening en het idee dat de boom 'gezet' is op een openbare plaats vinden we briljant. Zo delen wij hem met iedereen die hem ziet. Wat is er fijner dan delen! Opnieuw ervaren we dat niet alle veranderingen noodzakelijkerwijs slecht zijn. Sommige veranderingen kun je ervaren als nieuw en in een bepaald opzicht zelfs als goed. Nu zijn we aan zee en we beleven in het midden van al ons verdriet weer een bijzonder geluksmoment. Lijkt tegenstrijdig, toch is het precies wat we beiden opmerken. Sommige deuren slaan dicht, andere deuren gaan wagenwijd open. Als we het maar zien. Dat het de mooiste kerstboom aller tijden is geworden, betwijfel ik. Dat we deze kerstboom nooit meer zullen vergeten en dat we er nog geregeld met plezier aan terug zullen denken, weet ik zeker!

Ik kijk naar de koffers en tassen die zwaar en afgeladen klaarstaan voor vertrek. We gaan verhuizen. Onze 'one year experience' zit er zo'n beetje op nu we besloten hebben de komende maanden te gaan doorbrengen in een klein nostalgisch plaatsje tussen London en Cambridge. We gaan naar Great Dunmow. Bournemouth was een geweldige keuze en we hebben daar een bijzondere tijd gehad. Daarom vertrekken we met lood in de schoenen.

Het is niet snel goed bij de mens. Eerlijk gezegd heeft het begrip 'goed' voor iedereen een andere betekenis. Doorgaans associëren we het met de combinatie van een tikkeltje vastigheid, zekerheid, vertrouwelijkheid en een snufje routine. Precies die dingen waar we tegenaan trappen, omdat ze ons tegelijkertijd de indruk geven niet te leven. Ze maken het leven monotoon, te duidelijk en zonder avontuur, met als consequentie dat we ons verveeld gaan voelen. Ik krijg het idee dat Fio en ik iets te frequent op zoek zijn naar 'dit kan beter', en dat we daarom dikwijls van het een in het ander rollen.

De verbinding tussen Bournemouth en de rest van Engeland is ons tegengevallen. Als we naar Cambridge wilden gaan voor een bezoek aan Lorenzo, waren we een slordige vier uur onderweg. Aan een bezoek zat daarom minimaal een overnachting vast en bij thuiskomst waren we iedere keer opnieuw gebroken. Lorenzo verblijft minimaal drie jaar in Cambridge, omdat dat ongeveer het tijdsbestek is dat hij nodig heeft om zijn doctoraat te halen. Graag wil hij meer van zijn leven met ons delen. Als we dichter bij hem gaan wonen, kunnen we elkaar vaker zien.

Toen we van Italië naar Engeland verhuisden hadden we in totaal vijftig kilo aan bagage. Daar waren we trots op omdat het niet gemakkelijk was ons daar aan te houden. Toch is en blijft de mens een verzamelaar en daarom kochten we in de loop der tijd mondjesmaat steeds wat bij. In het algemeen verzamelen en bezitten we graag en de commercie speelt daar slinks op in. Ze beïnvloedt, verleidt en moedigt de mens aan tot kopen over te gaan.

En ook al dachten we dat we weinig of niets hadden aangeschaft, we kijken nu naar onze bagage die zich heeft verdrievoudigd! Met rode wangen van het passen en meten beleef ik hetzelfde in het klein als wanneer we vertrokken uit Italië. Nu komt er de ergernis bij over het moeten beslissen wat er mee kan en wat ik moet achterlaten in een charity shop.

Bij alles wat er door mijn handen gaat denk ik terug aan de toffe herinneringen die het oproept: de wok en de Thaise recepten van Jeffrey horen bij het plezier in de keuken dat we samen hadden tijdens het kokkerellen. De ovenschaal koppel ik aan ons nieuwe gerecht, bestaande uit aardappels, knolselderij, winterwortelen en pastinaak. Alle huisgenoten waren eraan verslaafd geraakt! Het koekblik, dat regelmatig leeg was en waar we Jeff de schuld van gaven. De waslijnen en de kleurrijke knijpers, die met het droogrek regelmatig van onze minikamer een weergaloze poppenkast hadden gemaakt. Heel de reutemeteut gaat nu samen met onze borden, soepkoppen, bestek, theedoeken, kleerhangers en de kussens regelrecht naar de charity shop.

'De theebekers niet!'

'Het moet wel An, we moeten drastisch zijn. En je weet wat we afgesproken hebben bij het aankopen van spullen: we zouden ervan genieten zolang we hier zijn en daarna laten we alles achter.'

'Klopt, dat hadden we afgesproken, maar-'

'Geen gemaar, klaar ermee!'

Aan deze reactie van Fio merk ik dat hij evenmin happy is met dit radicale gedoe. We zijn ons gaan hechten aan spullen, ook al zijn het normale gebruiksvoorwerpen. Alles heeft voor ons betekenis gekregen en voor alle spullen waren we dankbaar.

'Weet je, Fio?'

'Nou?'

'We gooien goddank niets weg, we schenken het aan een charity shop en zij gaan onze spullen voor een redelijke prijs verkopen. Je weet dat de opbrengst naar een goed doel gaat en ik stel voor dat we naar die shop schuin tegenover dat wol winkeltje in Winton gaan. Daar kunnen we met de bus heen.'

'Waarom helemaal naar die, als er een op loopafstand is?'

'Omdat die van Winton de opbrengst besteedt aan de daklozen en die hier in de buurt gebruikt de opbrengst om onderzoek naar hart- en vaatziekten te ondersteunen.'

'Vind je dat niets dan?'

'Dat vind ik ook belangrijk natuurlijk, maar daar hebben we al vaker aan bijgedragen, laten we nu eens wat doen voor de daklozen, ok?'

'Als jij dat prettig vindt, gaan we dat zo doen. Daar heb ik geen probleem mee.'

Het idee dat we iets goeds doen voor de daklozen maakt het beslissen over wat weg moet een stuk eenvoudiger. Daarbij komt dat we geen tijd hebben om te twijfelen. Het is opschieten geblazen, want morgen is ons vertrek.

'Hoe is het mogelijk dat er in zo'n klein kamertje zoveel spullen kunnen zijn!'

'Inderdaad An, we hebben het prachtig voor elkaar.'

Ik frommel snel en behendig onze eetstokjes tussen mijn sokken om discussie te voorkomen. We hebben er zo dikwijls plezier mee gehad als we romantisch tafelden of wanneer we Thais aten met Jeffrey, Rose en Toni. In een apart Thais winkeltje ergens in London, hadden we ze gekocht. Ons gesprek van die dag was betekenisvol voor ons en die stokjes symboliseerden dat. We hadden namelijk geconcludeerd dat het mooi is zoals wij ondanks alles toch geluksmomenten blijven beleven en dat daar niemand ooit een stokje voor kan steken. Zeker weten dat ik met deze kleine geheimpjes Fio vervolgens blij maak. Hij zal ongetwijfeld glimlachen als ik de smokkelwaar tevoorschijn tover. Ook de theebekers heb ik weggemoffeld. Ze zitten veilig tussen mijn T-shirts en ik heb ze opgevuld met een paar sjaals. Ik voel me een stiekemerd die nu niet betrapt wil worden.

Het uur van de waarheid is aangebroken en nu moet er opnieuw het een en ander worden herzien. Het is nog steeds te veel aan spullen wat we mee willen nemen. Er is geen tijd, het is snel beslissen, grenzen verleggen en 'dumpen'. Wel met de afspraak dat Joe en Toni de laatste spullen naar een charity shop zullen brengen voor ons. Mompelend besluit ik dat ik straks in Great Dunmow niks meer ga kopen. Ondanks dat we alles naar een goed doel brengen, geeft het toch frustratie omdat we een band hebben gekregen met de spullen. Er zit voor ons een diepere betekenis aan vast, een emotionele waarde die nooit aankomt bij een dakloos persoon of een hartpatiënt, en dus verloren gaat. Hopelijk houd ik deze frustratie duidelijk voor ogen, anders ben ik bang voor herhaling.

Uiteindelijk vertrekken we met vier koffers, een grote tas en twee afgeladen rugzakken. De bezorgdheid groeit als we bedenken dat we moeten overstappen in hartje London. Tussen de parkeerplaats van de ene touringcar en die van de andere zit honderd meter en een drukke weg om over te steken. We kunnen ons niet herinneren of er karretjes staan om onze bagage op te zetten. Nou ja, dat lossen we wel ter plekke op, we zijn tenslotte niet de enige reizigers met een idiote hoeveelheid bagage. Dat hebben we tientallen keren gezien en er zelfs over geoordeeld. Weer een les dat vooroordelen dom zijn, denk ik bij mezelf. Leer ik het ooit af?

Het lukt ons om in een zeer korte tijd de bagage te herzien en als eindelijk alle tassen en koffers gesloten zijn, begeven we ons sjouwend door de lange gang richting de voordeur, waar de taxichauffeur ons opwacht. Gister hadden we uitgebreid afscheid genomen van onze huisgenoten, omdat we van te voren wisten dat dit nu onmogelijk zou zijn. Het is vier uur in de vroege morgen en terwijl de taxichauffeur begint met laden, omhels ik Jeff, die toch in zijn pyjama zijn kamer uitkomt. Hij wenst ons opnieuw het allerbeste en met een serieus gezicht zegt hij ons nu al te missen. Het zal inderdaad een verandering worden in huis, we waren nogal aanwezig geloof ik en we hadden een goede band met allemaal. Ik hoop dat er spoedig iemand onze kamer gaat huren en dat er snel een nieuwe balans wordt gevonden tussen de bewoners. Dan zie ik dat Rose de trap afkomt, gevolgd door Toni. Ik word er emotioneel van en we geven elkaar opnieuw een 'big hug'. We worden door een tof groepje mensen in pyjama's uitgezwaaid. Het delen van woonruimte is een unieke ervaring, waar we regelmatig met een glimlach aan terug zullen denken.

De taxi roetsjt weg richting het station, waar de touringcar die ons naar Londen brengt al staat te wachten. Vele handen maken licht werk als de twee chauffeurs samen met Fiorenzo in een korte tijd al onze spullen hebben overgeladen van de taxi in de bus.

We zitten stil naast elkaar. Met gemengde gevoelens kijken we uit het raam. Al rijdende vangen we de laatste glimpen op van 'ons' Bournemouth. Een nieuw gevoel maakt zich meester van ons: heimwee naar iets dat we op het moment nog hebben. Wat hebben we een bijzondere tijd gehad! Hier hebben we ons thuis gevoeld. Wat zullen we dit alles missen: de zee, het strand, Café Nero, de strandbar, de kliffen, de stad, de parken, de bibliotheek, de fitness, ons werk, het kantoor, en onze collega's, en ten slotte onze shared house minikamer en al onze huisgenoten!

Wanneer de touringcar het park in Cambridge rondrijdt naar zijn aankomstpunt, zien we Lorenzo al staan. Gezellig, morgen vliegen we alle drie naar Nederland. De feestdagen staan voor de deur en we hebben er zin in. Als de vriendelijke buschauffeur mijn man helpt om de bagage te verzamelen op de stoep, zie ik aan de wenkbrauwen van Lorenzo dat hij het overdreven vindt. Hij kan het niet laten om in een schaterlach uit te barsten en vindt dat zijn moeder deze keer niet heeft overdreven. Nee, de bagage is na het uitdunnen toch nog verdubbeld ten opzichte van de bagage bij aankomst vorig jaar. Tja, met een dergelijke hoeveelheid zit er niets anders op dan een taxi nemen.

Lorenzo heeft gekookt en tijdens het eten kletsen we bij. Na de maaltijd komen we erachter dat onze verstrooide fysicus zijn koffer nog niet gepakt heeft, zelfs zijn overhemden liggen ongestreken naast de lege koffer. We helpen hem op gang en gaan dan naar ons slaapadres, morgen is het immers vroeg dag.

Er woedt een onrust in mij. Het houdt maar aan, ook al probeer ik het naar de achtergrond te drukken. Het besef dringt door dat ons hele hebben en houden op verschillende plaatsen staat. Ik hunker naar een vaste plek waar we naar terug kunnen keren. Ons honk is in Italië, daar hebben we ons huis, onze tuin, ons alles. Langzamerhand gaat dat gemis vreten. Het verlangen naar onze persoonlijke spullen en de behoefte aan privacy zijn steeds vaker aanwezig.

Het is begin januari 2014 als we naar Eindhoven Airport worden gebracht, waar ons een vlucht wacht naar Stansted London. Lorenzo en zijn vriendin zijn na de feestdagen op vakantie gegaan en daarom is hij er nu niet bij. We hebben een fantastische Kerst gevierd en een gezellig Oud en Nieuw. Het kon niet beter. Jammer dat het er alweer opzit. We boffen met de gastvrijheid van mijn neef en zijn vrouw. Het is hun gelukt om ons te laten genieten van de feestdagen, zonder dat er tranen zijn gevloeid. Iets wat ik namelijk voor onmogelijk gehouden had. Het was overigens al vierentwintig jaar geleden dat we Kerst en Oud en Nieuw in Nederland hadden gevierd, en dat maakte alles speciaal. Met tranen in de

ogen nemen we afscheid van elkaar en die tranen van mij betekenen zoveel meer dan dankbaarheid voor de goede zorgen en de gezelligheid die we hebben gehad.

De dagen zijn omgevlogen en we zullen de fijne gesprekken missen, samen met het ontspannen sfeertje en de vriendschap. Dit alles
heeft ons gerelaxt en nu stappen we daar weer uit, wat automatisch
spanning geeft. Neem je diezelfde tranen onder de loep dan zie je
angst voor het onbekende, voor de moeite en de pijn van het maken
van alweer een nieuw begin. Je ziet het beu zijn van geen vastigheid hebben en de knagende behoefte aan ons eigen huisje en de
eigen spulletjes in het prachtige Italië. Wanneer Fiorenzo zijn arm
om me heen slaat en me dicht tegen zich aantrekt, komt langzaam
het vechtertje in mij naar boven, en daarmee ook het duidelijke
besef waarom we dit allemaal doen. Aanvaarden, dat is een zware
proef. Gewoon alles aanvaarden, diep en rustig doorademen,
krachten verzamelen en er tegenaan.

Zodra we na de landing op Stansted met onze koffers door de dou-
ane zijn, bel ik naar Lucy onze gastvrouw, om te melden dat we op
het 'pick up point' staan te wachten op haar komst.
'Tien minuten', hoor ik haar zeggen, dan is ze bij ons. Als we op-
hangen schiet ik in de stress, want we staan helemaal niet bij het
'pick up point', verdomme! Waarom gedraag ik me altijd als een
'super-organisator'? Waarom doe ik niet gewoon de dingen stap
voor stap? Nee, multitasking! Ik ren voor mijn twee koffers uit die
mij gedwee op wieltjes volgen. Ik kijk rond op zoek naar aanwijs-
borden en zie er zoveel dat ik dankbaar gebruikmaak van de recent
gevolgde cursus speed reading. Fiorenzo, die het hele verhaal niet
meer kan volgen en niet doorheeft waarom ik zo nodig moet gaan
rennen, vraagt of ik weet of we wel de goede kant op gaan.
'Ik heb het bordje met het woord 'pick' erop gezien en nu volgen
we de pijl.'
'Waarom rennen we?'

'Omdat ze er al tien minuten staat!'
Ik geef toe dat ik zelf kan genieten van mijn spontane, geniale invallen. Ik moet dit zo wel tegen hem zeggen, anders gaat hij geheid de vakantieganger uithangen. En gaat hij rustig wandelen met aandacht voor alles, een krantje, souvenirwinkeltjes en de zin in een kop koffie. Normaal ben ik hem dankbaar dat hij dat allemaal grappig vindt, maar nu hebben we daar geen tijd voor. Ik wil Lucy geen verkeerde eerste indruk van ons geven.

Eenmaal buiten zie ik rechttoe het bord 'Pick Up Point' staan en daar wachten we ruim tien minuten in de koude en snijdende wind op de Range Rover van Lucy. Al die tijd krijg ik de ergernis en het gezeur van Fio over me heen. Het zal me niet veranderen, dat weet ik nu al.

Als we bij het huis aankomen, regent het pijpestelen en is het donker. We hebben geen idee over hoe de omgeving is en nog minder over wat ons te wachten staat. Alles klontert bij elkaar. Ik ben moe van het niet echt thuis zijn en ik heb last van hormonen in verband met de overgang die in de buurt dreigt te komen. Ook spelen onzekerheden een rol: de ernstige familiekwestie lijkt af te koersen op een strafrechtelijke zaak en verschillende civiele rechtszaken tegen Ugo. Met dit alles in mijn hoofd sluit ik net op tijd de slaapkamerdeur achter ons. Nadat we onze koffers twee verdiepingen omhoog hebben gesjouwd, kan ik nu mijn tranen de vrije loop laten.

In Engeland hebben we vaker op hoge bedden geslapen omdat het meestal een boxspring betreft. Echter zo hoog als op dit bed hebben we nog nooit gelegen. Ik kan het niet laten om de hoogte op te meten en ik kom uit op vijfentachtig centimeter! Zelf ben ik een meter vierenzestig en een halve centimeter en dat maakt meteen alles geestig. Het goede nieuws van dit bed is dat we er dertig centimeter in de breedte op vooruitgaan; dit bed is maar liefst honderdvijftig centimeter breed.

Fiorenzo gaat in de fauteuil zitten en ik wil neerploffen op het bed. Door mijn tranen heen bestudeer ik hoe ik daar in hemelsnaam op moet komen. Het lukt me niet een, twee, drie en door het komische tafereel schiet Fio onbedaarlijk in de lach. Ik hang op het bed met mijn voeten vrij van de grond en weet niet hoe ik vooruit of terug moet. Ik trek mezelf op, maar niet genoeg. Dan trek ik een been op en worstel met het evenwicht. Ten slotte laat ik me terug glijden tot ik weer met mijn voeten op de grond sta. Ik krab op mijn hoofd, zoals een geleerde dat kan doen als hij op zoek is naar een oplossing. Vervolgens ga ik naast het bed staan en zwiep mijn been zo hoog mogelijk op en laat hem op de matras neerkomen. Ik zet me hard af met mijn andere been en laat me omtuimelen. Ik rol om en jawel, ik ben op bed! Nog steeds wazig van tranen probeer ik naar Fiorenzo te kijken, die ik hoor stikken van het lachen. Het werkt aanstekelijk. We schateren het uit en daarmee ruimen we een berg spanning uit de weg. Minuten lang gaat het gieren en brullen door. Wat moeten die mensen hier in huis daarvan denken? Het kan bezopen overkomen wanneer gasten vlak na aankomst in een onbedaarlijke lachstuip schieten.

'We maken het wel mee zeg! Alleen de bedden al bezorgen ons de nodige avonturen. Het bed in Bournemouth dat z'n charme had door zijn dimensies en het feit dat we erdoorheen zakten op de meest ongewenste ogenblikken.'

'Bestaan er ook gewenste ogenblikken om door een bed te zakken?'

'Jij ziet er de humor niet van in hè An?'

'Ik heb honger, ben ik de enige?'

'Nee, je bent niet de enige. Zullen we een taxi bellen om ergens heen te gaan?'

'Daar heb ik nu de puf niet meer voor en dat had ik toevallig voorzien.'

Ik glijd van het bed en loop naar mijn tas. Ik haal tevreden twee pakketjes tevoorschijn. De boterhammen zijn belegd met belegen komijnekaas en de twee krentenbollen met jonge kaas. We happen gretig in onze boerenboterham, terwijl de waterkoker het water voor een zalige beker oploskoffie kookt. Die zit in het 'welcome pack' dat Lucy op onze kamer had gezet, samen met een koekblik, bonbons, rooibosthee, en bronwater.

We zijn dankbaar als we dicht tegen elkaar liggen en we het licht uitdoen. Rond tien uur in de ochtend worden we wakker en geen van beiden hebben we iets gehoord van de wekker die we de avond tevoren hebben gezet. Dit zegt voldoende. Het regent onafgebroken. Toch gaan we op zoek naar een supermarkt. We willen vers fruit voor ons ontbijt en een ontsmettingsmiddel, want ook al ziet alles er keurig uit, ik heb altijd de neiging om de kamer en badkamer 'eigen' te maken. Daarna zal ik pas de kasten vullen met de spullen uit de koffers, eerder niet.

Lucy legt ons opgewekt en trots uit hoe we moeten lopen en wijst ons de kortste weg naar het centrum. Ze woont hier al drie jaar en logisch dat ze deze 'shortcut' kent. Maar of ze de binnenweg zelf gelopen heeft betwijfelen we wanneer we alles op alles moeten zetten om niet weg te glijden in de modderpoel waarin we ondertussen zijn beland. Het bospad lijkt een moddersloot waar varkens liever vertoeven dan ik. Het punt met zoiets is dat Fiorenzo en ik een ander blind vertrouwen en denken dat je van de informatie die je krijgt op aan kunt. We laten ons niet gemakkelijk kennen en voordat we een krimp geven is er meestal voldoende gebeurd. Ik kijk omlaag. Het slijk sijpelt langs mijn enkels regelrecht de waterdichte bergschoenen in. Tot aan onze enkels staan we in de modder! De terugweg is ons bekend en de voortzetting is ons onbekend. Maar kan het nog gekker? We staan stil om de situatie te bekijken en om de beste beslissing te kunnen nemen. Mijn onderlip begint te trillen. Ik weiger enige toegang van emotie, het lukt me om niet in tranen uit te barsten. Dan vraagt Fiorenzo doodleuk: 'Wat heb je nou?' Waarop ik alsnog in tranen uitbarst.

'Kom op schat, we hebben wel ergere dingen meegemaakt, later kunnen we erom lachen. Je zult het zien.'
Hij reikt mij zijn hand en helpt me relativeren. We zijn kampioen grenzen verleggen en eenmaal op het verharde pad, stappen we in een grote plas helder regenwater om de grofste modder van de bergschoenen te spoelen. En mijn eerste twijfel met betrekking tot onze gastvrouw is daar.

Wat doe ik aan? Ik vraag me af wat ik me van het koor moet voorstellen. Ik heb me al een idee kunnen vormen over Great Dunmow, omdat we er een paar dagen zijn. Het is een eenvoudig boerendorp met een nogal modderige omgeving. Ik wil iets aandoen dat me zelfvertrouwen geeft, ik ben namelijk in het begin meestal verlegen en onzeker. Nu is dat heftiger dan ooit. Het kost moeite me ertegen te verzetten, maar ik doe het omdat ik zo graag wil zingen. De kapper heb ik in geen maanden gezien, kan het zo nog of kan ik beter een afspraak maken? Fiorenzo zit onderuit met een vermaakt gezicht te genieten van mijn stuiterende zenuwen. Hoeveel problemen kan ik maken over zoiets? Te gek voor woorden, toch is het waar. Ik wil een goede eerste indruk maken, sympathie winnen en geaccepteerd worden. Alles lost zich meestal vanzelf op. Door mezelf te zijn, kan er niets mis gaan.

Daar ga ik, eenvoudig en vlot gekleed, mijn haren heb ik zelf geföhnd en ik heb gemakkelijke schoenen aangetrokken, want stel dat ik al de tijd moet staan. Om er te komen loop ik langs akkers en een stukje bos, dwars door het dorpje naar het park waar het clubgebouw staat. Het is droog en bewolkt, de wind snijdt en dat zorgt er in ieder geval voor dat ik kleur op mijn wangen heb.

Mijn getreuzel tijdens het aankleden heeft ervoor gezorgd dat ik aan de late kant ben. Doorgaans kom ik liever een kwartier te vroeg dan één minuut te laat. Aan het eind van de gang is een zaal vol mensen en waar een jongeman met een microfoon headset druk pratend heen en weer loopt. Wat hij zegt gaat snel en lacherig, het lukt me niet het te verstaan. Volgens mij ben ik verkeerd. Het lijkt me meer een afslankclub of een groep met fanatiekelingen van een of ander concern. Op het moment dat ik me wil omdraaien om te gaan, spreekt de jongeman me aan.

'Voor wie of wat kom je, mevrouw?'

De kracht verdwijnt uit mijn benen wanneer ik oog in oog sta met de groep mensen die zich ondertussen nieuwsgierig heeft omgedraaid. Met knikkende knieën en een bevende stem geef ik antwoord.

'Ik ben op zoek naar de repetitiezaal van het Great Dunmow Rock Choir, maar-'

Hij begint te juichen en te klappen en iedereen doet spontaan mee. Hij komt naar me toe terwijl ik met vuurrode wangen aan de grond genageld sta. Hij snapt dat het voor hen leuker is dan voor mij en slaat daarom geruststellend een arm om me heen en neemt zijn microfoon af.

'Hoe heet je? Ik ben Daniel.'

'Ik ben Anja, aangenaam.'

'Wat voor stem heb je Anja?'

'Voorheen zong ik als sopraan.'

Hij neemt me mee naar de afdeling sopranen en stelt me aan de dames voor. Meteen maken ze plaats. Ze zetten me precies in hun midden, waar ik naar hun zeggen het snelste kan meezingen. Ik sta, omringd door zelfverzekerde sopranen die het hele repertoire op hun duimpje kennen. Al snel valt alle spanning van me af en voel ik me onderdeel van het koor. Ik kijk rond en sta versteld van de opkomst. Het is dinsdagochtend! De leeftijd van de koorleden schommelt tussen de dertig en de zeventig. En het koor bestaat voornamelijk uit vrouwen. Voor het eerst zie ik dat het geaccepteerd is dat er vrouwen tussen de stemmen van de bas en de bariton staan.

Daniel, de dirigent, is een geweldige entertainer. Hij zorgt ervoor dat we naast gedisciplineerd werken ook geregeld stevig kunnen lachen. Dat heeft een positief effect op ons humeur en het schept eenvoudig en snel een hechte onderlinge band. Geregeld kan ik de grap niet volgen, dan laat ik me aansteken door hun gelach en lach gewoon mee. Soms vraag ik uitleg, zodat ik typische dingen van de taal en gewoonten bijleer. De Engelse humor moet je leren begrijpen. Dat hebben Fiorenzo en ik gemerkt als we kijken naar komedieseries zoals 'The Office' en 'Fawlty Towers' en bij het volgen van bekende komieken als: Jimmy Carr, Rowan Atkinson, Simon Pegg, en Sarah Millican. Eerlijk gezegd is de kennis van de taal en de cultuur niet voldoende om alle grappen te kunnen bevatten. Van situaties zoals op het koor, leer ik snel en veel. Daar kan geen cursus Engels tegenop. In het buitenland meedraaien in alledaagse situaties is grandioos.

Tijdens de repetities heeft de afwisseling tussen het serieus oefenen en het lachen over de grappen invloed op het eindresultaat van het zingen. Alles gaat gemoedelijk, want je hoeft niet eens een toelatingsexamen af te leggen. Je wordt ingedeeld bij de stem die jij denkt te hebben en als je in de praktijk merkt dat je je hebt vergist, ontdek je snel genoeg je juiste plaats. Automatisch ga je zingen zoals het voor jou het meest natuurlijk is.

Ondanks de gemoedelijkheid ontbreekt het de organisatie niet aan professionaliteit. Alles wordt op een geordende manier aangepakt. Daniel begint met een welkomstwoord en vervolgt met het doornemen van de dagagenda. Vervolgens wordt er gewerkt aan een warming up voor onze stembanden, geregeld onderbroken door het entertainen. Daarna wordt er gedisciplineerd gezongen met begeleiding van de piano, afgewisseld met een perfecte dosering pret. Aan het einde van de repetitie sluiten we af met een samenzang van een lied dat we allemaal kennen en waarin we nog eventjes goed ons ei kwijt kunnen. Rondom in de zaal hangen muziekboxen. De elektrische piano wordt bespeeld door de dirigent zelf en er wordt gebruik gemaakt van een cd die door een orkest is ingespeeld. Dat geeft soms een karaoke-effect, maar dat kan ons niets schelen. Na droog oefenen is het prachtig wanneer onze stemmen zich samenvoegen met de muziek.
Soms zie je dat iemand emotioneel wordt tijdens het zingen.

Wendy is sinds kort gescheiden en bij het zingen van het liedje *'Someone like you'* van Adele lopen de tranen over haar wangen. Ik sla spontaan een arm om haar heen, nog zonder te weten waarom ze huilt. Ze is gestopt met zingen en ik laat haar tegen me aan meedeinen op de muziek, terwijl ik zing voor twee.

Zelf krijg ik het niet voor elkaar om *'Something inside so strong'* mee te zingen. Het maakt nogal wat los in me. De stukjes *'I know that I can make it, but you're doing me wrong so wrong'* en *' Brothers and sisters, when they insist we're just not good enough, well we know better, just look 'em in the eyes and say we're gonna do it anyway, because there's something inside so strong'* raken mij diep.

Het lied *'You're the voice'* hakt er ook behoorlijk in als we zingen *'we're all someone's daughter, we're all someone's son. How long can we look at each other? Down the barrel of a gun.'*

En het lied *'True colours'*, ook zo raak! Het kan en het mag allemaal. Soms houden we elkaars hand vast, iemand legt een hand op je schouder of er wordt een arm om iemand heen geslagen. Het is merkbaar dat we allemaal wat hebben meegemaakt dat ons diep heeft geraakt. Het elkaar aanvoelen, emoties tonen en elkaar troosten zorgt ervoor dat je niet alleen bent. Er heerst erkenning en het is waar dat het tonen van kwetsbaarheid ruimte schept voor anderen om ook kwetsbaar te zijn. Al bij al is het een prettige ervaring die ik niet verwacht had. Tevoren heb ik er nooit bij stilgestaan dat verdriet hebben zo omvangrijk is en dat bijna iedereen wel iets heeft om over te treuren. Het is hartverwarmend om niet alleen te zijn met je verdriet. Het contrast tussen verdriet en kunnen lachen, sleept iedereen door het leven. Zo rol je om van het lachen en heb je geen kracht om te blijven staan, dan weer moet je huilen omdat je zingt over dingen die pijnlijk voor je zijn. Een betere uitlaatklep moet je maar eens bedenken.

Binnenkort geven we een concert waarbij in het publiek ook een groep doven en slechthorenden aanwezig zal zijn. Daarvoor bestuderen we de gebarentaal van het lied '*True colours*', zodat we het lied ook kunnen uitbeelden. Nooit had ik aan de mogelijkheid gedacht te zingen voor doven en slechthorenden. We zijn benieuwd naar de uitdrukkingen op de gezichten wanneer we zingen en we ons tegelijkertijd zullen uiten in gebarentaal. Door dit te leren en te doen kom je ineens dichter bij deze groep mensen te staan. Je wordt er een stuk sensibeler door.

Steeds na afloop van onze wekelijkse repetitie drinken we thee. Er is tijd om te kletsen en om af te spreken met anderen voor een middagje shoppen, lunchen of om gewoon bij elkaar op theevisite te gaan. Ik kijk ervan op hoe snel ik opgenomen word en hoe snel ik meegevraagd word. Vlot aanpikken en meteen meedoen, lijkt me verstandig. Veel langer dan een maand of drie zullen we niet in Great Dunmow zijn. We spreken af om met zes dames te gaan lunchen bij de Blue Egg.

Wendy haalt me op in haar stoere Mini Cooper Country. Ze stapt uit en met een glimlach vanonder haar hoed loopt ze me tegemoet. Al heb ik mijn jas aan en mijn hoed op, ik vraag haar toch beleefd of ze eerst een thee wil drinken.
'Nee, dank je Anja. We hebben daarvoor een te druk programma.'
Ze wuift naar Fiorenzo, die in de deuropening staat te kijken hoe we met een hoop plezier giebelend de auto instappen en wegrijden. Haar auto is voorzien van alle mogelijke luxe en comfort. Ik kijk mijn ogen uit en geloof niet dat je deze uitvoering kunt krijgen in Italië. Ik ben meteen verliefd op het karretje! We scheuren over de heuvels door het boerenlandschap en komen langs de meest fraaie Cottages.
Wendy vertelt me van alles over zichzelf en het lijkt alsof we elkaar al jaren kennen. Ze heeft genoeg meegemaakt en heeft haar verdriet moeten verwerken. Maar nu is het tijd voor leven, zegt ze

vastbesloten met een overtuigende grijns. Van haar kan ik leren, dat heb ik al door. Ze haalt haar schade in en weet precies wat er nog uit het leven te halen valt. Ze is een jaartje jonger dan ik, maar ze heeft op mij het effect van een oudere zus. Iemand die jouw ogen opent. Ze is een stuk verder in haar verwerkingsproces dan ik. Er stroomt energie in mijn lichaam, dat moet van haar komen, ze bruist! We hebben het zo druk met babbelen dat ik niet de kans heb te vragen waar we precies naartoe gaan.

Voor mij onverwacht rijden we een boerenerf op en parkeren voor een paar schuren. Zodra ik uitstap, val ik van de ene verbazing in de andere. Wij zijn de laatsten, de andere vrouwen staan al bij elkaar te wachten op onze komst. De kleuren van de kleding van de dames, de vrouwelijkheid en de romantiek druipen ervan af! Italië heeft de naam als het gaat om mode, echter de Britten scoren als het gaat om charmant, romantisch en landelijk chique. Iedereen is uitgelaten en totaal anders dan bij het koor. Grappig hoe de een de ander bewondert. Allemaal worden we bekeken van kop tot teen. Iedereen wordt bedolven onder complimenten, waarbij ik de indruk krijg dat het overdreven is. We lijken de 'Desperate Housewives' wel!

De Blue Egg is een grote winkel op twee verdiepingen. We vinden er alle denkbare streekproducten: jam, likeur, honing, bloem, chocolade en meer. Een lokale pottenbakkerij verkoopt prachtige serviezen, bekers, theepotten en borden. Het is geinig te ontdekken dat zij over het algemeen een andere smaak hebben dan ik. Dat komt door onze verschillende komaf. Het zijn de invloeden van waar je bent opgegroeid, waar je hebt gewoond, gewerkt en geleefd. Ik merkte het al aan de manier van kleden, maar nu is het verschil overduidelijk.

Als we afgeladen en met vermoeide voeten bij de kassa staan, merken we dat het langzaamaan tijd wordt voor de lunch. We hebben honger. Door het grote raam achter de kassa's zie ik dat er een eethuis is met gezellig gedekte boerentafels met allemaal verschillende stoelen eromheen. Het ziet er knus en uitnodigend uit. Voordat we naar het eethuis gaan, laden we onze aangekochte artikelen in de auto's. Het is indrukwekkend hoe wij volwassen vrouwen ons opgetogen verontschuldigen voor het kopen van de meest onbenullige spullen! Het zijn hebbedingen en luxe eetproducten. Dat is iets dat ik herken, dat gaat in Italië eender.

Tijdens het eten wordt er afgesproken voor de volgende week. Lisa is jarig en wil dat we allemaal komen. Ze verklapt dat we met ongeveer achttien vrouwen zullen zijn. Ze laat bij haar thuis een afternoon tea verzorgen. Dat klinkt interessant en ik bof om dit mee te kunnen maken.

Zingen staat erom bekend het beste medicijn tegen verdriet te zijn, maar deze vrouwen die me zo van harte betrekken bij hun doen en laten, dat werkt net zo helend. Dankbaar staar ik voor me uit en het valt me op hoe eenzaam ik de laatste maanden was. Eenzaam en vastgekleefd aan verdriet. Er was geen plaats voor dit soort dingen. Was dat uit angst? Angst te moeten vertellen, te moeten openbaren wat ik zelf het liefst zou wissen? Nu voel ik hoe nadrukkelijk het verdriet en de pijn onderdeel geworden zijn van mezelf. Ik kan ermee omgaan, zonder dat ik er steeds aan denk of er mee bezig ben. Dat ik verander is hoopgevend en veelbelovend. Lachen en genieten is mogelijk. Het leven gaat verder.

We staan aandachtig te luisteren naar Daniel die aankondigt dat we gaan oefenen voor een concert dat we over twee maanden zullen geven. Ons enthousiasme groeit wanneer we te horen krijgen dat het een liefdadigheidsconcert is. We zamelen geld in voor een vrouw die voorheen in ons koor zong. Omdat ze multiple sclerose heeft, een chronische aandoening van het zenuwstelsel, zou ze nu een elektrische rolstoel goed kunnen gebruiken. Er wordt met twee andere koren van het Rock Choir samengewerkt en het concert zal gehouden worden op een centrale plek: de middeleeuwse Sint Peter's kerk van Sudbury.

Ik krijg via de e-mail alle teksten van de liedjes die op het programma staan en moet daar zo snel mogelijk mee aan de slag. Ik oefen me suf, alles wil ik doen om van de partij te kunnen zijn. Fanatiek bijt ik me vast in de zestien nummers. Het is maar goed dat we nu niet hoeven werken! Naast dat ik ze graag perfect wil kunnen zingen, komen er bovendien allerlei danspasjes bij kijken die we synchroon moeten uitvoeren.

Eindelijk is het zover. Op naar Sudbury, waar we eerst de generale repetitie houden. Iedereen krijgt een vaste plek. We zijn met drie koren sterk, totaal zo'n honderdvijftig koorleden. In de kerk staan tafels vol taarten, cakes, koekjes, muffins, bonbons en sandwiches. Overal staan grote thermoskannen met koffie en thee. Het is opnieuw die perfecte organisatie waar ik versteld van sta. Alle koorleden zijn gekleed in zwarte lange rok of broek, een T-shirt van het Rock Choir en eventueel een zwart jasje.

Het koor wordt opgebouwd door de langere personen achterin te zetten en daarna aflopend naar voren. Het is voor mij geen probleem om bijna vooraan te moeten staan. In de overvolle kerk is er maar een man die mij kent en die heeft het druk met filmen en foto's maken. Ik ben trots en ik voel me de gelukkigste vrouw van het koor. Stralend sta ik te zingen tussen honderdvijftig Britse koorleden, en dat voor een bijzonder goed doel. Er wordt gefilmd door de lokale televisie en er zijn fotografen van de lokale krant. Het is een onvergetelijk evenement.

Tegen het einde van ons concert horen we dat er voldoende geld is ingezameld voor zowel de elektrische rolstoel als voor een speciaal bed. De dochter van de hulpbehoevende vrouw is aanwezig samen met haar vader. Ze vertelt geëmotioneerd dat haar moeder in het ziekenhuis ligt. Ze heeft een operatie achter de rug, nadat ze was gevallen. De dochter is in tranen van dankbaarheid en weet niet hoe ze haar dank aan ons moet betuigen. Zo lang je gezond bent is dat vanzelfsprekend. Nu sta ik er pas bij stil dat ik gezond ben en het geluk heb om een leven te leiden zonder rolstoel, speciaal bed, operaties en angsten over de toekomst.

De avond is een succes en na afloop krijgen we een staande ovatie. Het is ons gelukt! Door eendracht en gezamenlijke kracht hebben we deze goede daad kunnen volbrengen.

Voorafgaand aan de eerstvolgende koorrepetitie staat Daniel klaar om te starten met zijn welkomstwoord. Hij heeft het zichtbaar moeilijk en geëmotioneerd rommelt hij in zijn tas. Er komt een krant uit die hij omhoog steekt om ons het artikel te laten zien dat geschreven is over ons concert. Er staan lovende woorden in en de foto's maken dit prachtige bericht compleet. Ik wil er niet aan denken dat ik dit over enkele weken weer los moet gaan laten. Ik verplicht mezelf me te concentreren op vandaag, op het nu. Het werkt en ik geniet van de kracht die het koor me iedere keer weer geeft.

Wanneer ik terug zou kunnen gaan in de tijd, zou ik dezelfde keuzes maken en hetzelfde doen. Destijds heb ik er bewust voor gekozen om samen met Fiorenzo kinderen te krijgen. In plaats van werken aan mijn eigen carrière, verkoos ik fulltime moeder te zijn. Ik was in de bevoorrechte positie om daarvoor te kunnen kiezen. Met die keuze ben ik nog altijd tevreden. Laatst spraken Fio en ik er eerlijk en openlijk over. We concludeerden dat we toch weer voor kinderen zouden kiezen en dat we opnieuw alles met ze zouden gaan delen: onze liefde, onze kennis, onze tijd en ons geld.

Al hebben we nergens spijt van, het is bitter om tot de slotsom te komen dat twee van onze drie kinderen ons niet waarderen en respecteren. Het lijkt alsof de helft van ons leven daarom is weggegooid omdat het waardeloos is gebleken. Ons beoogde doel hebben we niet bereikt, daarom lijken die vijfentwintig jaren zinloos voor ons. Het is een harde klap die onze dochters uitdeelden, zonder deze te onderbouwen. Ze handelden gedreven door haat en wraakgevoelens. Fiorenzo en ik kunnen ons niet schuldig voelen voor de wandaden van mijn ouders. Veronica had verschillende keren geprobeerd te beweren dat het mijn schuld was. Marta zelfs dát niet eens. Marta was een stuk geniepiger te werk gegaan. Onze breuk was gebaseerd op een telefoongesprek. Toen dit gebeurde, hadden we met Veronica al ruim een jaar geen contact meer. Er bleek ook geen contact tussen Veronica en Lorenzo te zijn. Goed verborgen voor de buitenwereld hadden Veronica en Marta gewoon contact.

Het spel was begonnen en op het moment dat Marta zich overtuigd had van het denkpatroon van Veronica, had ze me verontwaardigd opgebeld.

Veronica had bij haar abrupte en definitieve vertrek een exemplaar meegenomen van een door mij geschreven, niet gepubliceerd boek. Geheel zonder mijn toestemming. Een paar jaar nadat was uitgekomen dat mijn vader onze dochters seksueel had misbruikt, was ik dat 'boek' gaan schrijven als autotherapie. Omdat ik resoluut had gebroken met mijn ouders, was ik vastgelopen in de daaruit voortvloeiende problemen. En naast de hulp die ik kreeg van een psycholoog, schreef ik dat 'boek'. Ik schreef over mijn jeugd tot aan het moment van het ontdekken van de incest. Het betrof mijn leven tot het moment van die beruchte ontdekking. Alles herbeleefd door de ogen van een volwassen vrouw. Het is een eerlijk en openhartig verhaal, zonder woede of wraakgevoelens. Ik zou daarna dat 'boek' bij mijn ouders afgeven, een symbolisch retourneren van al de ellende en rottigheid uit mijn jeugd. Ik zou dat terugbrengen naar de mensen bij wie het vandaan was gekomen, om er zo figuurlijk van af te zijn. Iets dat ik in werkelijkheid niet heb gedaan, omdat het schrijven op zich het verwachtte effect al op me had en ik geen behoefte had om een confrontatie met mijn ouders aan te gaan. Met hen had ik het boek al gesloten.

Nadat ik van dit persoonlijke klad enkele boek exemplaren had laten maken, vroeg ik mijn kinderen wie er behoefte had om het te lezen. Lorenzo had geantwoord dat hij het graag ooit zou willen lezen en dat hij het tegen die tijd zou vragen. Marta toonde geen interesse en Veronica wilde het graag lezen.

Vooraf legde ik haar uit dat ik mijn leven had herbeleefd door de ogen van een volwassen vrouw. Het waren mijn huidige gedachten en gevoelens. Eerlijk en open verwoord zoals het is. Ze mocht overal vragen over stellen, ik zou haar zo eerlijk en duidelijk mogelijk antwoorden. Ze las het boek in een adem uit, zonder me iets te vragen. Ze vond dat ik het mooi geschreven had en ze was blij het gelezen te hebben. Daar bleef het bij. Jaren later verbrak ze voor de eerste keer het contact met ons. Haar beslissing was gebaseerd op een passage uit het boek, waarin ik eerlijk had geschreven over de eenmalige negatieve ervaring die ik met mijn vader had gehad. Daar pinde ze me op vast en ze maakte van mij de zondebok. Bij haar laatste vertrek had ze een exemplaar meegenomen. Ze gebruikt het als alibi voor haar eigen gedrag en als wapen tegen mij. Een boek kan men interpreteren zoals men wil en wie kan dat beter dan een psycholoog?

Sinds Veronica op onredelijke manier opnieuw de deur bij ons had dichtgeslagen, waren we zo verslagen door onmacht, dat we ons geen raad wisten. Het psychologische spel dat ze tien jaar met ons had gespeeld brak ons op, samen met de acute breuk. We werden depressief en hingen alleen nog maar op de bank om te slapen.

We zaten in een vicieuze cirkel die de verkeerde kant opdraaide en het was Lorenzo die aankwam met een effectief idee. Hij stelde voor allerlei dingen te gaan produceren in onze vrije tijd. Hebbedingen die we daarna in de weekeinden in een kraam op een gezellig marktje zouden kunnen verkopen. Volgens hem zouden we zo onze creativiteit kwijt kunnen, positief bezig zijn en nieuwe contacten maken met mensen. Lorenzo is vindingrijk, wat konden we hier tegenin brengen? En omdat we geloofden dat het een manier zou kunnen zijn om uit het gat te kruipen, gingen we met dit idee aan de slag. Het werd een succes. Het was een nieuwe wereld voor ons. Steeds stonden we in een andere stad. Het plezier in het handelen en verkopen van onze creaties en de voldoening die we daardoor kregen waren onbetaalbaar. De afleiding was groot, omdat we het er druk mee hadden. Het groeiende contact met collega's, die we steeds beter leerden kennen, deed ons goed. Onderling ontstond er een soort broederschap. Het was een geniale oplossing om de moed erin te houden.

Zo stonden we een keer aan het Gardameer tussen een honderdtal kramen van collega's. Niets vermoedend beantwoordde ik die dag een telefoontje.
'Pronto'

'Grazie mamma, davvero grazie!' *Beep beep beep beep.*
Het was me duidelijk dat het de stem van Marta was die huilend en overstuur 'Bedankt mamma, echt bedankt!' had gegild en neer had gegooid voordat ik iets kon uitbrengen.
Ik zakte verbouwereerd en geschrokken op een stoel en gaf Fio de opdracht meteen terug te bellen. Haar telefoon was niet meer bereikbaar.
'Dan bel je Stefano om te vragen of Marta bij hem is.'
'Ook de telefoon van Stefano is onbereikbaar, An!'
We keken elkaar aan.
'Kun je precies herhalen wat ze je heeft gezegd?'
Ik herhaalde exact haar woorden en onderstreepte dat de toon waarop ze gesproken had me ongerust maakte. Fio was ook bezorgd geworden en we wisten niet wie we konden bellen om haar te bereiken. Daarom bleven we het nummer van Marta herhalen, afgewisseld met dat van Stefano. Zonder resultaat. Omdat we geen rust hadden, braken we onze kraam af en pakten alles weer in om diezelfde dag nog terug naar huis te gaan.

Toen we 's avonds rond elf uur thuiskwamen, was Marta er niet. Terwijl we onze auto leeghaalden, kwam ze het erf oprijden. Ze parkeerde haar auto, we stonden naast elkaar met spullen in onze handen. Ze liep ons voorbij, zei: 'Ciao.' en liep zonder ons aan te kijken naar binnen. Alsof er niets gebeurd was. Ik riep haar terug en vroeg om uitleg.
'Oh, het is niets, het waren mijn vijf minuten, sorry hoor.'
Meer dan dit kregen we er niet uit. Ze weigerde iedere vorm van gesprek. Er kwam geen uitleg, geen woord. De dagen die volgden heb ik meermaals geprobeerd er op terug te komen. Ik had haar uitgelegd dat het voor ons niet prettig was om met bezorgdheid en groeiende angst achter te blijven zonder dat ze nog te bereiken was. Ik zei haar dat zij ons uitleg verschuldigd was en dat wij de situatie onaanvaardbaar vonden. Het liet haar koud. Ze zweeg erover en daarmee was de kous af.

In huis was de sfeer ondraaglijk geworden omdat Marta me negeerde en niet meer samen met me wilde lunchen. Gewoonlijk kookte ik voor ons twee. In Italië kennen we geen broodmaaltijd en zijn er per dag twee warme maaltijden. Fiorenzo kwam niet voor de lunch naar huis omdat zijn kantoorpauze daarvoor te kort was. Marta weigerde te komen eten als ik haar riep. Ik kreeg er verder geen woord uit en ze dreef me binnen een paar weken tot wanhoop. Ik heb haar gezegd dat als ze niet wilde praten, of op zijn minst gewoon kon doen, ze beter woonruimte kon gaan zoeken voor zichzelf. Ze koos eieren voor haar geld en besloot normaal te gaan doen. Bijna een jaar heeft ze schijnheilig toneelgespeeld en is er de link met haar zus geweest. Nooit was ik achterdochtig, ik was blind en geloofde dat het goed zat. Ze speelde uitstekend haar rol. Ik was naïef.

Nu is alles duidelijk. Als ik terugblik op dat jaar en tegelijkertijd inzie dat tijdens dat beruchte telefoontje onze breuk al was gemaakt, dan word ik misselijk. Kan het oneerlijker? Wij, die thuis openstonden voor een eerlijk gesprek en het voorbeeld gaven van hoe je bij een conflict elkaar opbouwend kunt confronteren, waren vierkant bedrogen. We zijn met een berg hypocrisie om de tuin geleid. Het is slecht, oneerlijk en gaat alle perken te buiten. Er bestaan geen redenen om dergelijk gedrag te kunnen verantwoorden.

Oma stierf en plotseling bleek dat het contact tussen de zussen er altijd is gebleven. Daar werd over gelogen omdat ze bezig waren met allerlei wraakacties tegen ons. Zo werd ons duidelijk wat er werkelijk stond te gebeuren. En met het telefoontje 'bedankt mamma, echt bedankt hoor' begrijpen wij dat nu ook Marta mij de schuld had gegeven van wat er tussen hen en opa was gebeurd. Nu namen de zussen samen wraak.

Dit kunnen we herleiden naar het stockholmsyndroom. Ook

slachtoffers van langdurige incest ontwikkelen namelijk dit syndroom. Ze kunnen op die manier een reden geven voor het misbruik wat ze zijn ondergaan. Het is bekend dat ze hun agressie over het gebeurde richten op het gezinslid dat de stilte doorbreekt en het verhaal van de gepleegde misdaad in de openbaarheid brengt. Nu we dit weten, zouden we het gedrag moeten begrijpen. Wat echter niet hetzelfde is als hun immoreel wangedrag verantwoorden. Het stockholmsyndroom is geen vrijbrief. Want als dat zo zou zijn, gewoon alles weer vergeten alsof het nooit is gebeurd, hadden we dat evenzo met mijn ouders moeten doen. Dan kunnen we mijn vader niet kwalijk nemen dat hij zich seksueel vergrepen heeft aan onze dochters, want die arme man is volgens zijn zeggen als kind eveneens misbruikt. Waar eindigen we? Nee, dit weiger ik te tolereren. Ondanks het stockholmsyndroom, een dissociatieve stoornis of wat voor ander mogelijke reden ook, moeten ze zich bewust zijn van hun gedrag. De excuusbrief die ze zelf schreef en aan ons gaf, is daarvan een duidelijk bewijs.

Fio en ik zijn precies en onvermurwbaar in het stellen van de grens tussen moreel en immoreel, het lukt ons niet om anders te zijn. Dat heeft als gevolg dat we er zelf aan onderdoor gaan. We betalen de moraal met zo'n beetje alles waar we waarde aan hechten. Het kan zijn dat beide dochters lijden aan het stockholmsyndroom, maar dat rechtvaardigt niet hun immorele wraakacties. Het is en het blijft een feit dat ze ondanks het syndroom moeten voelen waar ethische grenzen liggen. Ik kom weer uit bij dat koekje. Voordat ze rommelden met officiële papieren van het testament, moet er toch een moment zijn geweest dat ze voelden fout te zijn. Met opzet vervalsten ze papieren in het nadeel van hun vader, die nota bene een van de twee wettige erfgenamen is. Hun oma onder invloed van morfine papieren laten tekenen, terwijl ze op haar sterfbed ligt, is crimineel. En spullen uit haar huis meenemen voordat ze gestorven is, is het werk van een gauwdief. Iedere keer bij het overschrijden van de moraliteitsgrens moet hun geweten opgespeeld hebben. We willen en kunnen niet geloven dat het anders is. Vol van haat je willen wreken gaat te ver. Onze dochters zouden er goed aan doen zich af te vragen wat ze hun ouders precies betaald moeten zetten. Het schaamrood zou ze ervan op de wangen komen!

Wat voor ons zwaar weegt is dat de dingen gebeuren zonder dat we ze kunnen voorkomen. Het zijn onomstotelijk hún beslissingen die onze levens gruwelijk beïnvloeden. De feiten vinden we steeds op ons bord. Alles proberen we te begrijpen en we doen daarvoor ons uiterste best, het brengt ons alleen niet verder. Wat we bij deze incestslachtoffers missen, zijn oprechtheid en goede wil. Door dat gebrek maken ze slachtoffers van anderen. We stappen uit het circuit, we willen en kunnen niet verder zoeken naar een reden of een alibi. Dit verdienen we niet, we willen niets meer slikken, we willen leven! Loslaten wil zeggen dat we nog altijd van onze dochters houden, maar dat we in onze machteloosheid bekennen en duidelijk maken dat we de situatie niet in handen hebben. We laten los omdat we het probleem niet kunnen oplossen en geen invloed hebben op de anderen. Loslaten betekent voor ons beduidend meer dan leven en laten leven.

En nogmaals, ondanks alles zouden we toch weer voor het krijgen van kinderen kiezen. We zijn namelijk geworden wie we zijn mede dankzij hen. Die vijfentwintig jaar die we in hun geïnvesteerd hebben zien we nu niet meer als weggegooid. Het was interessant om kinderen op te voeden. En we hebben bovendien een geweldige tijd beleefd. Spijtig dat later alles vergald werd door mijn vader en mijn moeder. Die hebben ons prachtige gezin kapotgemaakt, vergiftigd en geïnfecteerd. Het liefdevolle gezinnetje ligt definitief uit elkaar. Mijn ouders hebben gewonnen. Het is gelukt. En wat brengt hun deze triomf op?

Waarom al dit kwade, dit onrecht, dit vernietigende, waarom? Er komt nooit een antwoord. Het is zo, het blijft zo en daarmee is de kwestie onveranderlijk geworden. Aanvaarden is wat ons rest. We zullen moeten vechten om niet te verbitteren en om warme, liefdevolle en genereuze persoonlijkheden te blijven. Graag hadden we het slot anders gezien, maar we hebben niet meer de overtuiging ons leven te hebben verspeeld. Ik ben het niet eens met die opmerking van een kennis: 'Niet gering, die vijfentwintig jaar zijn voorgoed voorbij en je bent maar één keer jong!'

Ik sluit me liever aan bij de filosofie van Mac Arthur: 'Jong zijn is geen fase in je leven, maar een mentale status.' Daar kan ik wat mee.

Het is noodzakelijk te leren om minder gewicht te hangen aan de dingen die ik mis. Dat is kunstig en gaat niet van de ene op de andere dag. Het is mijn streven en het is een nieuwe opdracht om aan te werken. Mijn oprechtheid en liefde stromen verder en gaan uit naar wie in mijn omgeving is. Zelf ontvang ik oprechtheid en liefde van voldoende mensen om me heen. Dat is geluk. Liefde is niet te koop en is niet af te dwingen. Het belangrijkste is dat er liefde in je leven is. Oprechte liefde, en daarbij maakt het niet uit van wie of waar het komt.

Ik herken me in de woorden van Tiziano Terzani: 'Warme menselijkheid in die tragedie, warme menselijkheid! In het zinkende schip, dat naar de bodem ging, hield men een welgemeende glimlach op het gezicht, goed wetend dat ze hun leven hadden gewijd aan dat schip.' Dit gaat over een volk dat leefde op het eiland Curili. Terzani schreef hierover in zijn boek 'La fine è il mio inizio'. Het bevestigde mij dat iemand blijft wie hij of zij is omdat hij of zij zo is in alle omstandigheden. Dat is de grootste vorm van liefde, want wie van zichzelf houdt, kan van een ander houden en zal niet verbitteren.

Wat is lijden? Lijden is de angst om te verliezen. Eenmaal verloren, kun je werken aan verwerken en het gaan plaatsen. Je leert leven met het verlies en vult de leegte gaandeweg weer op met andere mensen en bezigheden. Ik leed onder het onvermogen van onze dochters van mij te kunnen houden. Het was een dagelijks gevecht om hun liefde en waardering te krijgen. Continu lieten ze me de dreigende mogelijkheid voelen dat ik hen kon verliezen, en in mijn totale machteloosheid heb ik daaronder geleden. Ik zat gevangen in hun woede, wraak en emotionele chantage. Nu ben ik daarvan bevrijd. Misschien moet ik mijn dochters dankbaar zijn dat ze me niet meer willen zien. Er is een gat voor in de plaats gekomen. Een leegte? Nee, geen leegte, maar ruimte voor nieuwe mogelijkheden.

Tijd, ik heb tijd nodig en geduld om te kunnen helen en aansterken. Fiorenzo drukt me strak tegen zich aan, als ik weer in tranen uitbarst. We praten diepgaand en luisteren naar elkaar. Beiden gaan we gebukt onder een omvangrijk familiedrama. En al hebben we niet exact dezelfde manier van verwerken en reageren, we proberen elkaar zo goed mogelijk te coachen. Soms lijkt dat onmogelijk, omdat we gelijktijdig behoefte aan steun hebben. We zijn soms op onszelf aangewezen. Voor mij schijnt dat moeilijker te zijn dan voor Fiorenzo. Hij is emotioneel sterker dan ik. Ik kan de sensatie van het totale isolement niet goed aan. Daarvoor is het probleem te gecompliceerd en als ik daarmee te lang op mezelf aangewezen blijf, maakt het me enkel wanhopiger. We vinden steeds op tijd weer een raakvlak dat ons terugleidt naar een nieuwe balans. Omdat we samen in deze familietragedie zitten en de berg verdriet met elkaar kunnen delen, zijn we hechter geworden. Er is wederzijds begrip. Het is niet eenvoudig om met deze problemen bij een ander aan te kloppen. Elkaar hebben we niets te verwijten, wat een stevige basis vormt voor onze nieuwe toekomst.

We zijn bang een ander lastig te vallen of te belasten met onze sores en daarom schermen we ons automatisch af. Te gemakkelijk

zeggen we afspraken af en we zijn geneigd om contacten af te bouwen. We trekken ons zelfs terug uit het sociale netwerk op internet.
We kunnen niet verbergen wat onze gevoelens zijn en van toneel-
spelen houden we niet. Laten we het zelf uitzoeken, dat is hoe we
denken en doen. We zitten meestal op één lijn en dat maakt onze
relatie sterk.

Lopen in de natuur blijft voor ons een belangrijk aspect in het verwerkingsproces. In Bournemouth, liepen we dikwijls van pier naar
pier. Nu lopen we van boer naar boer. Soms door weilanden, dan
over publieke voetpaden en geregeld tot aan onze knieën door het
slijk. Als we het treffen, vangen we een regenbui die ervoor zorgt
dat zelfs ons ondergoed nat is. Het maakt niet uit, het heeft allemaal
effect. Eenmaal thuis zijn we heerlijk ontladen.
'Kom Fio, jassen aan, we gaan!'
'We gaan? Waar gaat de reis naar toe?'
'We gaan stappen. Gewoon fijn de boel verkennen, we zien wel
waar we uitkomen.'
We stappen stevig door de weilanden en genieten van het typische
heuvelachtige landschap. De heuvels zijn anders van vorm dan in
Italië.
   Honderden schapen staan te grazen in het weiland. Prachtige
wollige exemplaren, zowel wit als bruin. Omdat de hoeveelheid
beesten indruk op ons maakt, maken we foto's. Het onvergelijke-
lijke geluid dat ze produceren en hun indrukwekkende formaat maken ons kinderlijk enthousiast. Een twintigtal schapen staat in een
zijvak te eten en te drinken. We naderen om ze van dichtbij te bekijken en te fotograferen. Daarop reageren ze schuw en ze rennen
weg. Dat veroorzaakt paniek. Ze maken snelheid en springen hoog
op. We moedigen ze aan door hard te roepen en ik klap daarbij in
mijn handen. Fiorenzo knipt ondertussen prachtige foto's. We horen honden blaffen en dat maakt de schapen zichtbaar doller. Wij

zijn opgetogen over het resultaat, totdat we doorkrijgen dat de honden het klaarblijkelijk op ons gemunt hebben en niet op de schapen. Mijn man heeft al snel een hond aan zijn bil hangen. Een van de honden bijt dwars door zijn broek heen en pas daarna druipen ze zonder nog te blaffen af. We hebben het er aardig vanaf gebracht. Normaalgesproken zijn we doordacht in wat we doen en kunnen we inschatten wat een reactie op onze actie zou kunnen zijn. We zijn perplex over onszelf.

Door de schrik en de adrenalinestoot lopen we zo opgetogen te praten over ons avontuur dat we de weg kwijtraken. We hebben een publiek voetpad gemist, we zijn gewoon door blijven lopen, en wie weet voor hoelang. Het begint te schemeren en we hebben geen zaklamp bij ons. Dat is niet zo handig, aangezien we tussen de weilanden lopen. Er is geen huis te bekennen en geen auto die voorbijkomt. Uren dolen we rond zonder een aanknopingspunt te vinden.

'Stil eens Fio, hoor je dat?'

'Ja gelukkig, we zijn gered!'

We zijn dolblij en opgelucht als we eindelijk auto's horen rijden en we uitkomen bij de rondweg van Great Dunmow. We slaken allebei een zucht van verlichting als we het naambord van de plaats langs de weg zien staan. We moeten nu nog wel zo'n vijf kilometer lopen, omdat we aan de andere kant van het dorp wonen. Nu is de weg verlicht en hebben we in ieder geval een stoep om op te lopen.

'Ze zeggen weleens de pijp uit gaan, nou zoiets moet dat zijn An!'

'Ach aansteller, je gaat toch niet de pijp uit door zoiets?'

Ik huppel hem voorbij en kijk hem plagend vol minachting aan.

'Jij bent het toch, die volgend jaar de 'Camino' wil gaan lopen?'

Hij lacht, blij dat ik er geen drama van maak. Ik had namelijk al vrij snel door dat we fout zaten, maar Fio had zijn zin doorgedreven in de overtuiging dat hij de weg wist.

Thuis verzorg ik zijn wond, die gelukkig meevalt. De wond is omgeven door een grote blauwe plek.

'Zo, stoere bink, gebeten door een schaap hè?'
'Ik denk dat die hond zijn voortandjes gebroken heeft en dat hij daarom wegliep zonder te blaffen.'
'Je klinkt stoer genoeg schat, maar ik geloof niet dat we ooit nog zo dicht bij een kudde zullen komen.'
'Ik neem aan dat we voldoende foto's hebben zo.'
'Sowieso ga ik met jou niet meer tussen de weilanden lopen. Tenzij je mij de weg laat wijzen, padvindertje!'
'Ja, je mag het ook proberen An, dan is het snel 1-1 en kunnen we de hele affaire vergeten.'
'Daar houd ik je aan en zullen we het zien!'
We zitten naast elkaar op bed en laten ons met een zucht achterover vallen.
'Wat willen we eten?'
Voordat het antwoord luidt, vallen we in slaap. Het was een beladen dag en het stukje avontuurlijke spanning eist zijn tol.

Curieus, wat we allemaal meemaken in Engeland. Het zijn situaties die we anders niet beleefd zouden hebben. Het is interessant om eerst te wonen in een behoorlijke stad aan zee en nu landinwaarts in een compact boerendorp. Het zijn twee verschillende realiteiten, beide hebben charme, voor- en nadelen. We geven de voorkeur aan Bournemouth. Het is het samenspel tussen de zee, de wind en de meeuwen. Het mulle witte zand, de hoge kliffen en de vergezichten. De zilte zeelucht en het mysterie dat de diepe oceaan in zich draagt. De golven die onafgebroken en eeuwig af- en aanrollen, de schelpenpracht en de omliggende natuur met die betoverende bomen die wonderbaarlijk goed gedijen in dat zeeklimaat.

De glooiingen rondom Great Dunmow en zijn ongerepte natuur zijn zondermeer adembenemend, maar wat ons betreft gaat er niets boven de onstuimigheid van de zee. Volgens Fiorenzo hebben we deze voorkeur omdat we creatieve mensen zijn. Hij beweert dat die allemaal de voorkeur geven aan de zee, omdat het zo'n ongelimiteerde inspiratiebron is. Toch hebben we in Great Dunmow deze uitspraak wat moeten bijstellen. De lokale kunstgalerij heeft ons al verwonderd en we vinden de kwaliteit beduidend beter dan bij de kunstgalerij in Bournemouth. En de boeren in Great Dunmow hebben een uiterst creatieve manier van denken. De jongeren zijn er niet happig op om in de voetsporen van hun ouders te treden. Het boerenleven is blijkbaar niet aantrekkelijk voor hen. Steeds meer boeren verkopen daarom hun grond en proberen hun bedrijf af te stoten. Anderen zijn uiterst creatief in het ombuigen van hun bedrijf en betrekken daarbij hun gezin.

Herhaaldelijk komen we langs zo'n bedrijvige attractie-hoeve. Naast een eetgelegenheid vind je er lokale producten. Er zijn verschillende kunstenaars en ambachtslieden die er hun spullen produceren, exposeren en verkopen. Het is bijzonder hoeveel publiek erop afkomt. Het is gezellig toeven op zo'n omgetoverde hoeve en ze zijn opvallend verschillend van elkaar. Dat ambachtelijke winkeltje waarin alles te koop is dat te maken heeft met poppenhuizen, zal ik niet gemakkelijk vergeten.

Zelf heb ik niets met een poppenhuis, maar het was allemaal zo bewonderenswaardig. Naast complete minikeukens en piepkleine meubeltjes, viel mijn mond open bij het zien van al het miniatuurgereedschap voor het keukentje, de miniboeken, het computertje op het bureautje en de kleine, geweldig nagebootste klerenhangertjes, het staande lampje en het minitapijtje. Je kunt het zo gek niet bedenken, van handdoekjes in het badkamertje tot een naaimachientje in het ateliertje. Er waren hondjes, poesjes, kipjes en koetjes. We keken onze ogen uit.

De eigenaresse had gezien hoe geïnteresseerd we aan het rondkijken waren en sprak ons aan. Meteen zei ik eerlijk dat ik geen verzamelaarster ben. Ze liet ons toch van alles zien en vertelde honderduit over deze Britse rage die vooral heerst onder de volwassenen. Alles wil de klant kunnen kopen voor zijn miniatuurhuis. Sinds kort verkopen ze zelfs minicondooms! Ik proestte het uit. Dít had ik nou niet verwacht. Ze liet ons trots het rubberen mini-dingetje zien en zei dat er regelmatig vraag naar was. Het meeste in de winkel wordt gemaakt door haar en haar man, maar ze gaf toe dat een belangrijk gedeelte van de spulletjes afkomstig is uit China. Ze kon het niet laten ons een visitekaartje te geven, omdat ze ervan overtuigd was dat we erop zouden terugkomen. Ik hoop niet dat ze verwachtingen koestert, want ook al is het allemaal schitterend om te zien, ik kan me niet voorstellen dat ik ooit overga tot aanschaf.

Andere boeren verkopen hun grond aan aannemers die de grond gaan gebruiken voor bouwprojecten. Dat brengt direct een mooi bedrag op, zodat de boer uit de zorgen is. Engeland is een land waar een woningtekort is en daaraan gaat de overheid iets doen, zo lazen we in de krant. Er zullen duizenden huizen gebouwd worden de komende jaren. En dat gaat gepaard met allerlei problemen volgens die dame die ons laatst in de bibliotheek aansprak. Ze had folders bij zich en een handtekeningenboek. We lieten ons uitleggen dat die grote boer net buiten Great Dunmow zijn land had verkocht aan een projectontwikkelaar. Die is van plan om er een nieuwe woonwijk neer te zetten. Deze vrouw wil vechten voor het behoud van de prachtige natuur op de fraaie glooiing die nu verkocht wordt. Ze onderbouwde haar protest door ons uit te leggen dat een dorp als Great Dunmow niet de infrastructuren heeft voor een nieuwe wijk. Het was een interessant pleidooi met een politieke achtergrond.

Dat Engeland een woningtekort heeft hadden we al gehoord in London, Cambridge en Bournemouth. Vandaar ook de vele shared houses. En de prijzen van de huizen zijn buitensporig hoog. Er is geen verhouding tussen prijs en kwaliteit. Dat zal de komende jaren kunnen veranderen met al die nieuwbouw. En het landschap zal door deze veranderingen onoverkomelijk aangetast worden. Niet alle vernieuwingen zijn daardoor direct een vooruitgang. De vrouw en de Britten zullen protesteren, maar zonder resultaat. Zo'n geldmachine stopt niemand, die film hebben we vaker gezien.

Ook in Italië lopen we dikwijls tussen de boeren. We wonen er in de heuvels tussen de prosecco druivenvelden. De landbouwers zijn daarom door ons nogal eens geobserveerd en ze zijn regelmatig onderwerp van onze gesprekken. Door de jaren heen is er ook in Italië van alles veranderd. We overzien bijna dertig jaar.

In Italië speelt eveneens het probleem dat de boerenzoon en boerendochter geen interesse tonen in het boerenleven. Ze willen een vaste baan, geld verdienen en op vakantie kunnen gaan wanneer ze dat willen. En dat kan enkel zonder het bezit van land, vee en druivenplanten. Tegenwoordig is alles geautomatiseerd, met als gevolg dat de charme, het nostalgische en het romantische compleet verloren gaan. Waar ooit de fraaie boerendochters de druiven stampten met hun blote voeten, terwijl ze onbeschaamd hun mooie benen toonden door hun rokken hoog op te trekken, is er nu één boer die het werk doet met behulp van een mechanische druivenpers.

Het druiven oogsten was jaren terug een waar familiefeest. Het was traditie dat iedereen elkaar hielp. De boeren spraken onderling af welke druivenvelden prioriteit kregen door de rijpheid en het suikergehalte van de druiven met elkaar te vergelijken. Verschillende jaren mochten we zelf meewerken aan de oogst. Onze groep bestond uit ongeveer achttien familieleden. Mannen en vrouwen in de leeftijd van vierentwintig tot zesentachtig jaar. Iedereen was uitgerust met een kniptang en een grote mand. De vrouwen bedekten de haren met een zonnehoed, omdat het in augustus en september behoorlijk warm kan zijn. We pakten ieder een druivenplant onder handen en al zingend knipten we alle trossen los en legden die in de mand. We letten erop dat er geen rotte druiven tussen zaten en geen bladeren. Dat zou de kwaliteit van de wijn negatief beïnvloeden. Het is weldadig om in de zon op een heuvelhelling in direct contact te zijn met de natuur. Dat heeft een positief effect op lichaam en geest. Als de plant kaal was, stapte je zijlings naar de volgende.

De liederen die gezongen werden waren van vroeger en meestal in het dialect van de regio Veneto. Sommige teksten waren dubbelzinnig en die werden zonder enige schroom luidkeels gezongen. Het zette me aan het denken en af en toe vroeg ik me af waar die druivenplanten allemaal getuige van waren geweest. Het is een leven dat voor generaties gefunctioneerd heeft, maar nu willen de jongeren dit niet meer. Ze willen geld en daarvoor werken ze liever acht uur per dag in het lawaai en de stank van een fabriek. Zonder nadenken ruilen ze de zon in voor kunstlicht. Is dat schamele loontje meer waard dan de buitenlucht, contact met de natuur, de rust, en de vrijheid? Ergens moet er een probleem zijn met het benul van de mens.

Tussen de middag aten we met de andere plukkers bij tante Elsa, die de enorme tafel onder de pergola voor ons gedekt had en druk heen en weer liep met van alles en nog wat. Een rood met wit geblokt boerentafelkleed met daarop grote witte borden. Wijn- en waterglazen, van geribbeld glas. Grote handbeschilderde karaffen van keramiek, gevuld met wijn. Planken met plakken kaas, schijven salami en stukken parmezaan. Iedereen hielp haar om de laatste spullen naar buiten te brengen. Als we eindelijk allemaal zaten achter ons bord eten en ons glas wijn, werd er door de oudste het glas geheven en een toost uitgebracht. Natuurlijk op de goede oogst. Het was traditie om na de kaas en de salami gegrild vlees te eten. Je kon kiezen uit gegrild bief, koteletten, ribben, konijn en kip. Er was polenta en zelfgebakken brood, gekookte groenten en rauwkost, te kust en te keur. Er werden sterke verhalen verteld en moppen getapt. Het is triest dat nu het werk van achttien mensen gedaan wordt door één persoon.

De druivenvelden zijn intussen veelal opnieuw aangeplant, zodat er met de laatste nieuwe uitvinding geoogst kan worden. Deze machine is een vreemdsoortig tractorachtig geval dat met open 'benen' over de rijen planten past. De bestuurder zit hoog in de cabine en zo rijdt het gevaarte stapvoets over de rijen, terwijl de machine de druiven met bladwerk en al eraf rukt. Buiten het feit dat de kwaliteit van de wijn hierdoor verslechtert, prefereren we dit boven het oergezellige oude systeem?

Ik heb het idee dat wij mensen niet goed wijs zijn. Alles draait om geld. Zien we niet dat we alle werkelijke waarden inruilen voor duiten? De mens wil geld, geld en nog meer geld. Wat heeft dat voor zin zolang er geen aanhangwagen aan de doodskist zit? Niets kunnen we meenemen!

De mooiste dingen in het leven zijn gratis en dat dreigen we te vergeten.

We stappen binnen en het eerste dat opvalt, is de warmte die ons meteen bevalt. Mijn bril beslaat ervan en terwijl ik hem schoonpoets, laat ik mijn ogen alvast doen wat ze kunnen. Ik link wat ik kan zien aan datgene wat ik hoor en snap dat het gezellig druk is. Als mijn bril het zicht verscherpt, zie ik opvallend veel gepensioneerde mensen, allemaal enthousiast en actief. Rondom de ruimte staan marktkraampjes, middenin staan tafeltjes waar de koffie wordt geserveerd. Ik glunder. Het is fantastisch om deze bejaarden zo zalig onder de pannen te zien.

Hoe vaak hoor je niet dat ouderen vereenzamen, zich vervelen en versneld verouderen omdat ze geen doel meer hebben? Er zijn bejaarden die doelloos hun dagen vullen met zitten, staren en televisie kijken. Ze wachten op de nacht om meestal wakker te liggen wachten op de dag en zo verder. Ze wachten passief op de dood. Het moment waarop een mens ontdekt geen doel meer te hebben moet afschuwelijk zijn.

In een oogopslag zien we de oplossing. Je moet altijd een doel voor ogen houden.

Tom van negenenzestig zit op een kruk achter een tafel vol doosjes eieren. Hij begint te vertellen over zijn kippen en daarbij glinsteren zijn ogen en bruist hij van enthousiasme. In ruim tien minuten hoor ik hoe dit allemaal begon en hoe druk hij het intussen heeft met de vier markten waar hij wekelijks staat. Hij weet me ervan te overtuigen dat met een dergelijke liefde voor de kippen de eieren wel zalig moeten zijn.

'En je moet weten dat de kippen graag spelen en waarde hechten aan gezelschap. Ik kan natuurlijk niet de hele dag bij ze blijven, dus heb ik daar wat op gevonden.'

'Ah, vertel Tom, nou wil ik dat graag weten.'

'Hier en daar heb ik een oude stoel gezet met levensgrote poppen erop. Die heb ik samen met mijn vrouw gemaakt.'

'Ach, ga weg, dat geloof ik niet!'

'Ja echt, ik heb oude kleding van mijn vrouw en oude kleding van mezelf helemaal opgevuld met stro. De poppen zijn afgewerkt met laarzen aan en een hoed op. O wacht, ik moet ergens een foto hebben.'

'Wat een idee Tom! Het moet lachwekkend zijn om dat te zien.'

'Jazeker, dat is het ook, kijk hier maar eens. En weet je, geloof het of niet, de eiproductie is erdoor vergroot!'

Ik kijk naar de foto en moet er hartelijk om lachen. Wat grappig. Hoofdschuddend van vermaak en vol vertrouwen koop ik een doosje van zes eieren.

Naast Tom staat Magret en zij is dik over de zeventig. Het is onbeleefd te vragen wat haar leeftijd precies is, zegt ze me en steekt van wal over de vele soorten jam, gelei en confituren. Ze heeft zelfs twee soorten honing en alles is eigen productie. Trots vertelt ze met liefde voor het vak waarom ze dit is gaan doen. Haar woning is omgeven door fruitbomen en struiken dat het een schande zou zijn er niets mee te doen. Ik kies een cranberrymarmelade, een pot honing en een raspberry-gelei. Ik krijg wat gouden tips voor het gebruik en ook al reken ik de spullen af, ik voel mijn rijkdom groeien.

Susan en Clare zijn beiden boven de zeventig. Ze bakken taarten en cakes van huiselijk tot op patisserie niveau voor verjaardagen, heilige communiefeesten en trouwerijen. Een fotoboek en prachtige verhalen overtuigen me van hun bekwaamheid. Ik koop er wat cupcakes voor vanmiddag bij de thee. Susan vertelt me dat ze dit is gaan doen nadat haar man overleed, nu drie jaar geleden. Ze waren kinderloos gebleven en ze had jaren gewerkt in een bakkerij/patisserie. Dat is duidelijk te zien aan het uiterlijk van de taarten en het gebak. Het is een dappere en krachtige wending die Susan nu aan haar leven gegeven heeft.

Ik observeer haar en begrijp dat de toekomst voor haar niet eenvoudig moet zijn. Ze moet alleen verder en dat op deze leeftijd. Het is net alsof dergelijke bescheiden mensen enkel op de wereld zijn als voorbeeld. Het is knap dat ze zonder hoge eisen te stellen een leven leidt met betekenis. Ik zou hieruit de lering moeten trekken belang te hechten aan de juiste dingen en met de juiste dosering, iets dat ik nu volgens mij fout doe. Ik wil niet te hard zijn voor mezelf, maar moet ik de rest van mijn leven als slachtoffer verder? Nee! Daarom moet ik ook niet te zacht zijn voor mezelf. Laat ik het verhaal van Susan met me meedragen om er, als ik er rijp voor ben, iets mee te doen.

Jordan staat met rode boerenwangen te glimmen achter zijn boerenkolen, winterwortelen, prei, bloemkolen en pastinaken. Ik begrijp uit zijn vertellen dat alles natuurlijk en biologisch is verbouwd en omdat thuis de koelkast leeg is, lijkt het me een goed idee wat groenten in te slaan. Jordan vindt het geen stijl dat ik hem vraag hoe oud hij is. Zelfs niet als ik vlot mijn eigen leeftijd noem. Hij houdt die van hem stug geheim. Ik schat hem achter in de zestig en plaag hem door hem ouder te schatten dan hij vermoedelijk is. Hij is duidelijk niet gecharmeerd van mijn humor. Grappig om te zien dat er ook in Engeland stugge boeren zijn, en niet alleen in Italië en Nederland.

De volgende kraam hangt vol met zelfgemaakte vogelhuisjes en er is een ruim assortiment aan tuingereedschap. Er staan gevlochten manden en bakken van hout in vele maten. Bijna alles is door Mel vervaardigd en hij vindt het jammer dat we niets mee kunnen nemen naar Italië. Fiorenzo komt aangelopen met koffie en wat koekjes op een bordje. We nemen plaats aan een tafeltje midden tussen de kraampjes. De geestdrift van de marktlieden heeft effect op ons. De energie die deze mensen uitstralen zorgt ervoor dat we druk zitten te babbelen over onze toekomst. Opgewekt genieten we met volle teugen van de koffie. We zien het helemaal zitten.

Elisabeth maakt en verkoopt postcards. Ik vind in haar kraam prachtige kaarten met printen van de stad Great Dunmow, die ik graag koop om te sturen naar wat geliefde Nederlanders en Italianen. Ik kijk mijn ogen uit, dit alles geeft moed. Als we willen, kunnen we nog voor vele jaren van alles doen.

Charlotte en Mildred hebben een zeer creatieve kraam die volhangt met baby-, kleuter- en peuterbreisels. Jammer dat ik geen oma ben, het is vertederend om al die popformaat kleertjes te zien. Mijn oog valt op een snoezig vestjasje met bijpassende sokjes voor een baby van rond de zes maanden. Ik bekijk de details en zie dat de dames prima met de breinaalden overweg kunnen. Een vrouw naast me koopt een gebreid tuinbroekje en dat wordt prachtig ingepakt als cadeau, en tijdens het afrekenen vang ik op dat de winst naar het Alzheimerfonds gaat. Dat is toch fantastisch! Deze ochtend geeft ons voldoende voer tot overdenking. Met afgeladen rugzakken om gaan we op weg naar huis. Voldaan en tevreden.

Net buiten het centrum van Great Dunmow ligt de Doctors Pond, een grote historische vijver waar het heerlijk toeven is. We zitten tegen elkaar geleund, we staren stil en vol ongeloof voor ons uit. De situatie neemt steeds gekkere vormen aan en we vallen van de ene verbazing in de andere. Ugo, de broer van Fiorenzo, gaat gewoon door met roven wat hij roven kan en spaart daarbij niemand. Of het nou zijn eigen moeder, zijn broer, zijn advocaat, de notaris of zijn vrienden zijn, het maakt hem blijkbaar niets uit. Hij denkt dat hij met geld de hele situatie in zijn macht heeft en dat hij daardoor alles gedaan kan krijgen van iedereen. Dat is hem tot nu toe glad afgegaan, maar het tij gaat keren!

Fiorenzo is het beu en niet alleen voor zichzelf, maar voor de hele familie. Voor iedereen die door de jaren heen is opgelicht en uitgebuit. Niemand heeft ooit de kracht of moed gehad dit een halt toe te roepen. Een voor een kwijnden ze weg in haat en wrokgevoelens. Er zijn mensen in de familie die bij bepaalde herinneringen emotioneel in tranen uitbarsten door het onrecht dat hun is aangedaan. Het is afgelopen! De vlieger van liegen, bedriegen, oplichten en roven gaat niet meer op. Fiorenzo is vastbesloten te vechten voor zijn rechten. De waarheid komt op tafel, al moet de onderste steen boven.

Ugo heeft het in zijn hoofd gehaald om door de notaris een akte op te laten maken met een opzettelijk foutieve inhoud. Hij heeft daarvoor twee getuigen bereid gevonden aanwezig te zijn en te ondertekenen. De akte was aanvankelijk gevraagd door de bank in Nederland, waar hun moeder een rekening had. Ze vroegen om eenvoudig aan te tonen wie de wettelijke erfgenamen zijn en dat beëdigd en vertaald toe te sturen. Toen Fiorenzo deze akte onderschepte vielen hem de onwaarheden op en heeft de notaris, die nota bene ook bevriend is met Ugo, daarvan meteen op de hoogte gebracht door het tegendeel aan te tonen. De tekst die Ugo heeft laten opstellen was incorrect en is ten nadele van Fiorenzo. Er is van de notaris geen reactie gekomen. Wel werd er spoedig een rekening gestuurd voor het opmaken van de akte en een rekening voor de beëdigde vertaling daarvan. Fiorenzo is totaal genegeerd en er wordt enkel gehoor gegeven aan de opdracht die Ugo gaf.

Bij een bank in Italië waar hun moeder ook een rekening had, heeft het al gezorgd voor de nodige problemen. Fio is om die reden opnieuw naar Italië gegaan en heeft de bank aangetoond dat de inhoud van de akte onjuist is. Het geld van die bankrekening is nu uitgekeerd. Keurig zoals moeder dat voorhad: aan ieder van haar zoons de helft. Als dit document door Ugo gebruikt wordt bij banken waar hun moeder ook geld gedeponeerd heeft, kan het zijn dat de bank bij het zien van deze officiële akte enkel en alleen uitkeert aan Ugo. Zeker als Fiorenzo zijn gezicht er niet laat zien. Aangezien Ugo ervoor gezorgd heeft dat alle bankpapieren en andere administratie van moeder al uit haar woonhuis verdwenen waren voordat ze stierf, is het voor Fiorenzo onmogelijk te weten welke banken dat kunnen zijn. Als Fio zich niet meldt bij die bank of banken, zullen die het document voor waar aannemen en het geld alleen aan zijn broer uitkeren.

Fiorenzo heeft zich nooit met de geldzaken van zijn moeder willen bemoeien, ze kon haar zaken zelf regelen. We concluderen dat Ugo zelfs een notaris heeft weten te overtuigen iets te doen dat wettelijk strafbaar is. We zouden de notaris hiervoor kunnen aangeven, net als de advocaat van Ugo. Die heeft eveneens een wettelijke overtreding begaan door een vals testament als echt te presenteren en dat ruim vijf maanden vol te houden. Daarom zijn we stil. Ongelooflijk dat Ugo zo ver is gegaan enkel om meer en meer te kunnen plunderen. En dat hij bij zijn criminele gedrag een notaris en een advocaat betrekt, die daaraan ook hun handen vuil maken. Hoeveel geld moet daarachter zitten? Geld is voor Ugo meer waard dan zijn broer en de familieband. Dat is duidelijk. Juist hij, die aan geld al helemaal geen gebrek had. Waar zijn de waarden gebleven van het leven? Ik mis de essentie, de kern.
‘Die vicieuze cirkel gaat doorbroken worden, daar ga ik voor zorgen. Ik kan dit niet toestaan.’
‘Dat doe je goed, Fio, ik sta achter je. Het is een gevecht dat ons ongetwijfeld een stuk van ons leven zal kosten, maar we zouden er harder onder lijden als we het erbij zouden laten. Het zou ons geleidelijk doen wegkwijnen, omdat we niet tegen dit onrecht kunnen.’

Ik leg mijn hand in die van Fio en we staren weer naar de vijver die druk bezocht wordt door eenden en ganzen. Prachtig om te zien wanneer ze opstijgen om weg te vliegen. De eenden doen dat met een hoop gesputter en gespetter, gewoon vanuit het water. Vermakelijk als er drie of vier tegelijk gaan. De ganzen zijn een stuk groter en zwaarder en voor hen is het daarom te moeilijk om snelheid te kunnen maken in de vijver. Het park ligt tegen een heuveltje aan en de intelligente ganzen maken daar gretig gebruik van. Als ze beslissen ergens anders heen te vliegen, waggelen ze op hun gemak tegen de heuvel op. Deze elegante beesten met hun tuttige ganzenpas zijn geweldig. Alleen hun houding al, met die slanke lange hals en hun kop fier omhoog. Dat relatief dikke lijf, de korte poten en dat waggelen van hun achterste is ronduit grappig. Ze kwetteren luid, waardoor ze anderen aansporen om mee te gaan. En inderdaad, spoedig volgen er andere ganzen met een opvallend enthousiasme. Eenmaal op de heuvel keren ze zich om en rennen zo hard ze kunnen naar beneden, terwijl ze energiek met hun vleugels slaan. Als ze een minimale snelheid hebben behaald stijgen ze op en trekken hun poten in. Het gaat precies zoals bij een vliegtuig. En ineens begrijp ik Leonardo. Hij keek de vliegtechniek af van de natuur. Wanneer je het leest in een boek denk je: ja ja, het zal allemaal best. Nu zie ik het zelf! Ik zie nu wat hij ooit zag en het frappeert me. Ik kan het associëren met het bestaan van vliegtuigen en herken simpelweg het mechanisme ervan. Hij ontdekte een nieuwe mogelijkheid om jezelf te verplaatsen.

Wat zijn wij mensen intussen toch ver verwijderd van de eenvoud, het leerzame en de waarheid, die te vinden zijn in de natuur. Meer tijd doorbrengen in de natuur en openstaan voor de kennis die we daaruit kunnen putten, zou een goede zaak zijn. Er zijn zoveel lessen te leren met betrekking tot de meest uiteenlopende onderwerpen, dat het verwondert. Net zoals antwoorden op persoonlijke vraagstukken. Alles kun je halen uit het buitenleven. Wat we daarvoor moeten doen is stoppen, stilstaan en kijken. Wie daar de tijd voor neemt, legt eenvoudigweg een basis voor het verkrijgen van nieuwe inzichten.

Steunend op zijn wandelstok loopt een oudere onze kant op. Hij ziet dat we beiden een boek in handen hebben, maar naar boven kijken, genietend van de vijf zojuist opgestegen ganzen. Het tikken van zijn stok verbreekt de betovering en wij komen weer met de voeten terug op de grond, oog in oog met die kleine oude man.

'Weten jullie waar die ganzen heengaan?'
We fronzen onze wenkbrauwen. We antwoorden toch beleefd en zeggen bijna in koor dat we geen flauw idee hebben. De man komt geheimzinnig dichterbij en schuift naast ons op het parkbankje. Hij glundert en het lijkt ons een truc om met andere mensen te kunnen praten. Er zijn ouderen die van alles doen om een praatje te kunnen maken. We laten het gebeuren.

Hij doet zijn hoedje af en staat weer op. Hij steekt zijn hand uit en stelt zich voor. We schudden om beurten zijn hand en we doen beleefd met hem mee aan deze typisch Britse manier van kennismaken. Na het uitwisselen van de namen vragen we elkaar hoe het met de ander gaat zonder daar antwoord op te geven of te krijgen, omdat dit sowieso de bedoeling niet is.
Hij gaat weer zitten.
'Jullie moeten weten dat de ganzen heen en weer vliegen tussen de Doctors Pond en de Flitch Way.'
Hij vertelt ons dat hij achtentachtig jaar oud is en dat hij en zijn vrouw als vijfde generatie uit zijn familie winnaars waren van de 'flitch of bacon'.
'Dat is een eeuwenoude traditie die enkel en alleen nog plaatsvindt bij ons in Great Dunmow. Vers getrouwde koppels moeten, om in aanmerking te komen voor een nominatie, zweren dat ze geen spijt hebben van hun huwelijk, geen ruzie hebben gemaakt gedurende een jaar en een dag en bewijzen dat ze, zouden ze opnieuw voor de keuze staan, weer met elkaar zouden trouwen. Het winnende koppel ontvangt een 'flitch of bacon', een gerookte ham. Dat is een hooggeëerde, belangrijke prijs. Een wethouder wordt speciaal aangesteld om de genomineerde koppels te onderwerpen aan een kruisverhoor. Hij zal er alles aan doen om te bewijzen dat ze niet in aanmerking komen voor de gerookte varkensbil. Het uiteindelijk winnende echtpaar wordt op een houten draagstoel onder begeleiding van fanfare en dorpsmensen naar het gemeentehuis gedragen. En na de plechtige ceremonie wordt de zo gewilde 'gerookte bil'

uitgereikt.'

We luisteren geïnteresseerd naar dit boeiende verhaal alsof het een sprookje is. We zien dat zijn ogen bijna tranen bij het beëindigen van de vertelling. Geleidelijk trekt zijn glimlach weg en kijkt hij somber richting de vijver.

'Waarom vertel je ons dit verhaal, Bill?'

'Zijn jullie getrouwd?'

'Jazeker, bijna dertig jaar.'

'Geniet ervan, zorg voor elkaar, dat is het mooiste wat er is. Wees lief en zorg ervoor dat je elk jaar van je huwelijk zo'n ham zou kunnen winnen.'

Ik zeg hem dat we intens van elkaar houden en dat we weinig ruzie maken, maar dat we niet zouden durven zeggen dat we in bijna dertig jaar huwelijk één jaar ruzievrij hebben doorgemaakt. Hij houdt zijn hoofd schuin omhoog en zegt dat het belangrijkste is van elkaar te houden en altijd eerlijk tegen elkaar te zijn. Ik wil zijn goede bedoeling begrijpen, maar kan niet direct de meerwaarde van zijn woorden vinden. We zijn bijna vijftig en we hebben voldoende meegemaakt om te beseffen wat het wil zeggen nog altijd met je levenspartner door een deur te kunnen. Ongeduldig kijk ik naar Fio, die me antwoordt met één gefronste wenkbrauw.

Bill zucht diep.

'Na die geweldige ceremonie, na dat prachtige feest zijn we thuis gekomen met die dikke varkenspoot. Het was een luxe in die dagen. Voor ons was het alsof we een plak goud gewonnen hadden.'

Opnieuw houdt hij stil.

'Die nacht is mijn vrouw gestorven aan een hartaanval.'

We huiveren bij deze woorden.

'Daarom vertel ik dit verhaal aan koppels van alle leeftijden. Geniet van elkaar, het leven is zo verschrikkelijk onvoorspelbaar en cru.'

Een traan biggelt over zijn wang. Plotseling staat hij op, steekt zijn hand naar ons op en loopt steunend op zijn stok weg. En terwijl hij zijn hoedje opzet, horen we hem zeggen dat een van die ganzen zijn vrouw moet zijn.

We blijven stil en verbouwereerd zitten staren naar de vijver. Het verhaal maakt ons weemoedig en ervan bewust dat naast al ons verdriet er inderdaad weinig plaats is om te kunnen genieten van elkaar en van het leven zelf. Het is mogelijk nieuwe klappen te krijgen en tijdens al ons treuren en piekeren, gaat het leven gewoon door. We kruipen dicht tegen elkaar aan en besluiten om de Flitch Way te gaan lopen.

'Het is een prachtige route door de natuur. Een meer dan twintig kilometer lang traject waar vroeger een treinspoor lag dat Bishop's Stortford met Braintree verbond. De Flitch Way is vernoemd naar the Flitch Ceremonie en is uitsluitend te voet, op de fiets of te paard af te leggen.'
De heldere uitleg van Heather, de vrouw achter de toeristische informatiebalie, is alles wat we nodig hebben, samen met de plattegrond die ze ons meegeeft.

We gaan koffie drinken zodat we de kaart kunnen bestuderen en al pratende komen we erachter dat we deze wandeling willen maken uit dankbaarheid voor elkaars liefde en ons wederzijds respect. En uit bewondering voor Bill en zijn vrouw, die het gelukt was om een jaar en een dag geen ruzie te maken. Even flitst het door me heen, als het 'geen ruziemaken' maar niet de aanleiding was van haar hartaanval! Ik wrijf over mijn armen, kippenvel krijg ik bij die gedachte.

Ik probeer me er een voorstelling van te maken hoeveel mensen er van deze uitzichten hebben genoten, vanachter de raampjes van de trein. Hoeveel reizigers zijn hier langs gekomen en wie weet waar allemaal vandaan? Fascinerend om nu zelf deel uit te maken van de geschiedenis door een deeltje te worden van die lange stoet mensen die hier ooit voorbij kwamen door de jaren heen.

Er is een overweldigende variëteit aan bomen, planten en bloemen. Verwonderd kijken we naar de grote aantallen eekhoorns en vogels. We plukken wat takken en binden ze naarmate de wandeling vordert tot een oogstrelend boeket. We leggen het plechtig weg onder een enorme eik, terwijl we hardop denken aan Bill en zijn vrouw. Hij was nooit opnieuw getrouwd. Een paar ganzen vliegen over en we denken aan de woorden van Bill dat een van die ganzen zijn vrouw moet zijn.
'Waar leven we voor Fio?'
Fiorenzo pakt mijn hand.
'Bijvoorbeeld voor een kop koffie en een verrukkelijk stuk taart waar we nu naar op zoek gaan.'

Het is welletjes voor hem. We lopen verder en het gesprek gaat over wat voor gebak we lusten. Eindelijk komen we uit bij de Rayne Station, een betoverend gebouwtje dat in '94 omgebouwd is tot koffieshop en eethuisje. We nemen plaats op een authentieke houten bank. Duizenden reizigers gingen ons voor. Wonderbaarlijk! Nu zitten wij er. Een Italiaan en een Hollandse, op een bankje uit 1866. Wat bracht ons in godsnaam naar het onbekende Rayne Station, in de buurt van het plaatsje Braintree? Fiorenzo doet zijn rugzak af, terwijl ik nog in de betovering zweef van dit avontuur. Dan hoor ik hem tevreden roepen, met zijn beiden benen in het hier en nu: 'Doe voor mij maar een lekker 'bakske' koffie met een stevige punt gebak.'

Ik heb niet veel nodig om uit mijn droomwereld terug in het heden te stappen en sluit me direct vol tevredenheid bij zijn beslissing aan.

Als een verzopen katje stap ik binnen bij de pub The Kicking Dickey. Door verlegenheid overvallen blijf ik netjes op de grote kokosmat staan. Het voelt onbeschoft om al de nattigheid en de modder die aan mijn laarzen hangt mee naar binnen te brengen. Ik kijk recht in het gezicht van Duncan, de eigenaar, die achter de bar staat en ik kijk daarna vertwijfeld naar mijn voeten. Duncan roept opgewekt dat het geen probleem is en dat we met dit weer niets anders kunnen verwachten. In Engeland hebben we dit regelmatig meegemaakt, en al kan het allemaal, ik vind het moeilijk wennen. Voorzichtig loop ik verder, doe mijn kletsnatte regenjas uit en hang die over de stoel. Daarna bestel ik een koffie met een schaaltje koekjes erbij en ga zitten. De wandeling heeft me goed gedaan en ik voel de drang opkomen om mijn gedachten op te schrijven. Ik haal pen en papier uit mijn rugzak en ga direct aan de slag.

Om alles te begrijpen moet je door alle pijnzones heen. Daarvoor zijn geen binnenwegen, omwegen of alternatieven. Je moet er dwars doorheen. Dat kost tijd. Het parkoers moet gaan leiden naar het einde van het lijden, om daarna een nieuw begin te kunnen maken. Zonder grote onderbrekingen en zonder afdwalen, want dan loop je het risico om te gaan vastzitten in de pijn en het verdriet. Een mooie theorie. Emotie kan zo krachtig en onbestuurbaar zijn dat je alleen nog maar kunt vertrouwen op het lot, omdat het forceren van gevoelens averechts werkt. Leren dobberen op je gevoelstoestand en ruimte laten voor de input van een nuchtere theorie. Dit met een aanhoudend vertrouwen in de tijd. Want de tijd zal het ons leren.

Het is moeilijk. De theorie is duidelijk, logisch en eenvoudig te volgen. Je kunt de feiten koel achter elkaar zetten, de hele kwestie onder ogen zien en aanvaarden. Als je jezelf niet druk maakt over het waarom, lukt het je om nare gevolgen op langere termijn te beperken. Gewoon dicht bij jezelf blijven en niet de problemen van anderen, in dit geval onze dochters, op je hals nemen, omdat die zelf hun eigen parkoers moeten maken. Bewust zijn van de huidige situatie en zo vaak mogelijk proberen te ontspannen. Liefde laten stromen doordat je anderen gaat helpen en je hart opent. Door de dankbaarheid die je daarvoor krijgt, ga je je gelukkig voelen. De problemen minder gewichtig maken en gewichtigheid toevoegen aan positieve dingen die je gaat doen om de leegte op te vullen. Bewust een glimlach op je gezicht dragen omdat het je stemming beïnvloedt. Deze theorie klopt, daar experimenteer ik dagelijks mee.

Het zou verder handig zijn als er ook zo'n lijstje te bedenken was voor de praktijk die gebaseerd is op gevoel. De theorie is enkel toepasbaar als je je gevoelens uitschakelt en je op een emotieloze, apathische wijze te werk zou gaan. Zonder medicijnen een onmogelijke zaak. Je kunt jezelf toch niet toestaan onverschillig te worden voor je eigen gevoelens? Ik wou daar juist oog voor hebben en wilde regelmatig stilstaan om te luisteren naar mijn hart en mijn ziel. Voordat je de theorie kunt toepassen, is het zaak alles te begrijpen. Hiermee bedoel ik niet een antwoord op het waarom te eisen. Met begrijpen bedoel ik dat we moeten leren wat, in dit geval, incest inhoudt, hoe het tot stand komt, waar het begint en wat het met het slachtoffer doet. Als we alle mechanismen kennen, komt er begrip in de plaats van pijn. Het is een eerste stap richting verwerken en aanvaarden. De basis voor een nieuw begin.

Het begrijpen van alles is een essentiële bodem die nodig is om te kunnen starten met het werkelijke verwerkingsproces. Vanaf het moment dat ik zo kan denken, heb ik een bijzonder effect bereikt: ik verminder mijn verdriet. Niet dat ik alles onbelangrijk maak, nee die theorie mag pas later intreden. Ik verminder het verdriet door een stuk in te ruilen voor compassie. Dat geeft me een beter gevoel, minder egoïstisch en minder slachtoffer. Is verdriet egoïsme? Zover wil ik niet gaan. Het is niet nodig om daarover een schuldgevoel te hebben. En al huil ik inderdaad om iets dat ik kwijtgeraakt ben en terug wil hebben, wat pure eigenbaat zou zijn, ik huil evengoed uit compassie. Ik heb ontelbare tranen gelaten voor de pijn en de situatie waarin onze dochters terechtgekomen zijn. Ik heb gehuild uit onmacht, omdat ik ze niet kan helpen. Ik heb gehuild om het toekomstbeeld dat me angst inboezemt, omdat mijn dochters wederom pijn zullen ervaren bij het inzien van de harde werkelijkheid. Is dat egoïsme? Verdriet is nodig om te kunnen verwerken.

De tijd is relevant, ik moet leren de tijd mijn beste vriend te maken. Mijn ongeduld moet ik wegvlakken en mezelf de tijd nemen. Akelig, hoe je soms door de bomen het bos niet meer ziet en hoe je gedesoriënteerd zoekt naar een begin. Net als bij een breiwerk dat je wilt uittrekken. Zo gauw je zachtjes aan het beginnetje trekt, start er een uiteenrafelen dat enkel op één manier kan verlopen zonder dat je een steek overslaat. Je moet steek voor steek uittrekken om verder te kunnen. En al trek je ongeduldig de draad in twee, kun je enkel verder als je hervat bij de steek die je over wilde slaan. Zo moet ik het gaan zien. Eerst rustig zitten om alles te begrijpen en dat kan uitsluitend door het breiwerk van mijn leven te pakken en het te ontrafelen. Alleen zo kan ik zien hoe het in elkaar steekt. Pas als ik zie en begrijp hoe het zit, kan ik weer verder breien. Dan pas kan ik anderen gaan helpen en mijn hart openstellen. Hoe kan ik dat nu, als ik niemand kan vertrouwen en mijn zelfvertrouwen ver te zoeken is? En hoe kun je aanvaarden zonder te begrijpen?

Is het abnormaal dat ik me druk maak over mijn dochters en het verloop van hun verdere leven? Ik houd van hen. Is dat fout? Alles alleen dragen is een onmogelijke zaak en het is geen oplossing. Ik ben zover dat ik die ballast los wil laten, meer omdat het moet. Zo kan ik niet verder. Het is een drama, want wanneer ik hun ballast van mijn schouders afgooi, werp ik hen automatisch ver van me af. En werp ik ze op zichzelf terug. Is dat de navelstreng? Zitten mijn dochters daar nog aan vast?

Met mijn zoon is die navelstreng al lang door en we hebben een prachtige moeder-zoonrelatie. Vol van wederzijds respect en liefde, we mogen zeggen dat onze relatie functioneert. Loslaten zou geen probleem voor me moeten zijn. Ik kan loslaten op een verantwoorde manier.

Ik heb angst om mijn dochters los te laten, want als ik de navelstreng doorknip, vallen ze in een ravijn en ben ik ze voorgoed kwijt. Dat is wat ik niet wil en dat is mijn gevecht. Ja, ik weet het! Ik heb niets te willen, maar geef me tijd, enkel tijd! Laat me ergens beginnen en ik beloof mezelf, eenmaal op gang zal ik verder blijven stappen.

Er is geen pad of weg meer, die zijn weggeslagen. Voor mij is de wildernis voorbestemd en ik moet gewoon gaan lopen en genieten van alles wat ik tegenkom en van alles wat me overkomt. Hoe was het ook weer? Het is niet het aankomen, maar de reis er naartoe. Nou, daar gaan we, de wildernis in als ontdekkingsreiziger! Gevoelsmatig sluit dit aan op mijn actuele leven.

Als ik de leegte opvul met andere mensen en andere bezigheden, zal ik geen gemis meer voelen. Dan heb ik het druk met mijn nieuw verworven leven en de nieuwe mensen om me heen. Het zal me volledig in beslag nemen. Er is dan geen plaats meer voor mijn dochters en de behoefte aan contact met hen verdwijnt. Dit is de sleutel om te kunnen overleven. Hier ga ik voor vechten.

Als ik de tekst teruglees bij mijn derde beker koffie, voel ik me opgelucht. Tevreden over wat ik geschreven heb ga ik naar huis. Ik ben benieuwd wat Fio ervan vindt.

Wanneer ik thuiskom, geef ik Fiorenzo alvast mijn aantekeningen om te lezen, terwijl ik me omkleed. Ik ruim de boodschappen op die ik op de terugweg gekocht heb en staar daarna naar het natte keukenraam. De regen klettert er tegenaan. De bomen gaan behoorlijk heen en weer en de lucht is beangstigend grijs. Ik ben meer voor de zon, al moet ik toegeven dat dit weerbeeld zijn charme heeft. Soms is het bevrijdend om jezelf mee te laten sleuren door de nukkigheid van het weer. Zelf zijn we met buien net zo nukkig en alles lekker op je laten inwerken, bevordert de denkkracht.

'Hé vrouwke, wat heb je dat prachtig geschreven! Jouw gedachten geven me het idee dat je op de juiste weg bent. Het lijkt erop dat je overzicht krijgt en dat je je bewust bent van de richting waarin je gaat. Dat is bemoedigend.'
'Ik moet zeggen dat ik me er fijn bij voel. De uitgestrekte wildernis die me omringt is aanlokkelijk en ik ben uitgedaagd om erin te verdwalen. Het beangstigt me steeds minder en ik zal het je sterker vertellen, het is verleidelijk en ontketenend.'
'En ik heb zin om met jou mee te gaan, de wildernis in! Ik ben er klaar voor en ik weet zeker dat we het er fantastisch zullen hebben, omdat we er opnieuw iets van gaan maken.'
Ik zet glimlachend de sojamelk, boter, pastinaken en de knolselderij in de koelkast.
'Ik bof met jou, Fio.'
'Kom eens even dat ik je vasthoud. Ik bof ook met jou, Anja. We boffen met elkaar, omdat we elkaar zo goed verstaan en aanvoelen.'
Juist als we elkaar kussen, komt Lucy de keuken in. We onderbreken ons geknuffel direct en bieden haar onze excuses aan. We waren vergeten dat we rekening moeten houden met huisgenoten. Lucy zegt dat het geen punt is en dat ze het liever ziet dan vliegend keukenservies. We moeten erom lachen. Lucy zet een doos in de koelkast en kondigt aan dat er straks koffie met gebak is omdat haar man gepromoveerd is op zijn werk. We beloven dat we van de partij zullen zijn.
'Wat eten we?'

'Ik heb pastinaken gekocht en die maak ik samen met de aardappelen en knolselderij klaar. Je weet wel, dat lekkere ovenrecept.'
'Hm, dat is even geleden, daar heb ik zin in, An! Jammer dat die pastinaken in Italië niet te krijgen zijn. We zullen ze moeten missen.'
'Helaas.'

Als geboren lekkerbekken houden we ervan om nieuwe dingen uit te proberen. Beiden zijn we handig in de keuken. Onze passie voor het kokkerellen, leidt tot de meest heerlijke gerechten. Originele combinaties en nieuwe ingrediënten vinden we spannend, maar we maken ook geregeld gerechten klaar uit grootmoeders keuken: zelfgemaakte appelmoes met gebakken aardappelen, erwtensoep, zuurkoolschotel of polenta e baccalà, een crème van maismeel met stokvis. Nu zal er in onze keuken ook invloed van Engeland bijkomen. De Britse keuken is meer dan fish en chips! Er zijn werkelijk verrassende recepten en culinaire gewoonten die we graag toevoegen aan ons bestaande keukenrepertoire.

Soms liggen we riant in de kussens op ons bed te kijken naar kookprogramma's op de televisie. The Hairy Bikers, Jaimy in the Kitchen en Mary Berry, dat zijn zo'n beetje onze favorieten. The Hairy Bikers bestaat uit een team van twee mannen die nogal behaard zijn, ze rijden beiden motor en daarmee toeren ze door bijvoorbeeld Italië, waar ze stoppen in dorpen en steden om samen met lokale koks een streekgerecht te maken.

Meestal als er een buitenlander een Italiaans recept maakt, wordt er nogal geïmproviseerd en klopt het niet. The Hairy Bikers daarentegen verbluffen ons keer op keer door de gerenommeerde Italiaanse keuken eer aan te doen. Dikwijls staan we perplex over hoe ze tot in detail geïnformeerd zijn. Daarom hebben we vertrouwen in hun kookkunsten en wanneer ze hun motors startten om daarmee door Engeland te rijden, zaten we gretig klaar voor de buis om aantekeningen te maken. Verschillende recepten hebben we opgeslagen om mee te nemen naar Italië. Daar worden ze gevoegd bij de heerlijke mengelmoes van recepten die we al gebruiken.

Ook Jaimy heeft ons weten te betoveren. Hij is een jongere man die de harten van de Britten verovert door in vijftien minuten een diner op tafel te toveren. Dit is magnifiek. Het lukt en het is echt haalbaar, we hebben het zelf uitgeprobeerd. Tegenwoordig neemt bijna niemand meer de tijd om te koken. Dit neemt verkeerde vormen aan, omdat mede daardoor de zwaarlijvigheid in Engeland hand over hand toeneemt. Maar nu is er geen excuus meer om je steeds te vergrijpen aan fast food, beweert Jaimy, terwijl hij als voorbeeld van alles kookt binnen korte tijd. Bovendien zijn het gezonde maaltijden. Naast amusant en stimulerend zijn deze kookprogramma's educatief.

Ook voor de kookshows van Mary Berry gaan we breeduit zitten. Ze is op leeftijd, maar staat charmant en met allure in de keuken. Ik ben gek op haar recepten, vooral die van haar Victoria sponge cake, haar brownies en het niet te overtreffen gingerbread. Haar sandwichtaart is werkelijk een sprookje, omdat die ook nog prachtig is om te zien. En het recept van zalmmoten met de parmezaan/peterseliekorst is niet te versmaden. Het experimenteren met de meest uiteenlopende recepten is voor ons een feest en als dat zo blijft, zal onze culinaire groei van blijvende aard zijn.

'Zeg Fio, zou je alsjeblieft eventjes je mond kunnen houden? Ik zit zo lekker te schrijven.'
'Goed, ik laat je met rust. Dan ga ik alvast de keuken in om een lunch te bereiden, ik roep wel als het klaar is.'
'Geef je me nog een uurtje?'
'Prima An, no problem.'

De allereerste keer dat ik bewust trots op mezelf was, was de eerste keer dat ik met een pen letters leerde schrijven. Ik herinner me hoe dit mij vrijheid gaf en hoe dit onmiddellijk mijn wereld vergrootte al kon ik dat gevoel niet omschrijven. Ondanks de vier voorgedrukte regels in het hagelnieuwe, hemelblauwe schrift, waartussen ik nauwkeurig de letters moest schrijven, voelde ik me machtig, groot en vrij. Als ik mijn ogen sluit en dat moment terughaal, voel ik precies wat ik voelde, geweldig!

Al snel gebruikte ik mijn nieuwe verworvenheid om briefjes te krabbelen aan mijn poppen en beren. Ik leefde graag in hun wereld en liet hun weten dat ik snel weer terugkwam, dat ik ze lief vond, dat ik een tekening voor hen zou maken of straks, als ik thuis kwam, een verhaal aan ze zou vertellen. Ook voor mijn moeder maakte ik wekelijks een versje met een kleurplaat. Dat deed ik zo frequent dat ik geplaagd werd door de andere kinderen van de klas, omdat dit normaalgesproken alleen maar gedaan werd als je moeder jarig was en voor Moederdag.

Ik weet nog goed hoe ik mijn gevoelens probeerde te verwoorden in kleine briefjes die ik schreef aan God. Tegen mijn poppen en beren vertelde ik, met een onbegrensde fantasie, fantastische verhalen. Mijn verbeeldingswereld was een rustige en veilige plek waar ik graag vertoefde.

Later genoot ik ervan om verhalen te verzinnen en te vertellen aan kinderen bij wie ik ging oppassen, en vervolgens vertelde ik aan onze eigen kinderen deze verhalen. Meestal waren het avonturen of vertellingen met een moralistische boodschap. Aan het schrijven hangt het lezen. Lezen is net zo fantastisch als schrijven, omdat je bij beide wegvlucht van het heden. Eventjes veilig op een wolk.

Mijn voorkeur gaat uit naar het lezen van boeken die op waarheid zijn gebaseerd en boeken die een filosofisch tintje hebben. Je groeit van lezen, boeken laten altijd een indruk, inzicht, gevoel of nieuwe denkwijze achter. Meestal is het voer om eens goed na te denken over iets. Het liefst heb ik drie of vier boeken tegelijkertijd onder handen. Naargelang mijn stemming van het moment trek ik automatisch naar een van die boeken die daar het best bij past.

Op de middelbare school zei mijn leraar Nederlands dat ik iets moest gaan doen met schrijven. Mijn opstel werd altijd voorgelezen, zoals dat ook al gebeurde op de basisschool. Thuis werd me gezegd dat schrijven niets opbrengt en nutteloos is. Schrijven is niks, dat is geen beroep. Zodoende dacht ik: schrijven? Wat wil die leraar nou, dat ik ga schrijven? Dat hij de hik krijgt en zelf gaat schrijven! Echter wat er bij de mens inzit, komt er vroeg of laat uit.

Uiteindelijk ben ik altijd blijven schrijven, al heb ik er niet mijn beroep van gemaakt. Het is mijn passie die ervoor zorgt dat schrijven is wat ik het liefste doe. Het is niet zo dat ik specifiek op zoek ga naar iets om over te schrijven. Het zijn altijd onderwerpen die in mijn hoofd spelen en eruit moeten en die geef ik vorm op papier. Als ik schrijf komt eruit wat eruit moet komen. Alles zit in alles, ik vind altijd een connectie tussen wat ik denk en voel, en de juiste woorden om dit te kunnen opschrijven. Zo is mijn overtuiging gegroeid dat een schrijver, meer nog dan met taalkennis, rijk bedeeld moet zijn met persoonlijke gemoedservaringen. Als je niets te zeggen hebt kun je niet schrijven, al beheers je de taal perfect. En als je wat te zeggen hebt is het uitermate nuttig dat je voor ogen houdt wat je daarmee wilt bereiken. Schrijven is een machtig instrument. Wanneer ik vol zit over een kwestie dan komt het op papier, tijd of geen tijd. Ik schrijf op de gekste momenten en op de merkwaardigste plaatsen: op het toilet, op bed, in de trein, in de bar of in de tuin. En als ik wakker lig of niet in slaap kan komen, is dat omdat iets me bezighoudt, dan ga ik uit bed om te schrijven.

Mijn ervaring met 's nachts schrijven is dat het gemoed dieper gaat en het verhaal gevoeliger op papier komt. Het wordt completer, harder en duidelijker. De nacht is een goede vriend van mij. Overdag schrijven is sowieso anders door de entourage van het licht en het leven dat duidelijk doorgaat. Het ritme van eten en drinken, wat storend kan zijn, net als het hebben van een baan met zijn exacte uren. Ook kinderen en huisdieren moeten aandacht krijgen en al het andere dat ons omringt. De nacht daarentegen is stil, donker en mysterieus. Hij geeft vrijheid, er is speelruimte en tijd om dieper te wroeten in je geestesgesteldheid.

Gevoelens zijn in de nacht anders dan overdag. Iemand die intens verdrietig is, heeft over het algemeen 's nachts zwaardere emoties dan overdag. Kortom, de nacht is een apart verhaal voor iemand die schrijft. Ik ben een ochtendmens, maar als ik 's nachts wil schrijven doe ik dat omdat wat er op papier komt lonend is. Schrijven is een uiterst plezierige bezigheid, al moet ik eerlijk bekennen dat ik geregeld somber en mistroostig achter het toetsenbord zit. Het ligt eraan wat ik schrijf en welke gevoelens ik daarbij aanroer. Niet altijd is het even gemakkelijk om eerlijk te zijn tegen jezelf, jezelf open te stellen en om zonder woede, haatgevoelens of verbittering te schrijven. Vele emoties komen naar boven en meestal zonder dat je het verwacht. Het hoort erbij en ze mogen, moeten eruit, zoiets van: gooi de sluizen open en laat stromen. Later kan ik teruglezen en de verwoording van mijn gemoed ontleden. Het is verbijsterend wat dat voor effect op mij kan hebben.

Het liefst neem ik mijn emoties mee in het schrijven, wat die gevoelens ook mogen zijn. En ik wil dwars overal doorheen boren om helemaal mijn ei kwijt te kunnen. Mijn droom is om dusdanig te kunnen schrijven over eigen ervaringen dat anderen er iets aan kunnen hebben en zich kunnen herkennen in mijn verhaal. Dat ze zich kunnen meten en troosten.

Schrijven is ook een vorm van autotherapie, een systeem om te kunnen overleven en om verder te kunnen met het leven. Als je een ernstige ervaring meemaakt is het niet zo dat je daarna kunt zeggen: 'Zo, dat hebben we gehad, nu is een ander aan de beurt.' Nee, als je iets voor je kiezen gehad hebt, is het niet zo dat je de rest van je leven met rust gelaten wordt. Het lot kan opnieuw toeslaan en nog eens, en als je pech genoeg hebt nog eens. Soms kun je denken: hier kan niets overheen, erger bestaat niet. Als ik dit heb verwerkt, kan ik de wereld aan. Nee! Dat roep ik nooit meer. Ik heb ondervonden dat iets altijd nog groter, pijnlijker, harder, erger en dieper kan.

Tijdens dit jaar in Engeland werd schrijven een belangrijk onderdeel. Het sleurt me door alle stadia heen. Na het beleven van een traumatische gebeurtenis, is iemand eerst verdoofd. Allerlei emoties komen los: woede, onmacht, onbegrip, verdriet, pijn, enz. Het is van belang om iets te doen met al die emoties. Ik probeer eruit te halen wat eruit te halen valt. Hoe vaak duwde ik mijn gevoelens niet weg? Uit schaamte huilde ik niet, ik hield me groot. Ik moest flink zijn. Niet te lang erover doorzeuren en verder, het leven gaat door. Hoe vaak duwen we de woede niet weg, de onmacht, het verdriet? Zoveel mensen worden ziek van verdriet, of sterven zelfs van verdriet. Geloof me, je kunt sterven van verdriet. Mensen mogen nou eenmaal niet de tijd nemen voor zichzelf en zich isoleren om zich te bekommeren om hun verdriet. Het is tijd, met alle kennis van zaken die we hebben, dat we in die gedachten een verandering brengen. Als het nodig is moet iedereen de tijd kunnen nemen om zichzelf af te kunnen sluiten en zich te richten op het verwerken van verdriet. Zonder ons ervoor te schamen.

Schrijven heeft een behoorlijke invloed op de geest. Iedereen kan het instrument gebruiken, het is gratis, altijd bij de hand en discreet zolang je niet kiest voor publicatie. Dit intense jaar geeft me voldoende stof tot nadenken en ik maak dikwijls aantekeningen, in de hoop er iets mee te kunnen doen. Het familiedrama was het afgelopen jaar het onderwerp en het is nog altijd de protagonist in ons leven. Het leven is niet alleen lachen, gieren en brullen en dat is ook een vorm van geluk. Begrijp me goed, narigheid of verdriet komt bij iedereen voor. Het uiteindelijke effect, nadat men alles heeft kunnen verwerken, is verrijkend. Dat is de positieve kant van het meemaken van ernstige dingen. De sleutel ligt in het zo tevredenstellend mogelijk verwerken ervan. Schrijven kan daarbij een uitstekend instrument zijn. Precies zoals het dat is voor Fiorenzo en mij.

We zitten in de bibliotheek en ik ben verblijd. Niet zozeer om wat ik aan het lezen ben, maar door het cadeautje dat ik zojuist ontving van de bibliothecaresse Tina. Ze kwam naar me toe en schonk me een boek van de bibliotheek dat uit de roulatie genomen wordt. Het is het boek 'Wuthering heights' van Emily Bronte. Ik zit ermee in mijn handen en glunder. Tina weet dat ik gek op boeken ben en dat ik ook graag schrijf. Grappig als je iets in een ander perspectief plaatst. Voor haar en voor de bieb heeft dit boek geen waarde meer en het wordt afgedankt. Ik daarentegen vind het waardevol, temeer omdat het gelezen is door zoveel zielen door de jaren heen.
'Het zal een ereplaats krijgen in een van onze boekenkasten, Fio. De lezers moesten eens weten waar dit boek naartoe gaat. En de schrijfster moest eens weten hoeveel handen deze bladzijdes hebben omgeslagen tot nu toe. Vind je het niet raar dat hetzelfde voorwerp voor de een niets is en voor de ander goud?'

'Ja, zoals dat verhaal over die haren.'
'Vertel!'
'Drie haren op je hoofd is weinig, of niet?'
'Absoluut, ja.'
'Maar diezelfde haren in je soep?'
'Ha ha ha, grappig, dat is inderdaad ineens veel!'

Voordat ik het boek cadeau kreeg, zat ik een filosofisch stuk te lezen van een boeddhistische monnik. Duizenden jaren geleden verkondigde het boeddhisme dat de realiteit zoals je die beleeft niet bestaat. Er wordt zelfs beweerd dat tegenwoordig deze theorie door natuurwetenschappen als juist wordt onderkend. Dat werpt bij mij de vraag op: zijn wij zelf verantwoordelijk voor de realiteit waarin we leven? Het houdt me bezig, er zit waarheid in. Dit is niet een waarheid die gemakkelijk te accepteren is. Het boezemt angst in.

Als ik kijk naar wat er is gebeurd met onze dochters en de gevolgen daarvan, en als ik de realistische beleving ga zien als een werkelijkheid die niet bestaat, zou ik kunnen gaan flippen. Wat is echt en wat niet? Maken we zelf de dingen echt of onecht? Kiezen we zelf hoe we de dingen beleven? Met de laatste vraag kan ik wat. Als we zelf kiezen hoe we iets beleven dan is die keuze toch gebaseerd op iets. Wat is dat iets, dat ons zo doet denken? Ik kan niets anders verzonnen krijgen dan de moraliteit van de mens. Automatisch kom ik weer uit bij mijn koekjestrommel en bij de merkwaardige splitsing tussen mensen die het koekje pakken en anderen die dat niet doen. Enerzijds mensen die het plegen van pedofilie zien als liefde, anderzijds mensen die het zien als misdaad. Ja prachtig allemaal. Maar de consequentie die aan een keuze hangt maakt het verhaal toch af? De mens moet toch begrijpen door de consequentie van de actie en de keuze van beleving dat iets goed is of slecht? Ga me nou niet zeggen dat er slachtoffers zijn van pedofilie die het misbruik beleven als prettig en zaligmakend! Ik zou hierover met die monnik een gesprek willen voeren, want zelf kom ik niet verder.

Tijdens mijn puzzel over realiteit en de beleving ervan is er iemand naast me komen zitten die al twee keer op het scherm van mijn laptop probeert te lezen wat ik schrijf. Het is Nederlands en dat kan hij blijkbaar niet lezen. Ik zie dat hij eveneens zijn computer opstart en aan de slag gaat. Zo verstrijken de uren en tegen de tijd dat ik er voor vandaag genoeg van heb, kijk ik in het rond om te zien waar Fio uithangt. Hij zit in een gemakkelijke armstoel, verzonken in een boek. Ik zie aan de kaft dat het keramiek betreft en vind het jammer hem te storen. Ik bijt op de achterkant van mijn pen en bedenk wat ik ondertussen zou kunnen en vooral zou willen doen.

'Are you a writer?'

Ik kijk naar de man rechts van mij en zie dat hij het tegen mij heeft.

'Ik zou zielsgraag schrijver willen zijn, ja.'

'Wat toevallig, ik ben ook geïnteresseerd in het schrijven. Ik ben Alex, hoe heet jij?'

'Ik ben Anja, aangenaam. Wat schrijf je zoal, Alex?'

'Over het algemeen fictie en horror. En jij?'

'Dat klinkt gaaf. Zelf schrijf ik momenteel autobiografisch, toch heb ik ook een trilogie geschreven in roman vorm en stapels met poëzie en korte verhalen. Ik moet zeggen dat ik tot nu toe niets gepubliceerd heb.'

'Wat doe je hier in Great Dunmow, Anja?'

'Dat is een lang verhaal, Alex. We wonen hier voor een tijdje, om daarna terug te gaan naar Italië.'

'Dan vind je het vast mieters om morgenavond naar onze writer's circle te komen. Er is ook een poetry club die op een andere avond gehouden wordt. Je bent van harte welkom, neem maar contact op met John, ik geef je zijn nummer.'

Ik dank Alex met glunderende ogen en stop het papiertje in mijn zak. Als we naar huis lopen, vertel ik erover aan Fiorenzo. Ik dring erop aan dat we er samen naartoe gaan, niettemin houdt hij vol dat hij enkel de eerste keer met me mee zal gaan, omdat hij bezig is met andere tijdsinvulling op dit moment. Ik begrijp wat hij daarmee bedoelt en ben opgelucht dat hij de eerste keer met me meegaat.

John legt me telefonisch haarfijn uit hoe we naar hem toe kunnen komen. We kunnen er te voet naartoe, het is niet zo ver bij ons vandaan. Na een kwartiertje, twintig minuten lopen staan we voor de poort van de tuin. Ik bel aan en Marcus, de vriend van John doet open. We komen in de hal die onhandig klein is en niet afgewerkt. Daar hangen we onze jassen op. Marcus zwaait de deur open van de woonkamer waar we de bijeenkomst zullen houden. Onze monden vallen open van verbazing. We stappen een surreële wereld binnen. Een middeleeuws kasteel. De kamer blijkt geïnspireerd te zijn op een middeleeuwse Keltische watchtower. De open haard brandt en rond de salontafel zitten al leden van de club. Tegen de mantel van de open haard hangt een kolossale kop van de god Pan en door zijn grootte trekt hij steeds mijn aandacht.

John Trevillian stelt zich voor als de eigenaar en begint te vertellen over zijn huis, dat een indrukwekkend project van vijfentwintig jaar werk geworden is. The Talliston House and Gardens is werkelijk verbluffend en je valt er van de ene verbazing in de andere. Alle vertrekken zijn in een andere stijl, steeds weer uit een ander land en iedere ruimte heeft zijn verhaal en achtergrond. Het is fascinerend. Onvoorstelbaar dat we hier tegenaan lopen en dit mogen meemaken! Het huis zal als het helemaal af is zijn faam en bekendheid gaan krijgen, daar is het speciaal genoeg voor.

Nu zitten we op het imponerende bankstel bij de open haard tussen schrijvers en aspirant-schrijvers. Het is een happening. De keuken waar we in de pauze theedrinken, is geïnspireerd op de stijl van een voodoo-keuken in een huis in New Orléans van rond 1950. Er hangen zelfs opgezette kippen en hazen aan de wand en

er is te veel om op te noemen. De sfeer is fantastisch, de kleuren
zwart, crème en wijnrood, de indeling, de geur die er hangt van de
zelfgebakken koekjes, wij als schrijvers onder elkaar, het is één
groot feest.

Het is een opvallende gewaarwording dat we ons er meteen zo
thuis voelen. Het huis met de specifieke inrichting is daar niet direct de reden voor, het is de atmosfeer die door de mensen geschapen wordt en die zo herkenbaar is. Alles gaat relaxed en de onderwerpen waarover we praten zijn dusdanig interessant dat we er raar
van opkijken wanneer het al half twaalf is. Als we naar huis lopen,
praten we honderduit en concluderen dat het spijtig is dat Italië dit
soort mogelijkheden niet biedt. Dit is weer iets dat ik straks verschrikkelijk zal gaan missen.

Nu al kijk ik uit naar volgende week en ik zal me zo goed mogelijk voorbereiden op het gespreksthema: uitgever of zelf uitgeven.
Er komen twee gepubliceerde schrijvers die hun persoonlijke ervaringen komen delen. Het belooft een uiterst interessante en leerzame avond te worden. Volgens mij ben ik werkelijk met mijn neus
in de boter gevallen.

Met ieder een stuk brood in onze handen staren we stil voor ons uit richting het fraaie en golvende landschap. We zitten op een bankje in de zon en hebben net wat boodschappen gedaan bij de supermarkt. Op dit soort brood zijn we intussen dol geworden. Het is mals en tegelijkertijd knapperig van buiten. De smaak is intens door de meegebakken Leicester kaas. Wat zijn we veranderd. Dit zouden we in Italië niet doen: tijdens de boodschappen een lekker stuk brood kopen om dat direct buiten de winkel op te eten. Het is een genot en zo eenvoudig. Waarom zouden we dit niet blijven doen als we straks weer terug zijn? Wat kan ons het schelen wat een ander denkt of doet! Toch werkt het zo niet. Het past niet in de Italiaanse cultuur en in het 'zijn' van de samenleving. Het staat er te haaks op en je voelt dat. En dat heeft invloed op de situatie en daarom zal het brood uit het vuistje er nooit zo smaken als hier. Het haalt niets uit, Italië is Italië en Engeland is Engeland.

Ik observeer twee vogeltjes die tevreden zitten te pikken aan het stukje brood dat ik ze net heb toegegooid. Ze genieten net als wij van de zon en het heerlijke brood. Veel meer heeft een mens of dier niet nodig. En toch begin ik mijn hebben en houden te missen. Mijn eigen bed, boeken, schrijftafel, potten en pannen.

'Het is mooi geweest, Firenz.'

'Hm, vind jij dat ook?'

'Ja Fio, ik denk dat het zo genoeg is.'

'Genoeg betwijfel ik, maar ik begrijp wat je zeggen wilt.'

'Engeland heeft gegeven wat het kon, we hebben eruit gehaald wat mogelijk was. Nu is het langzaamaan tijd om naar huis te gaan. Ik krijg last van het eeuwige bivakkeren, ik heb heimwee naar mijn spullen en mijn leventje in Italië. Wat zeg jij?'

'Ik ben ook aan het eind gekomen. Je zegt het juist, Engeland heeft gegeven wat het ons kon geven, we kunnen er niet meer uithalen voor nu.'

Een lange stilte volgt en we zijn ieder verzonken in onze eigen gedachten.

'Het is zo'n rare gewaarwording Fio, dat ik aan de ene kant terug wil en aan de andere kant wil blijven. Heb ik dat alleen?'

'Nee, ik vecht met hetzelfde. Toch denk ik dat we terug moeten gaan. De rechtszaken die op gang zijn gebracht moeten van dichtbij gevolgd worden. Ik wil de grip erop niet verliezen, en vergeet niet dat we altijd nog kunnen teruggaan. Ook voor jaren, als we dat zouden willen.'

'Dat geeft een fijn gevoel. Wat zou Lorenzo zeggen als hij morgen komt? Volgens mij verwacht hij dit nog niet.'

'Alles is zo snel gegaan An, ik ben er zelf van onder de indruk dat de tijd van gaan al is aangebroken. Maar laten we er geen drama van maken.'

'Nee, dat is niet mijn bedoeling. Laten we het positief zien. En ik heb zin in onze Camino di Santiago de Compostela. Daarmee gaat ons verwerkingsproces verder.'

'Prachtig en aanlokkelijk vooruitzicht, Anneke! Kun je je voorstellen dat we over een paar maanden te voet met een rugzak om vanuit Frankrijk over de Pyreneeën heen dwars door Spanje zullen lopen tot aan de kust?'

'Het lijkt zo onwaarschijnlijk allemaal.'

Fiorenzo slaat zijn arm om me heen en trekt me naar zich toe. Hij knuffelt me en fluistert dat we tijdens onze voettocht ons dertigjarig huwelijk zullen vieren. En wie weet waar we zullen zijn! Ik zwijmel weg bij deze aantrekkelijke gedachten. Dat was ook onze officiële reden om de tocht te maken. We riepen acht jaar geleden al dat we graag in 2014 de 'Camino' wilden lopen, omdat het voor ons een speciaal jaar is. We worden dit jaar beiden vijftig en zijn dertig jaar getrouwd. We wilden hem lopen hoofdzakelijk uit dankbaarheid voor onze liefdevolle relatie en de gezondheid die we bezitten. En uit erkentelijkheid voor ons prachtige gezin. Deze redenen blijven staan. En daaraan voegen we wat vraagstukken toe, waarvoor we themadagen zullen plannen om specifiek te kunnen mediteren over de brandende punten die we met ons meedragen. In de hoop dat het ons gaat lukken de last los te laten.

Waarom houd ik alles vast? Waar ben ik bang voor? Die achterliggende angst is een beroerde raadgever. Er valt niets goeds te halen uit datgene wat ik nu zo angstvallig vasthoudt. Zo gauw het loslaten lukt en ik mijn hart kan openen, zal liefde weer gaan stromen en voel ik me beslist beter dan nu. Ik wil in mijn hart niet loslaten en ik wil nog altijd niet accepteren wat er allemaal is gebeurd. Ik drijf voort op angst om te verliezen wat ik had. Ik wil mijn mooie gezinnetje niet kwijt! Het blokkeert me en daarvan ben ik me bewust. Het blijkt een onmogelijke zaak voor me om mijn gedachten om te buigen. Loskomen van het verleden, omdat het verleden niet meer is. Leven in het heden, dat is mijn doel. Dat heeft niets te maken met wat ik wel of niet wil, maar met het nemen van verantwoordelijkheid. Uiteindelijk ben ik zelf verantwoordelijk voor hoe ik functioneer. Als ik in de slachtofferrol blijf, of vast blijf houden aan het verleden en daarmee het heden verdring, blijf ik vastzitten aan de oorzaak van mijn emotionele pijn. Als ik het zo achter elkaar zet, lijkt mijn misère op een eigen keuze, die gebaseerd is op angst om los te laten. Als dat zo is, zit ik in een vicieuze cirkel en moet ik opnieuw een keuze maken om daaruit te komen. Wil ik in de pijn blijven zitten, geketend aan het verleden dat er niet meer is? Nee, dat wil ik niet! Wat kan ik doen? Het verleden loslaten. Het heden accepteren. Een nieuw doel stellen en vooruit!

Het zal me helpen als ik leer zonder verbittering naar het verleden te kijken. Het mooie dat er ooit was omarmen met liefde en dat koesteren. Bewust worden van de realiteit, dat moet een begin zijn voor mezelf. Ik moet stoppen met het blokkeren van mijn energie en stoppen te kiezen voor pijn. Dat is destructief. Vandaag is dit mijn situatie, dit is wat ik heb en kan en daarmee moet ik het beste uit de dag halen. Het is tijd, hoog tijd dat ik uit mijn slachtofferrol stap. Verliezen is ook winnen.

We leven allemaal met een 'voor' en een 'na' het obstakel. En al zou het voldoende zijn voor de mens om van iedere vier emoties de verhouding te hebben van één negatieve tegenover drie positieve emoties, we moeten accepteren wat ons is toebedeeld. Want die balans valt jammer genoeg meestal uit naar de negatieve kant. Dit is het leven voor jou, voor mij en voor iedereen. Ik blijf dit mezelf herhalen, telkens wanneer ik terugval in mijn oude patroon. Steeds wanneer ik me in die negatieve spiraal dump, observeer ik wat mijn beweegredenen zijn en stel me de vraag: 'Wat denk ik hiermee te bereiken?' Tot nu toe werkt het. Het is een gevecht tussen mijn verstand en mijn gevoel dat ik voorgenomen heb te winnen. Ik wil evenwicht tussen die twee en hoop dat ze gaan samenwerken aan mijn welzijn. Er moet een mogelijkheid zijn om uit deze stemmingsstoornis te komen. De aanhouder wint en ik geef niet op, nooit!

De beslissing om in Engeland te gaan afronden en huiswaarts te keren laat ons niet koud. Geen idee wat we moeten verwachten van onze terugkeer. Lorenzo heeft gezegd dat we een positieve verandering hebben doorgemaakt. Hij vindt het jammer dat we teruggaan, maar begrijpt onze beweegredenen. Vanaf het moment dat we straks thuiskomen, hebben we het druk met koffers uitpakken, schoonmaken en boodschappen halen. Dan zullen we al snel in de heisa terechtkomen die hangt rond de voorbereidingen van de pelgrimstocht. Tussendoor zullen we alles regelen wat te maken heeft met de rechtszaken.

'Het zou verstandig zijn een soort draaiboek te maken en op te schrijven wat we allemaal moeten doen, het is een berg die straks op ons afkomt. Ik denk aan de post, bankzaken, tuinen en het schoonmaken van de huizen.'

Het huis waar we de afgelopen drieëntwintig jaar hebben gewoond, en het huis dat al tweeëntwintig jaar van Fiorenzo is omdat hij dat erfde van zijn vader en waar al die tijd zijn moeder heeft gewoond.

'Dat is inderdaad verstandig An, laten we ook meteen een lijstje maken van alle mensen van wie we afscheid willen nemen.'

'Ja, dat moet serieus gepland worden, want zoveel tijd hebben we niet meer, de vliegtickets zijn geboekt. Ik wil graag een avondje met John en Marcus regelen van de Talliston House, en als ik dinsdag naar de writer's circle ga, neem ik afscheid van al die lieve mensen. Gelukkig heb ik hun nummers en e-mailadressen. Wat zal ik ze missen!'

'Ik neem aan dat je ook afscheid wilt nemen van de dames van het koor?'

'Absoluut, en van de lady's van de bibliotheek!'

'O ja, en ik van de tekenklas en van de sportschool.'

'Jeetje Fio, dat wordt vanaf nu tot thuis alle avonden feest!'

'Hm, noem jij dat feest?'

'Jazeker, ik wil er geen drama van gaan maken, we kunnen contact houden met wie dat wil en we kunnen uitnodigen en ontvangen in Italië wie en wanneer we dat willen.'

'Je hebt gelijk, zo moeten we het zien.'

Met gemengde gevoelens ga ik naar mijn laatste repetitie van het Rock Choir. Dat zingen en die club hebben me goed gedaan! Wat een schatten van vrouwen, die me vanaf het prille begin accepteerden als een van hen. Zo lief en hartelijk. Dit ga ik verschrikkelijk missen.

Als ik ze vertel dat het de laatste bijeenkomst is met mij erbij, word ik overgoten met reacties. Er wordt besloten dat we op z'n minst uit eten gaan om op een juiste manier afscheid te nemen.

Bewust geniet ik van de laatste keer dat ik met hen die formidabele liedjes zing. Af en toe schiet ik vol, omdat ik het geweldig heb gevonden om hierbij te horen. Ik troost mezelf met de gedachte: ach, wie weet komen we spoedig terug. Iets wat ik niet uitsluit. Ontdaan en vol emoties kom ik thuis en Fiorenzo begrijpt dat het niet meevalt om deze toffe bezigheid te moeten loslaten voor iets waarvan we niet weten of we er happy mee zullen zijn. We praten erover en besluiten om alle deuren van de toekomst open te laten. 'Kom zitten schat, ik zet een 'bakske' koffie en houd je vast, want over een kleine tien minuten begint Bloopers!'
Ik schiet in de lach en Fio draait om en kijkt me aan om te zien of het echt is. Van zijn serieuze gezicht ga ik harder lachen. Daarop schiet hij zelf in de lach en we gieren het uit van de pret om wie weet wat. Heerlijk hoe lachen, net als huilen, de druk van de ketel kan halen.

We zijn uitgenodigd bij John en Marcus. Ze willen op een speciale manier afscheid van ons nemen. Het wordt een avondje in de the Sanctuary Treehouse. Dit vertrek is geïnspireerd op Cambodja. Het is een boomhuis met een altaar van rond 1965, dat ze op de bovenste verdieping van hun huis hebben nagemaakt. Je moet er met een touwladdertje naartoe. Eenmaal boven vallen onze monden open van verbazing. We zijn aangekomen in Cambodja. Het is perfect tot in de details. Geluiden van vogels, krekels, andere bosdieren en de wind. Op de achtergrond hoor je een watertje stromen. Er hangt een zwoele geur van wierook. We zijn verbluft! Alles is van hout en bamboe en we nemen plaats voor het altaar op de grond, waar een laag tafeltje staat met daaromheen kussens. Zelfs de hapjes die op het tafeltje staan zijn in stijl. De fles wijn hebben wij meegebracht, zoals dat in Engeland de gewoonte is. We hebben een goede prosecco gevonden, dat leek ons wel een passende keuze.
Ze leggen ons haarfijn uit hoe deze ruimte tot stand is gekomen

en hoe ze het in hemelsnaam voor elkaar hebben gekregen. Wat een apart koppel is het toch! John stelt voor dat ik in het vervolg via Skype deel blijf nemen aan de schrijversgroep. Hij zal de laptop in de kring zetten. Het is een super idee en het maakt dit afscheid meteen een stuk minder zwaar.

Naarmate de tijd verstrijkt worden onze gesprekken intiemer. John vertelt ons wat hij zoal heeft meegemaakt in zijn leven en wat hem ertoe heeft bewogen zich te storten op dit wonderbaarlijke project. Hij vertelt ons over wat voor hem de sleutel was voor het verbeteren van zijn toestand. Hij was terechtgekomen bij een groep in Schotland die op een alternatieve wijze experimenteerde met een vorm van meditatie. Ze maakten een enorm vuur en daaromheen dansten mensen op de indringende Keltische muziek. Hij legt ons uit dat het daarbij de bedoeling was je te concentreren op jezelf terwijl je je totaal leegmaakt. Alles gooi je er denkbeeldig uit, totdat je uren later vanzelf gaat zitten op de grond en je je daadwerkelijk leeg voelt. Vanaf dat moment ben je als herboren en ga je weer geleidelijk opvullen. Bewust en selectief.

Fio en ik zijn van het verhaal van John behoorlijk onder de indruk, het is precies wat wij onbewust gedaan hebben. We wisten niet van het bestaan van een dergelijke therapie, we hadden het gewoon voor onszelf uitgevonden! Het is fijn te horen dat het een manier is. Vooral mij leek het in het begin nogal extreem. Ik geef toe dat ik zelfs bang was om dit te doen. Je leven 'leegmaken' geeft in eerste instantie onbehagen, pas later voel je opluchting en bevrijding. En om daarna je leven bewust opnieuw te vullen met wat en met wie je daadwerkelijk verder wilt, is intens en spectaculair. Marcus en John zijn gevoelige en toffe lui met wie we fijne gesprekken hebben kunnen voeren. Als we weggaan, moet Marcus ons een geheim tonen. We fronsen verrast onze wenkbrauwen als hij ons uitnodigt om in de middeleeuwse woonkamer op onze buiken voor een kast te gaan liggen. We vlijen ons neer en kijken als vanzelf onder de kast die op poten staat. De houten plint, die ongeveer twintig centimeter hoog is, wordt onderbroken door een houten minideurtje. We zien een huisnummer en een deurbel en er ligt zelfs een minideurmat voor de deur! We kunnen niet geloven wat we zien als John ons aanmoedigt het deurtje te openen. Een minihuis ingericht met houten meubels die zo fraai en exact nagebootst zijn dat je er de tranen van in de ogen krijgt. En daar in de schommelstoel zit de huisbaas, een muisje! Zo schattig en geinig dat ik mezelf beloof dit na te zullen maken in ons huis.

Ze wuiven ons lang na en gelukkig zien ze niet dat we beiden in tranen zijn. Tranen van spijt, spijt om dit alles achter te laten. Wat hebben we intense laatste weken erop zitten. Al die lieve mensen die we zullen missen.

'Weet je Fio, er is mij wat opgevallen.'
'Zoals?'
'Waar wij ook gaan, waar we ook verblijven, we maken zo gemakkelijk contacten en vrienden. Ik ben daar zo vreugdevol over.'
'Het is net alsof dat voor ons in het buitenland eenvoudiger is dan thuis.'
'Dat klopt, waar ligt dat aan?'
'Ik denk dat het voor een groot gedeelte aan onszelf ligt. We zijn bang om onszelf open te stellen, iets waarvan we hier minder last hebben.'
'Als dat zo is, wordt het tijd dat we daar iets aan gaan doen! We hoeven onze dochters niet meer te beschermen, we hoeven niet meer onder de omstandigheden gebukt te gaan. Wat gebeurd is, is gebeurd. Laat ons leven!'
'Dat wordt tijd!'
We geven elkaar een 'abbraccio forte' en vallen verstrengeld in slaap.

Onze kamer is een chaos. Open koffers en tassen staan te wachten om gevuld te worden. Er hangt kleding over de stoel die wacht om gestreken en gevouwen te worden en je moet oppassen dat je je nek niet breekt over de schoenen. Het moment van inpakken en wegwezen is daar. We zijn stil en ieder voor zich draait duizend rondjes met iets in de hand, alsof we van alles willen, behalve inpakken. Concentreren gaat moeilijk en we zien tegen de terugkeer op als tegen een berg. Bevreesd om terug te vallen in datgene wat we vorig jaar in Italië achter ons hebben gelaten. Daar is in feite weinig veranderd.

Het stapeltje ondergoed dat ik al tien minuten verplaats van reistas naar koffer en van koffer naar reistas, weegt als lood. Ik plof in de stoel en barst in snikken uit. Fio probeert me te troosten, maar voelt zich ook niet happy.

'Verdorie, als we niet terug willen, waar zijn we dan nu in hemelsnaam mee bezig?'

'Het is onze vrees over wat we terugvinden, An. We weten nog precies hoe het was en dat nodigt niet uit. Het heeft verder ook geen nut langer weg te blijven. We moeten hier vroeg of laat doorheen.'

'Ik weet het niet meer.'

'Kom schat, weet je wat we doen? Hup omhoog, jassen aan! We gaan naar Scrumptious Tearoom en trakteren onszelf op een lekker 'bakske' met iets erbij.'

Gearmd lopen we zingend onder een grote paraplu, terwijl het water met bakken uit de hemel valt. *'En we gaan nog niet naar huis, nog lange niet, nog lange niet-'*.

In de tearoom bestellen we ieder een Mocha, en terwijl ik zwicht

voor de typische Victoria sponge cake, kiest Fio een caffè cake.
'An, we moeten toch een keer terug naar onze huizen en spullen,
dan zullen we zien hoe het gaat. Eventueel kunnen we opnieuw iets
anders beslissen of valt het allemaal mee, weet jij veel!'
'Jij bent dit jaar regelmatig teruggegaan, Fio, ik ben er langer dan
een jaar niet geweest. Wat je me vertelde als je terugkwam vond
ik doorgaans niet iets om vrolijk van te worden. We hadden ons
huis behoorlijk aangepakt voor ons vertrek, met schilderen, muur-
verven, nieuw dit, nieuw dat, en zonder ervan te hebben genoten,
hebben we onze koffers gepakt en zijn we weggegaan.'
'Nou, kijk eens aan, dat vind je nou toch allemaal terug? Niets van
dat alles heeft immers pootjes! Kom op Anja, we geven het een
kans.'
'Ach, misschien heb je gelijk en maak ik van onze terugkeer een
groter drama dan nodig. Laten we positief blijven, dat kan nooit
kwaad. En per slot van rekening was ik het die als eerste aangaf
behoefte te krijgen aan onze spullen en ons huis.'

Lucy en haar man zetten ons af op het vliegveld. We nemen afscheid met tranen in onze ogen. Het was een fijn verblijf en we
hebben het menigmaal gezellig gehad met elkaar. Wuivend draaien
we nog eens om en vlak daarna zien we Lorenzo met zijn vriendin,
die ons tegemoet komen lopen. We zijn blij dat ze de moeite hebben genomen afscheid te komen nemen. We hebben daar een paar
uurtjes voor en daarom lopen we naar een bar waar we rustig samen kunnen zijn. Er is volop gespreksstof. En we stralen wanneer
ze ons beloven spoedig naar Italië te komen. Bij dit heerlijke vooruitzicht slaan mijn gedachten meteen op hol, omdat ik nu al bedenk
wat ik allemaal zou kunnen doen om hen te verwennen als ze er
zijn.
'Mam, wat wil je drinken? Ma, joehoe!'
'Ah, eh, doe maar een Mocha voor mij, please.'
'Waar zat je met je gedachten?'

'Ach schat, ik had al een appeltaart gebakken en de spullen in huis voor de pannenkoeken!'

We schieten alle vier in de lach.

Sabina, de vriendin van Lorenzo, doet ook haar doctoraat fysica in Cambridge. Ze heeft grappig genoeg net als Lorenzo een Italiaanse vader en een Nederlandse moeder. We spreken een ratjetoe van talen die voor ons begrijpelijk is. Ook zij snapt wat pannenkoeken zijn en al het andere dat Nederland of Italië verder kenmerkt.

Onuitstaanbaar, zoals de uren omvliegen en het tijd wordt voor een laatste serie selfies en stevige omhelzingen.

'A presto!'

'Jazeker!'

'Tot gauw!'

'Goede reis en pa, take care della mamma, mi raccomando!'

'Certamente zoals altijd, I will.'

'Anja, you have to teach me come fare de pannenkoeken, ok?'

'Sure, ti insegnerò con gran piacere!'

'Ciao ciao!'

'Dag schatten!'

Na enkele handkussen en elkaar nawuiven zijn we nu uit elkaars zicht. Fio omarmt me, ik huil en het is fijn om getroost te worden.

'Tof hè, dat ze binnenkort komen?'

'Ze konden me niet gelukkiger maken dan met dat te beloven. Jeetje, wat houd ik van Lorenzo en ik ben blij dat ze het samen zo bijzonder goed kunnen vinden. Sabina is een geweldige meid! Ik hoop dat ze het geluk krijgen dat wij hebben Fio, om elkaar te verstaan.'

'Ja, ik ook, en dat ze elkaar altijd zullen respecteren en liefhebben.'

'Precies, zo eenvoudig is het.'

'Hm, de theorie misschien.'

'Je snapt hem, de theorie ja, zoals het met alles eenvoudig lijkt,

maar dan! '
'Ik heb vertrouwen.'
'En ik ook.'
'Bordingcard please.'

Het vliegtuig stijgt op en we houden in stilte elkaars hand vast. Ik pink een traan weg en hoop dat ik sterk genoeg zal zijn om de thuiskomst aan te kunnen. Als we over de Dolomieten vliegen begint het te trekken als een magneet. Hoe vaak hebben we daar niet gelopen? Ik haal diep adem en voel dat het me niet bepaald onberoerd laat. Als we even later landen, houden we opnieuw elkaars hand vast. Het moment dat het vliegtuig de grond raakt is magisch. We zijn weer in Italië. We geven elkaar een kus.
'Welkom thuis An.'
'Welkom thuis Fio.'
'Gaan we er wat van maken?'
'Absoluut, we gaan er wat van maken!'

Als we het treinstation van Conegliano verlaten, blijf ik staan. Prachtig! De strakblauwe hemel en het eerste aanzicht van onze stad zijn betoverend.
'Jeetje, heb ik dit zolang moeten missen?'
We rijden met de taxi dwars door Conegliano op weg naar huis. We kijken vrolijk rond en ik krijg zin om naar huis te gaan. Ja, het is toch ook heerlijk hier. De taxi draait ons erf op en daar staat ons huis! Tranen wellen op, ik zie onze bokken bij het hek en al zijn alle luiken dicht, het doet wat met me. Binnengekomen slaan we alle luiken open, zodat het daglicht binnen kan. We lopen door het huis, onze slaapkamer, de badkamer, de woonkamer en keuken. Het is prachtig, mooier dan wat ik me kon herinneren, maar ik voel onrust. Ik loop naar boven, waar de kamers van onze kinderen zijn en kom weer snel naar beneden. Ik zet koffie en we gaan zitten.
'Ik weet het niet, Fio.'

'Wat bedoel je, An?'
'Ik ben onrustig en het voelt niet goed.'
'Wat is daarvan de oorzaak?'
'Ik kan het niet precies onder woorden brengen, het is de herinnering. Het benauwt me.'
We drinken onze koffie en komen tot de conclusie dat er iets is dat
ons opjaagt. Fio geeft toe dat hij eveneens ergens last van had tij-
dens die keren dat hij dit jaar tussendoor thuis was gekomen. We
ervaren pijn. Er zitten zoveel mooie herinneringen vast aan ons
huisje. Wat moeten we doen?
'Ik heb er schrik van om hier het bed te gaan opdekken, ik weet
niet wat het is.'
'We laden de koffers in onze auto, sluiten het huis en rijden naar
ons andere huis!'
'Ach houdt op Fio! En dan?'
'Gewoon, daar het bed opdekken van de logeerkamer. Dan zien we
wel verder, waarschijnlijk hebben we meer tijd nodig.'
'Zou je denken?'

Het is donker wanneer we de auto in de garage parkeren van ons
andere huis. We dekken het logeerbed op en voelen ons opgelaten
en opgelucht.
   Het is net of we ons verblijf in een bed and breakfast voortzetten.
Ook al zijn we moe, we lopen toch naar de pizzeria iets verderop.
We praten over ons huisje op de heuvel en we denken beiden dat
het met de tijd in orde zal komen.

Ik sluip uit bed. Geruime tijd lag ik wakker en had geen idee van
tijd. De slaapkamer is donker doordat de luiken de ramen blinde-
ren. Het is al half negen en dat verbaast me. Fiorenzo is nog in een
diepe slaap. De keukenkastjes en de koelkast zijn voortreffelijk
schoon en ongenadig leeg. Er is schuin aan de overkant een klein
schattig winkeltje dat levensmiddelen verkoopt. Het winkeltje is

ooit van moeder over gegaan op twee dochters, die trouw en ge-
passioneerd het bedrijfje draaiende houden. Ik moet altijd denken
aan de mini-VeGe waar ik zo'n vierenveertig jaar geleden aan de
hand van mijn moeder kwam.

Ik weet dat je in Nederland dergelijke winkeltjes niet meer vindt.
In Italië kom je ze nog regelmatig tegen. Voor ik de winkeldeur
kan openen, word ik op een uitnodigende manier bedwelmd door
de onweerstaanbare geur van vers brood. Op dat moment besef ik
dat ik het nooit leer! Hoe vaak heeft Fio het me niet gezegd: 'Doe
geen boodschappen wanneer je honger hebt.', omdat je bent geneigd te veel in te kopen. Mijn buik, die nog sliep, wordt wakker
en geeft knorrend aan dat we op het goede spoor zijn. Eenmaal in
de winkel zie ik hoe de zusjes Bruna en Loredana vol ijver bezig
zijn met voorbereidingen treffen. De zussen zijn beiden rond de
zestig jaar en bijzonder actief. Mijn man kwam als kind regelmatig
in dit winkeltje.

We begroeten elkaar terwijl ik wat onwennig om me heen kijk.
Ik voel me ongemakkelijk en ben bang iets te vragen dat ze niet
hebben. Mijn Nederlandse ik zou daar niet zo moeilijk over doen.
Mijn Italiaanse ik daarentegen is beschroomd, wil geen mensen in
verlegenheid brengen. Zelfverzekerd begin ik met het bestellen
van brood. Dat had ik immers geroken. Aangezien mijn ogen groter zijn dan mijn maag, bestel ik meer brood dan dat we vandaag
eten kunnen. Voorzichtig ga ik verder en mijn stem klinkt zekerder
als ik het benodigde artikel al te voren heb kunnen waarnemen.
Om tijd te rekken vraag ik hoe lang de winkel bestaat en tot mijn
verwondering is dat vanaf 1956. Ik roep de dingen die ik nodig heb
af en naarmate Loredana ze kwiek op de toonbank zet, word ik
nonchalanter en win ik vertrouwen.

Vol trots vertelt Bruna ondertussen dat over twee jaar de winkel
precies zestig jaar bestaat. Dat wordt een groot feest. Hun moeder,
de oprichtster, met haar tweeënnegentig jaar, kijkt al jaren naar dít

feest uit. Ik kan het amper geloven, wat een zakenvrouwen! Probeer maar eens zo klein te blijven en het bedrijf toch zo levendig te houden. Ik geef oprechte complimenten en intussen heb ik voor mijn gemak een ezelsbruggetje verzonnen. Ik zeg nu steeds: 'Dames opgelet, nu stel ik jullie waarschijnlijk écht op de proef.', en roep dan het benodigde product. Kostelijk dat ze het steeds hebben: van tandpasta, naar eieren, van mozzarella naar olijven, van rijst naar verse groenten en fruit, van Tomatensaus naar pruimenjam, en of het niet genoeg is vind ik er zelfs wasknijpers. Hun winkeltje is zo'n vijftien vierkante meter, waar ze het allemaal vandaan halen mag joost weten. Ik kan het zo gek niet bedenken of ze hebben het. En daarom vanaf nu, geef ik de zusjes hun welverdiende, toepasselijke bijnaam 'Le sorelle magiques'. Een smeuïg klinkende mengelmoes van Italiaans en Frans.

Als ik terugkom, zie ik Fiorenzo in de weer met borden en bestek. Hij dekt de tafel op het terras, lekker in het voorjaarszonnetje. We genieten van ons eerste ontbijtje thuis.

'Firenz, in dit huis voel ik me prettig, jij?'

'Ja, ik heb hier ook meer rust.'

'Wat doen we daarmee?'

'Hm, als we hier willen gaan wonen, zou ik eerst het huis willen aanpakken en verbouwen.'

'Zullen we hier blijven tot we terugkomen van de pelgrimstocht?'

'Dat kunnen we doen, daarna zien we wat we willen en kunnen doen. Afgesproken!'

'Het weer is prachtig en de lente in volle gang. Zullen we gaan stappen?'

'Prettig idee, laten we daar de dag maar eens mee aanvangen.'

Daar gaan we, de voordeur uit, en als we de weg oversteken, lopen we tussen de druivenvelden richting een bruggetje dat ons over het riviertje de Monticano voert.

'In Bournemouth, overviel me een soort van vechtersdrang en naast onze problemen, die als een rode draad door deze 'one year experience' liepen, hebben we er ook een geweldig mooi leven gehad, Fio.'

'Jazeker, alles was verrijkend: de werkervaring, leven in een shared house, nieuwe vrienden en het ontdekken van cultuurverschillen.'

'Het was behoorlijk aanpassen, maar we hadden ook een aanhoudend vakantiegevoel, weet je nog?'

'De luxe om aan zee te wonen heeft daaraan zijn steentje bijgedragen, ja.'

'Dan die vrijheid waar we in het begin zo aan moesten wennen en die nu nog steeds zo'n heerlijkheid is.'

'Klopt, het opnieuw een koppel zijn en dat nu alles om jou en mij draait, dat bevalt uitstekend.'

'En weet je nog dat we moesten wennen aan de andere tijden van eten en aan de andere geldeenheid?'

'Ja, ja, en ben jij vergeten hoe onder de indruk we steeds waren van de vele tattoos, iedereen liep ermee rond!'

'Ja, op laatst wilden wij er zelfs een laten zetten, een maandje langer in Bournemouth en we hadden het gedaan!'

'Die houden we tegoed, geloof me maar.'

'Grapjas, jij wel!'

Mensen die ooit verhuisd of geëmigreerd zijn naar een ander land, weten wat er onverhoopt gebeurt. Je gaat van alles missen. Dit verschijnsel is alom bekend en door het bestaan van internet is er een oplossing voor een deel van dit gemis. De producten die we missen zijn veelal te bestellen online. We betalen daarvoor graag wat extra en vinden het geweldig wanneer we na ontvangst ons 'gemis' in onze handen kunnen houden. Veel landen zijn bekend met grotere groepen buitenlanders en door de enorme vraag naar bepaalde artikelen, kopen supermarkten die tegenwoordig gewoon in. Engeland heeft naast producten uit China en Thailand legio producten uit Polen. We hebben gemerkt dat het Italiaanse fabricaat daar stevig in opmars is, evenals de Italianen zelf.

Niet alles is te bestellen online en nostalgie over het een of het ander komt naar boven en blijft zeuren. Nu we weer in Italië zijn is dat voor ons: de zee en de kliffen, de charme van het links lopen, fietsen en rijden, de Victoria sponge cake en de afternoon tea in zo'n super Engelse tearoom, de Dorset apple pie, de fisch and chips, de lemon poppyseed muffin, het kunnen picknicken op het gras van de parken in het centrum van de stad, de sportschool die dag en nacht open is, de opvallend respectvolle en behulpzame buschauffeurs van wie ze hier nog wat zouden kunnen leren, het overal aanwezige en gratis internet, de parken met eeuwenoude bomen en de wonderbaarlijke Jurassic Coast line, de gezellige pubs, de pottenbakkerijen en de schrijversclubs, het UK Rock Choir, en de teken- en schilderlessen. Dit alles zal zondermeer een steeds krachtiger magneet voor ons worden omdat de heimwee ernaar alleen maar zal groeien. Werkelijk van alles passeert mijn gedachten: de omvangrijke keuze aan regenlaarzen en de daarvoor speciaal gemaakte unieke 'op zijn kop' ophangrekken voor naast de buitendeur, het slenteren door London, de eindeloze keuze aan ansichtkaarten en schrijfpapier, theepotten en serviezen om van te dromen, met theepotten van zelfs tien liter! Genoeg redenen om er regelmatig terug te keren om herinneringen op te halen aan dit fantastische jaar Engeland. Met zijn charity shops en multi-etnische winkels, of die Aziatische shops waar we aan specerijen en allerlei, voor ons, onbekende groenten en fruit onze harten konden ophalen. De gezellige bibliotheken met hun eigen sfeer. De piepkleine overheerlijke appels, die in de rest van Europa niet verkrijgbaar zijn omdat de appels niet aan de Europese maatnorm voldoen. De rekjes eieren in een vogelhuisje langs de weg. De publieke voetpaden die jou naar de meest idyllische plekken leiden. En het uren in een pub kunnen zitten om je leeg te kunnen schrijven. Ik kan eindeloos doorgaan. Vroeg of laat gaan we terug, ik weet het zeker!

Dagelijks gaan we naar ons huis op de heuvel. Daar staan onze computers en daar hebben we internet. We laten dat zo, in de hoop dat we er onze draai toch nog vinden. Onwennig zitten we aan de keukentafel en we hebben het idee uit het huis gegroeid te zijn. Het is raar maar waar dat je niet meer terugvindt wat je voorheen losliet. In theorie is alles hetzelfde als voorheen, alleen wij zijn veranderd. Wij hebben een andere kijk gekregen en we zijn andere eisen aan het leven gaan stellen. Het huis is vervreemd, we herkennen de sfeer niet en voelen ons er niet op ons gemak.

'An, besef je wat we aan het doen zijn?'
'Ja, ik ben koffie aan het regelen en jij bekijkt de scene, waarom?'
Fiorenzo kijkt vermaakt naar de twee bekers die ik op de tafel zet.
'Had je vorig jaar geloofd dat je ooit deze koffie zou gaan drinken?'
Ik kijk hem verbaasd aan en begrijp wat hij bedoelt.
'Nee, absoluut niet, dat zou ik niet geloofd hebben en het is inderdaad voor onze Italiaanse begrippen ondenkbaar, je hebt gelijk.'
'Zitten we ermee?'
'Nee, echt niet. Het is tof om deze gewoonte, die ons in het begin zoveel moeite heeft gekost, aan te houden.'
Ik pak de pot met oploskoffie in mijn handen.
'Ik ben dik tevreden dat we die in Italië kunnen kopen, ik zou het anders stevig missen. Volgens mij zijn we eraan verslaafd.'
   We genieten van de koffie en praten over onze gevoelens met het oog op ons thuis zijn. Het is een pittig traject wat we afgelegd hebben. We zijn veranderd en in vergelijking met ons vertrek vinden we dat we nu sterker in onze schoenen staan en we zien in dat we een groot gedeelte hebben kunnen verwerken. We zijn er nog niet. Er is geen haast, alles wat is gebeurd, is niet in een jaar te verwerken. We zijn bereid om er tijd genoeg voor uit te trekken. De wanhoop die we vorig jaar hadden hebben we overwonnen en we hebben het vertrouwen in onszelf en in de toekomst teruggekregen.

Onze pelgrimstocht willen we serieus aanpakken en we gaan proberen eruit te halen wat daar in zit. We verdiepen ons in de bekende drie fasen die een pelgrim doormaakt tijdens zijn tocht. We zullen starten in Lourdes, om ervoor te zorgen dat de tocht lang genoeg is. De verschillende fases willen we namelijk duidelijk meemaken. Er wordt gezegd dat het eerste stadium in het teken staat van fysieke pijn en ongemakken. Het lichaam moet eraan wennen elke dag te lopen in alle omstandigheden, bepakt met een rugzak van ongeveer tien kilo.

Het tweede stadium maakt alles los in de mens. Alles komt naar de oppervlakte, en naarmate de hoeveelheid die naar boven komt, brengt het nogal wat teweeg.

Fase drie houdt in dat men inziet, begrijpt, aanvaardt en loslaat. Men is veranderd. Het zal opnieuw bijdragen aan ons verwerken, we verwachten niet dat we na afloop overal klaar mee zullen zijn. In Engeland hebben we al een soort van 'Camino-effect' bereikt met alles wat we daar gelopen hebben, en daarvan zal deze pelgrimstocht een intensief verlengstuk zijn.

Fiorenzo staat op om water te koken voor een volgende beker oploskoffie.
'Wat eten we vanavond Anja, heb je een idee?'
Ik staar in het niets en vind het moeilijk omschakelen, mijn hersenen zitten nog in Engeland, en om eerlijk te zijn mijn hart ook.
'Butternut squash met prei,' zeg ik, goed wetende dat die soort pompoen hier amper te verkrijgen is. Fiorenzo kijkt me aan en begrijpt dat ik het moeilijk heb met het maken van de switch. Als we eerlijk zijn, zijn we aan de ene kant blij om terug te zijn, maar aan de andere kant willen we ons Engeland niet loslaten. Het land heeft ons gered, het is te waardevol voor ons. We gaan weer zitten met onze beker koffie en starten met het oprakelen van herinneringen aan het afgelopen jaar. We lachen en soms huilen we, het was een bewogen jaar.

Incest, stockholmsyndroom, psychische terreur, breken met ouders, kinderen kwijtraken, valse beschuldigingen, testamentaire vervalsingen en alles wat eruit voortvloeit, het zijn van die dingen waar je van weet dat ze bestaan. Je leest erover, je hoort erover en je denkt: dit kan iedereen overkomen behalve mij. Tot de klap valt en je ineens uit die illusie wordt gehaald. Je draait erin mee, of je rukt jezelf los. Daarin zit het verschil.

Ik pak mijn map erbij en we kijken samen op van de stapel papieren die vol staan met schrijfsels. Indrukwekkend, zoveel als er is gebeurd en hoeveel er is geschreven.
'Dit is een boek geworden, An!'
Ik zucht en zie 'het boek' voor me op de tafel liggen, terwijl ik denk: nu de titel nog.

Voor ons vertrek naar Engeland hadden we het idee dat alles wat we de afgelopen achtentwintig jaar opgebouwd hadden, in een klap vernietigd was. We raakten ervan overtuigd dat verder leven geen zin had. Meer dan de helft van ons leven hadden we met liefde en toewijding gegeven aan ons tot nu toe grootste project: ons gezin.

Daar was niets van over. Hoe zouden we verder kunnen? Zouden we ooit nog kunnen genieten en kunnen lachen? Ons vertrouwen en zelfvertrouwen waren vernietigd en we zagen geen toekomst.

Door ons radicale vertrek en door alles en bijna iedereen uit ons leven te bannen, is het ons gelukt om antwoorden te krijgen. En een nieuw inzicht te verwerven door onszelf los te koppelen van het drama.

Intussen hebben we begrepen dat ons gezin definitief uit elkaar is gevallen. Maar door te tellen wat we hebben, kwamen we erachter dat het grootste deel van ons gezin nog hecht is, hechter dan ooit: mijn man, onze zoon en ik. Dit is genoeg om voor te vechten en om verder te willen leven. Fiorenzo en ik hebben ontdekt dat we weer kunnen genieten van de meest uiteenlopende dingen en dat we kunnen lachen tot de tranen over onze wangen lopen. We bruisen van de ideeën en projecten die we op gang aan het brengen zijn. Hierdoor zien we in dat het niet onmogelijk is om de enorme leegte die is ontstaan op te vullen met prachtige bezigheden en prachtige mensen om ons heen.

We zijn ons ervan bewust dat we alles wat er is gebeurd moeten accepteren en dat is ons nog niet helemaal gelukt. Daarvoor is meer tijd nodig en daarom zullen we daar veel aandacht aan besteden tijdens onze pelgrimstocht. We hebben er het volste vertrouwen in dat het aanvaarden ons uiteindelijk zal gaan lukken, er zit eenvoudig niets anders op.

Als we kijken naar de huidige situatie, kunnen we zeggen dat we ons leven weer hebben opgepakt. We zijn begonnen om van alle brokstukken die we oppakken het beste te maken. Een uitdaging die we samen aangaan. Samen, omdat we door alles wat er is gebeurd hechter zijn geworden en omdat we elkaar nodig hebben. Samen zijn we beresterk. Het meest hoopgevend aan onze huidige situatie is dat we weer toekomst zien. Een geheel andere toekomst dan we altijd voor ogen hadden gehad. Het is ondanks dat een verlokkende, spannende en prachtige toekomst die lonkt.

Het gesprek met Angela, waar mijn moeder en onze oudste dochter getuigen van waren, borrelt regelmatig op. En omdat we daarin geloven, blijven we positief. Op de een of andere manier zijn we dankbaar voor het ons toebedeelde levenslot.

'Jouw leven zal veranderen van zo naar zo'
'Wordt het beter of slechter?'
'Uiteindelijk beter. Er zullen naasten zijn die proberen jou kapot te maken, iets wat ten slotte niet zal lukken.'

Bij het hardop herhalen van deze woorden, gaat er een siddering door me heen. Berustend geven we elkaar een 'abbraccio forte'. En terwijl er tergend langzaam een traan over mijn wang biggelt, prevel ik met krachtige overtuiging: 'Ik ben, ik blijf'.